高等职业教育高速铁路客运乘务专业系列教材
高等职业教育校企合作精品教材——轨道交通类

高速铁路
客运设备设施

主　编／王　慧　吕忠强　王　珏
副主编／胡　博　邱　逸

西南交通大学出版社
·成都·

内容简介

本书是先期出版的《高速铁路设备运用》一书的升级版,明确了思政目标、能力目标和知识目标,增加了电子客票设备及"任务训练"描述。本书按照《高等职业学校高速铁路客运乘务专业教学标准》编写,符合教育部关于高职教育要深化工学结合、校企合作的人才培养模式改革精神。

本书是高等职业学校高速铁路客运乘务专业系列教材之一,主要介绍了高速铁路概述、高速铁路客运站设备与设施、和谐号动车组列车设备与设施、复兴号动车组列车设备与设施、高速铁路客运人员移动配置设备和高速铁路客运服务信息系统等知识。

图书在版编目(CIP)数据

高速铁路客运设备设施/王慧,吕忠强,王珏主编. —成都:西南交通大学出版社,2021.5(2025.2 重印)
ISBN 978-7-5643-8020-5

Ⅰ.①高… Ⅱ.①王… ②吕… ③王… Ⅲ.①高速铁路–客运设备–高等职业教育–教材 Ⅳ.①U293.2

中国版本图书馆 CIP 数据核字(2021)第 082858 号

Gaosu Tielu Keyun Shebei Sheshi

高速铁路客运设备设施

主编 王 慧 吕忠强 王 珏

责 任 编 辑	罗爱林
封 面 设 计	墨创文化
出 版 发 行	西南交通大学出版社 (四川省成都市金牛区二环路北一段 111 号 西南交通大学创新大厦 21 楼)
营 销 部 电 话	028-87600564 028-87600533
邮 政 编 码	610031
网 址	http://www.xnjdcbs.com
印 刷	四川森林印务有限责任公司
成 品 尺 寸	185 mm×260 mm
印 张	13.25
字 数	331 千
版 次	2021 年 5 月第 1 版
印 次	2025 年 2 月第 3 次
书 号	ISBN 978-7-5643-8020-5
定 价	43.00 元

课件咨询电话:028-81435775
图书如有印装质量问题 本社负责退换
版权所有 盗版必究 举报电话:028-87600562

出版说明

近年来,我国高速铁路建设快速发展,取得了举世瞩目的成就。在此形势下,高职教育尤其是铁路职业教育迎来新的发展机遇,培养大量德才兼备的高技能型专业人才,满足企业需求,成为当务之急。

2015年,以应对高速铁路发展,满足铁路客运岗位需要,促进高职专业课程体系与教材体系完善为契机,我社与天津铁道职业技术学院共同策划,率先出版了第一套具有示范性、权威性与引领性的高速铁路客运乘务专业规划教材——高等职业教育高速铁路客运乘务专业"十三五"规划教材,总计十六本。其品种包括:《高速铁路概论》《高速铁路客运服务心理学》《高速铁路客运服务与礼仪》《高速铁路动车餐饮服务》《高速铁路客运规章》《高铁乘务安全管理与应急处置》《高铁客运英语口语》《高铁客运公共关系实务》《高速铁路动车乘务实务》《高速铁路客运组织》《高速铁路旅游英语》《高速铁路设备运用》《高速铁路行车组织》《高铁乘务人员形象塑造》《高速铁路客运乘务实训教程》《高速铁路行车技术管理》等。迄今为止,该套教材获得了较高的美誉度,已成为具有广泛影响力和市场需求量最大的高速铁路客运乘务专业品牌产品,其市场占有率位居第一。伴随着我国高铁时代的到来,大量高新技术得到广泛应用,铁路技术管理规程与技术规范频繁更新,铁路企业用人需求量逐年增大,高职专业教学发生巨大变革,这套教材步入更新阶段,为此我社从2017年年底着手实施改版与升级计划。改版后的教材,以新的封面为标识,由第2版或新增书,或更名的书而构成。

改版后的教材,严格遵照教育部《普通高等学校高等职业教育专科(专业)目录(2015年)》和《高等职业学校专业教学标准》文件精神,认真落实全国铁道行指委和铁道运输专业教学指导委员会高等职业学校高速铁路客运乘务专业教学标准相关要求,切合高职院校专业教学与铁路现场实际,在保持原有的示范性、权威性和引领性外,大胆创新,在编写思路、体例、内容呈现等方面都做了较大改进,使教学指导作用和实用价值更加突出。这集中体现在:

1. 专业性强,案例典型,以现场材料为主

编者皆为专业教师,多数毕业于国内铁路知名高校,主撰人为专业带头人,有多年从事专业教学和科研工作的背景与现场经验,其建构的课程标准体系与教材体系,皆立足高速铁路客运乘务专业。改版后的教材,整体上更加注重强化核心课程与主干课程理念,同时完善必要的辅修课程知识。编写题材方面,多采纳京津、京广、京沪、武广等高速铁路

线现场典型案例；另有不少素材源于国内有关动车组制造企业的一手资料，体现出较强的专业性、权威性和不可替代性。

2. 内容更新快，突出技术含量与高铁新知

为保持与现行的高速铁路客运标准一致和紧贴现场实际，满足岗位需求，改版后的教材，内容得到及时更新，做到了与时俱进，更多突出技术含量和高铁新知。比如，教材大量增加了复兴号动车组的内容，广、深、港高速铁路旅客运输相关规定，国家铁路局2018年新版《铁路旅客车站设计规范》，中国铁路总公司（现已改制为中国国家铁路集团有限公司）2018年新版《铁路客运服务信息系统设计规范》，以及2018年《〈铁路技术管理规程（高速铁路部分）〉条文说明》（第一次修订，上册）等，还融入了目前与国际接轨的高铁新知。

3. 实用性强，体例符合教改精神

改版后的教材，更加注重实用性，遵循高职院校教学的"必需、够用、实用"原则，充分体现高职教育的实用特征。在编写体例上，以项目（任务）或模块为主，突出易于理解、方便学习和可操作性，使高铁知识与技能深度融合。

4. 充分运用数字化资源

为紧跟数字化教学发展趋势，改版后的教材，大量采用二维码嵌入和数字资源呈现形式，使教与学更加便捷、轻松与高效。学生（读者）可通过扫描教材的二维码或使用网络媒体等多种手段，获得较好的学习体验与丰富的学习资源，提高专业学习兴趣与效率。

教材是体现教学内容和教学方法的知识载体，是传播知识的重要媒体与手段，更是顺利开展人才培养工作的重要基础，需要社会积极关注与读者热心支持。我社作为轨道交通专业出版社，始终以服务于铁路职业教育与铁路企业人才培养为宗旨，把开发出版更多、更优的轨道交通类教材作为责任担当。希望改版后的教材，能积极促进高职教育尤其是铁路职业教育发展，为我国高铁事业做出应有的贡献。

西南交通大学出版社
2019年6月

前　言

铁路是国民经济大动脉、关键基础设施和重大民生工程，是综合交通运输体系的骨干和主要交通方式之一，在我国经济社会发展中起着至关重要的作用。目前，我国高速铁路营业里程居世界第一，已成为世界上高速铁路系统技术最全、集成能力最强、运营里程最长、运行速度最快、在建规模最大的国家。

高速铁路客运设备与设施是客运服务的工具，了解和掌握高速铁路客运设备设施的构成及使用相关知识，是高速铁路客运人员应具备的最基本的业务素质之一。

全书共分为6个项目，主要内容包括：项目一高速铁路概述、项目二高速铁路客运站设备与设施、项目三和谐号动车组列车设备与设施、项目四复兴号动车组列车设备与设施、项目五高速铁路客运人员移动配置设备、项目六高速铁路客运服务信息系统。

《高速铁路客运设备设施》教材既可作为高等职业院校高速铁路客运乘务、铁道交通运营管理等相关专业的教材，亦可作为铁路相关专业职工的培训教材以及相关专业人员工作的参考资料。

本教材由天津铁道职业技术学院王慧、王珏和中国铁路北京局集团有限公司天津站客运车间主任吕忠强担任主编，由中国铁路北京局集团有限公司天津客运段胡博和长沙南方职业学院邱逸担任副主编。具体分工如下：王珏编写项目一；吕忠强编写项目二任务一和任务二；邱逸编写项目二任务三和任务四；胡博编写项目三；王慧编写项目四、项目五和项目六。

由于编者水平有限，加之相关技术不断更新，书中难免存在不足之处，敬请各位专家、学者批评指正。

编　者
2021年2月

目 录

项目一 高速铁路概述 1
   任务一 高速铁路系统概述 1
   任务二 高速铁路"工电供"一体化 11
   复习思考题 14

项目二 高速铁路客运站设备与设施 15
   任务一 高速铁路车站及枢纽 15
   任务二 高速铁路车站电子票务设备与设施 22
   任务三 高速铁路车站客运作业设备与设施 33
   任务四 高速铁路车站客运服务设备与设施 46
   复习思考题 62

项目三 和谐号动车组列车设备与设施 63
   任务一 和谐号动车组车型 63
   任务二 CRH5型动车组列车设备与设施 70
   任务三 CRH2E型动车组卧铺列车设备与设施 83
   复习思考题 95

项目四 复兴号动车组列车设备与设施 96
   任务一 复兴号动车组基本构造 96
   任务二 复兴号动车组列车设备与设施 106
   任务三 复兴号智能动车组设备与设施 123
   任务四 复兴号动车组列车应急安全设备与设施 131
   复习思考题 141

项目五 高速铁路客运人员移动配置设备 142
   任务一 客运对讲设备和音视频记录仪 142
   任务二 高速铁路站、车客运无线交互系统终端设备 149
   任务三 电子客票移动检票设备和列车移动补票设备 158
   复习思考题 169

项目六　高速铁路客运服务信息系统 ·· 171
　　任务一　高速铁路车站旅客服务信息系统 ······································ 171
　　任务二　铁路客户服务中心系统 ··· 183
　　任务三　铁路客运管理信息系统 ··· 194
　　复习思考题 ··· 201

参考文献 ·· 203
附录　课程思政资料 ··· 204

项目一　高速铁路概述

 项目描述

高速铁路统筹优化系统需要线路、高速列车、牵引供电、接触网、信号与通信、列车运输组织、旅客服务、运营维护等不同功能，并使系统间相互匹配、协调运转。本项目主要介绍高速铁路系统概述和高速铁路"工电供"一体化。通过本项目的学习，学生应掌握高速铁路的基础知识。

任务一　高速铁路系统概述

 思政素质目标

爱党、爱社会主义、爱祖国、爱人民、爱集体；具有精益求精的工匠精神，尊重劳动、热爱劳动；严格遵守规章制度和劳动纪律。

 能力目标

能对高速铁路系统组成有初步的认识。

 知识目标

了解高速铁路系统组成；掌握高速铁路轨道及隧道组成；掌握高速铁路列车控制系统组成。

 相关知识

高速铁路是由土建、轨道、车辆、供电、通信、信号和控制多个子系统构成的复杂系统，是高质量、高稳定性的土建工程，性能优越的高速列车，先进可靠的列车运行控制系统以及高效的运输组织管理体系的集合体。

高速铁路最大的特点是高速度、高安全性、高密度、高舒适性。围绕这些特点，高速铁路运营系统主要由6大核心系统构成，分别是基础设施（工务工程）、牵引供电、通信信号、动车组、智能运输（运营调度与客运服务系统等）、养护维修。各系统之间既自成体系，又相互关联、影响、匹配并协调运转。

一、工务工程技术

工务工程又称基础设施,是实现列车高速运行的基础,通常由路基、轨道、桥梁、隧道和站场工程构成。高速铁路的基础设施既要为高速列车提供高平顺性与高稳定性的轨面条件,又要保证线路各组成部分具有一定的坚固性与耐久性,使其在运营条件下保持良好状态。高速铁路平面设计主要涉及外轨超高、最小曲线半径、缓和曲线、夹直线与圆曲线和线间距的选取;纵断面设计主要涉及最大坡度、竖曲线半径和夹坡段长度的选取;线路的纵横断面设计应相互配合,使线路达到较高的技术标准。高速铁路路基技术主要包括沉降控制技术和过渡段的设计;桥梁技术主要包括桥梁结构的选择和减振降噪技术;隧道技术主要包括隧道洞口设计和防灾救援设计;轨道技术主要包括无砟轨道结构、高速道岔和无缝线路技术。高速铁路要求线路的空间曲线平滑、平纵断面变化尽可能平缓,要求路基、轨道、桥梁具有高稳定性、高精度和小残余变形。

(一)高速铁路路基

路基是高速铁路列车运行的基础,如果路基不平顺就会引起轨道不平顺,使列车产生剧烈振动和颠簸,影响列车高速、平稳、安全运行。填筑后的路基就像任何建筑一样也会下沉,轨道系统可调的高度有限,所以路基下沉量要控制在毫米级。铁路轨道分别由桥梁、隧道、路基来支撑,由于它们的结构不同,刚度和沉降规律也不同。

1. 路基面的形状及宽度

路基横断面宽度要考虑路基稳定、养护维修、安全、线间距、轨道结构形式、曲线超高设置、通信信号和电力电缆槽布置、接触网立柱基础位置、声屏障基础等因素的影响。

(1)路基稳定的需要:特别是浸水后路堤边坡的稳定性。经验表明,在降雨量大的地区,加宽路基宽度对于保证线路畅通有重要作用。路堤浸水后边坡部分土质软化,在自重与列车产生的振动加速度的共同作用下,容易发生边坡浅层坍滑。路肩较宽时,即使边坡发生坍滑,也不影响路堤的承载部分,从而使因边坡坍滑而影响列车正常运行的事故大幅度减少。

(2)满足养护维修的需要:在线路维修时,搁置或通行小型养路机械及维修作业,都需要一定的宽度。

(3)确保人员安全避让距离的需要:尽管高速铁路是全封闭的,运行期间人员不能进入线路范围,但依然要考虑安全问题。此外,为路堤沉降(特别是高路堤和软弱地基地段)及道床边坡坍落适当留有余地,保持一定的路肩宽度是必要的。

(4)路基面设备敷设的需要:接触网支柱、电缆槽、通信、信号设备等一般设置于路肩上,路基面宽度需满足敷设要求(如图1-1-1所示)。

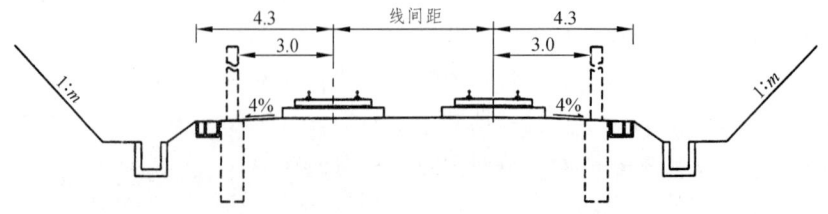

图 1-1-1 路基横断面示意图(单位:mm)

2. 过渡段

高速铁路线路是由不同的结构物（桥、涵、隧、路基等）和轨道结构构成，在路桥、路涵隧、路堤与路堑等相连地段，纵向刚度的平顺过渡是保证路基—轨道—车辆系统刚度均匀性、减小客运专线铁路系统震动及对轨下基础的动力作用，确保高速铁路行车平稳和安全的必要条件，故应在以上地段设置过渡段。

与桥梁连接处的路堤一直是铁路路基的一个薄弱环节，由于路堤与桥梁刚度差别较大而引起轨道刚度的突变，同时路堤与桥台的沉降不一致，而导致轨面不平顺，因而引起列车与线路结构的相互作用增加，影响线路结构的稳定，影响列车高速、安全、舒适运行。

在路堤与桥梁间设置一定长度的过渡段，以控制轨道刚度的逐渐变化，并最大限度地减少路堤与桥梁的沉降不均匀而引起的轨面变形，以保证列车高速、安全、舒适运行。

典型断面如图 1-1-2 所示。

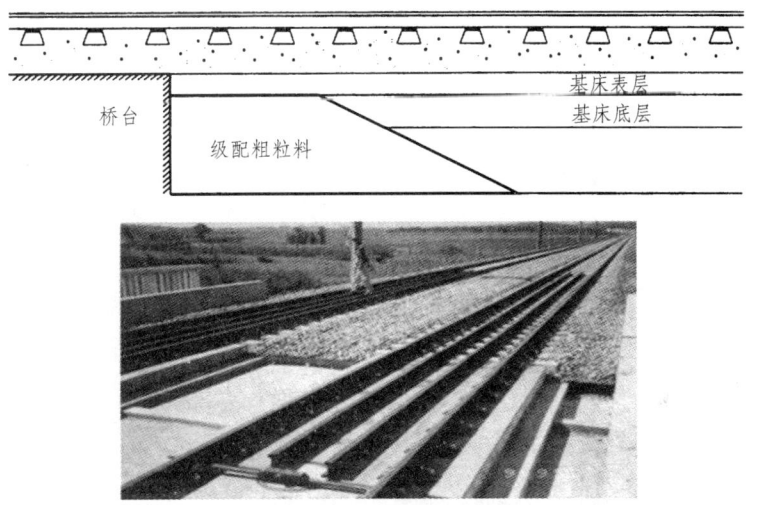

图 1-1-2　路桥过渡段断面

（二）高速铁路桥梁

高速铁路由于行车速度快、运营密度高、采用全封闭的行车模式、线路的平纵断面参数限制严格、要求轨道结构的高平顺性等特点，导致桥梁的比例明显增大。由于列车在高速度行车条件下桥梁结构的动力响应会加剧，对列车的安全性、旅客乘坐的舒适度、荷载的冲击、材料的疲劳、列车的运行噪声、结构的耐久性产生不利影响，因此，高速铁路的桥梁与一般铁路桥梁相比，必须具有足够的强度和刚度，必须保证可靠的稳定性和保持桥上轨道的高平顺状态，使高速线路的桥梁结构能够承受较大的动力作用，具备良好的动力特性。结构的耐久性对桥梁的安全使用和经济性有着决定性作用。

高速铁路桥梁作为轨道的下部结构，为确保高速运行条件下的安全性、平稳性和乘车舒适性，要求必须具有高平顺性、高稳定性和高可靠性等特点。其桥梁结构应具有良好的刚度和整体性，改善结构耐久性，外形构造简洁合理，力求标准化，便于施工和控制建造质量，减少维修量。同时，强调结构与环境协调，减少运营噪声，重视生态环境保护。

1. 减振降噪措施

随着高速铁路的发展，振动和噪声问题就愈显突出。由于建成后再采用补救措施来减振降噪，需要的费用反而比建设之初就给予重视并采用相应的措施要多得多。因此，减振降噪在高速铁路桥梁的最初设计与建设中非常重要，一般应从两方面考虑：一是从噪声源上进行治理，对桥梁来说就是尽量减小结构振动，降低噪声发生源的振动和噪声声强；二是从传播途径上加以控制，如设置声屏障、隔音板等。

2. 重视桥梁建筑美学

我国传统铁路桥梁建设多存在重功能、轻外观的现象，随着我国铁路建设水平的不断进步，铁路桥梁的美学效果已经成为当前高速铁路桥梁建设中需要重点考虑的因素之一。在构思桥梁设计时，除了考虑结构安全性与经济性之外，还从桥梁美学效果的角度综合考虑桥梁形式美、功能美以及与自然环境、人文环境的协调性。

3. 救援疏散通道

桥梁上出现重大意外情况时，为了让旅客能够快速、有序地疏散至安全地区，桥长超过3 km时，应结合地面道路条件，在桥梁两侧每隔3 km（单侧6 km）左右交错设置可上下桥的救援疏散通道，并在救援疏散通道侧对应的桥上栏杆或声屏障位置预留出口，具体如图1-1-3所示。

（a）顺坡式　　　　　　（b）折向式　　　　　　（c）螺旋式

图 1-1-3　长大桥梁救援疏散通道

（三）高速铁路隧道

隧道是高速铁路基础设施的重要组成部分。随着高速铁路行车速度的不断提高，线路最小曲线半径变大，高速铁路隧道在高速线路上所占的比重也越来越大。当列车高速通过隧道时，原来占据空间的空气被排开，空气的黏性以及隧道壁面和列车表面的摩擦作用使被排开的空气不能像在隧道外那样及时、顺畅地沿列车两侧和上部形成绕流，而是使列车前方的空气受到压缩，在列车后方形成一定的负压，从而产生一个压力波动的过程。这种压力波动又以声速传播至隧道口，形成反射波，再发生回传、叠加，进而产生一系列复杂的空气动力学效应。这些动力学效应主要表现在3个方面：瞬变压力、洞口微气压和行车阻力，对行车安全性、旅客舒适度及洞口环境等均产生不利影响。

1. 铁路隧道组成

隧道的组成包括主体建筑物和附属设备两部分。主体建筑物由洞身和洞门组成；附属设备包括综合洞室和防排水设施，长大隧道还有通风、照明设备及应急救援疏散设施。高速铁路隧道横断面轮廓如图 1-1-4 所示。

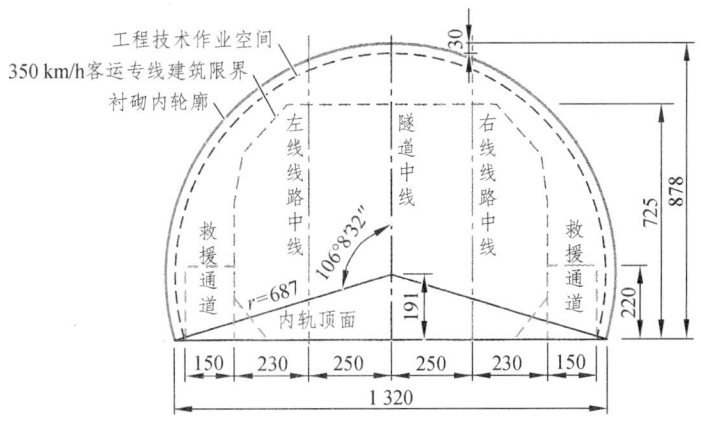

图 1-1-4　高速铁路隧道横断面轮廓

2. 隧道洞口的结构形式

隧道洞门优先选用斜切式和帽檐式结构形式，以减少洞口边仰坡开挖量。两座隧道洞口距离小于 30 m 时，宜采用明洞式将两座隧道连接。当洞口附近有建筑物或特殊环境要求时，宜设置洞口缓冲结构。各种洞口的结构形式如图 1-1-5 所示。

（a）喇叭口式

（b）帽檐式

（c）倒削式

（d）正削式

图 1-1-5　隧道洞口结构形式

3. 高速铁路隧道防灾救援

隧道内列车发生的灾害主要是脱轨翻车和隧道内列车火灾两大类。脱轨翻车是列车由于各种原因在隧道内脱离轨道,列车与隧道或地面发生剧烈的碰撞导致人员或设备损伤的灾害事故。隧道火灾则是由设备的老化导致不能承受重荷爆炸、电缆短路等设备因素以及责任不明等管理因素造成的。

高速铁路隧道的安全防灾主要有隧道内列车火灾事故的预防、发现、消防、救援。由于隧道内的列车火灾事故绝大多数是由非隧道原因造成的,所以对车辆本身的材料、隧道内的防火设施、隧道内外的监测通报技术,隧道的避难、通风、排烟设施有较高的要求。

(1)救援通道。

由于救援通道在列车停车的时候使用,因此救援通道可部分侵入建筑限界。双线隧道内两侧应设置贯通整个隧道的救援通道,单线隧道在单侧设置救援通道,满足在紧急情况下人员疏散和外部救援的需要。在综合洞室内安装简易的消防器具,在有变压器的洞室内安装自动消防装置。

(2)隧道照明设施。

隧道内的照明设置考虑到维修养护、满足紧急情况下人员疏散及救援人员的通行要求,同时也考虑列车进入隧道后的亮度和对旅客舒适度的要求。我国高速铁路隧道要求:行车速度 300 km 以下,长度大于 500 m 应设置固定式电力照明设备;时速大于或等于 300 km 的隧道,长度大于 100 m 时应设置固定式电力照明,长度大于 500 m 时应增设应急照明设备,且应急照明灯具的间隔不大于 50 m,在供电中断后能连续工作 2 h 以上。这些设备可就地开关或由行车调度人员遥控开关。

(3)逃生路线标志牌。

高速铁路隧道,在照明灯开关上方设反光的逃生标志牌。牌上标明距离最近的隧道洞口或隧道内的紧急出口。在烟雾还没有弥漫的情况下,乘务人员可迅速识别最短的逃生路线,组织旅客疏散。

(4)气流显示和风向测量装置。

隧道内发生火灾时,确定烟雾流动方向是非常重要的,隧道中的烟雾要走较短的路线。因此,当列车无法驶出隧道,不得不停在隧道中时,司机在停车前必须正确判断烟雾流动方向,否则后果不堪设想。在 1 500 m 以上的隧道均设有电子风向测量装置,相关行车调度人员可通过微机屏幕确定烟雾流动情况。

(5)紧急呼救电话和人行道。

长 200 m 以上的隧道,其洞门处及隧道内均应设紧急呼救电话。为便于疏散旅客,隧道两侧设有 1.7 m 宽的人行道,可并行 2 人。

另外,在靠近城市和有条件的隧道洞口处和紧急通道出口处,设置供外部救援车辆停放的场地,同时还要对乘务人员进行全面的训练和建立完善的自救方案。

(四)高速铁路轨道

高速铁路轨道由钢轨、轨枕、扣件、道床、道岔等部分组成。这些部件承受列车荷载,任何一个轨道部件的结构、性能、强度的变化都会影响其他所有部件的正常工作,对高速铁路的正常行车产生影响。由于列车和轨道结构的作用力与速度密切相关,所以要求高速铁路的轨道结构具有更高的安全性、稳定性和平顺性。目前,应用在高速铁路上的轨道结构大体可分为有砟轨道和无砟轨道两种类型。

1. 有砟轨道

有砟轨道是铁路上的一种传统轨道结构，即所谓的常规轨道，在国内外已有广泛的应用。这种轨道结构形式简单、造价低，线路的弹性和减振性能较好，建设周期短，轨道超高和几何形位调整简单，而且噪声较小；缺点是轨道的横向抗力较小，桥上道床稳定性差，道床在长期的荷载作用下，易产生不均匀下沉，加剧轨道结构破损，破坏线路几何形位，使维修工作量加大，以致行车时在空气动力的作用下使道砟飞散，造成损伤。

2. 无砟轨道

无砟轨道结构是用耐久性好、塑性变形小的材料代替道砟材料的一种新型轨道结构。由于取消了碎石道砟道床，轨道保持几何状态的能力提高，相应地，轨道稳定性也得到增强，维修工作减少，明显优于有砟轨道，成为目前高速铁路轨道结构的主要发展方向。无砟轨道的基本组成如图1-1-6所示。

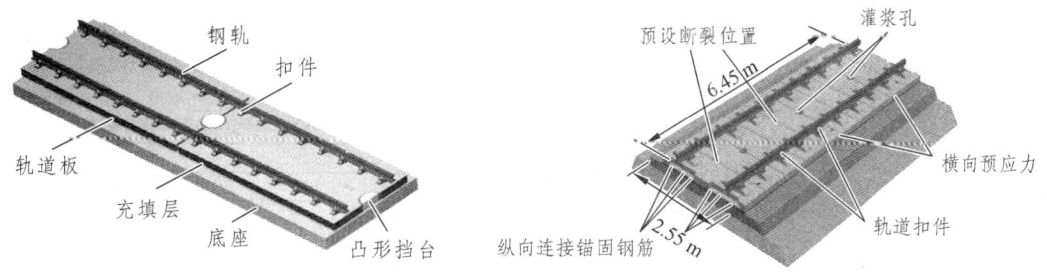

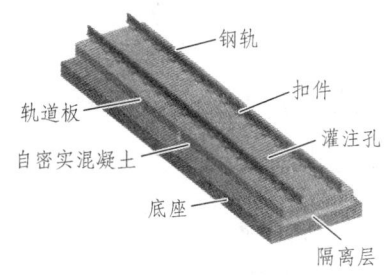

图1-1-6 无砟轨道的基本组成

二、牵引供电和接触网技术

高速铁路几乎都采用电能作为牵引动力。以电能为主要牵引动力的铁路被称为电气化铁路。电气化铁路由动车组和牵引供电系统两大部分组成。高速列车具有电力牵引功率大、所受阻力大、受电弓移动速度快、电流易发生波动性等特点，既要保证电压强度可以持续供应，又要避免电压过大带来的设备损伤，因此，牵引供电技术在保证高速列车的正常运行中起着重要的作用。牵引供电系统的主要功能是为高速铁路列车运行提供稳定、高质量的电流，依靠专门的外部装置，从三相电力系统接收电能向单相交流电气化铁道形式的列车输送电能，是列车运行的不竭动力。

高速铁路牵引供电系统是实现动车组高速运行的关键技术之一。它的主要任务是将从电网获得的电能,安全可靠地输送到动车组上,为动车组高速运行提供持续强大的电能;同时,尽可能避免或减少动车组等负荷载电在运行时对国家电网和通信信号系统稳定性的影响。

铁路供电系统如图 1-1-7 所示。

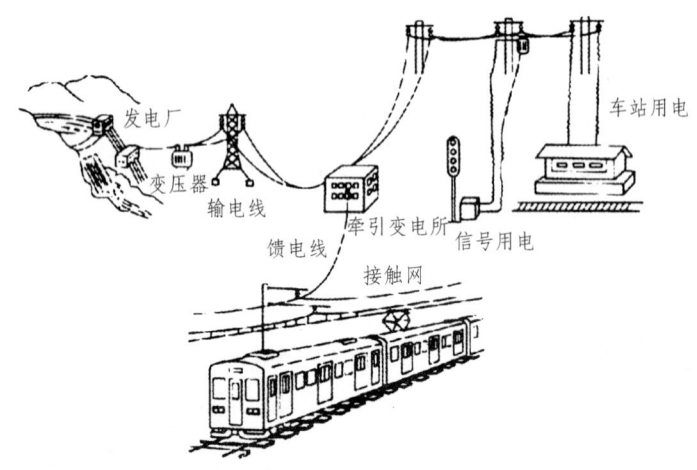

图 1-1-7　铁路供电系统

高速铁路牵引供电系统由牵引变电所、接触网、数据采集与监视控制系统（SCADA）3 部分组成。其中,牵引变电所是高速铁路牵引供电系统的心脏,接触网是高速铁路牵引供电系统的主动脉,而 SCADA 系统是整个高速铁路牵引供电系统的"中枢神经"或"大脑"。

1. 牵引变电所

牵引变电所将电力系统输电线路电压从 110 kV（或 220 kV）降到 27.5 kV,经馈电线将电能送至接触网;动车组升弓后从接触网取得电能,用于牵引列车。牵引供电构成的回路是:牵引变电所—馈电线—动车组—钢轨和大地—回流线—牵引变电所。

牵引变电所的主要作用是变换及控制,完成单相牵引网与三相电力系统之间的衔接和电压变换。电能从牵引变电所经上网馈线送出,由馈线、接触线、轨道、回流线构成牵引网向高速铁路供电。

2. 接触网

接触网是在高速铁路沿线上空架设的输电线路,包括接触悬挂、支撑定位装置、支柱及基础 3 部分,主要作用是保证正在运行中的动车组受电弓良好接触,将电能有效持续地传送到动车组上,为高速列车的运行提供牵引动力,实现动车组高速安全运行。接触网的结构如图 1-1-8 所示。

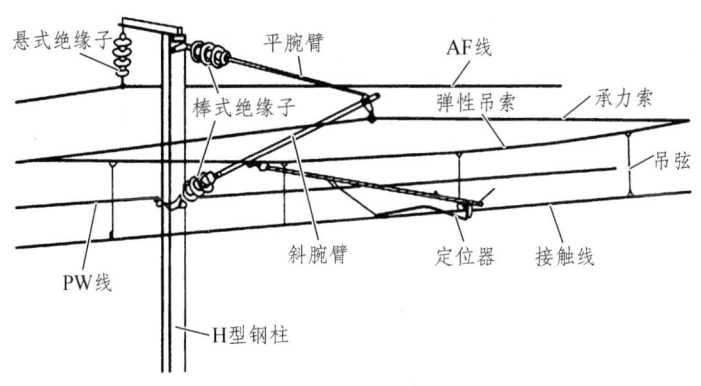

图 1-1-8　接触网结构示意图

3. 数据采集与监视控制系统

该系统常被称作远动系统，是以计算机为基础的电力生产过程控制与调度的自动化系统。它可以对高速铁路运输现场的设备运行情况进行监视和控制，以实现状态信息采集、数据测量、设备控制、参数调节、各类信号报警、数据统计等各项功能。高速铁路的 SCADA 系统纳入综合调度系统之中，能在线实时监控"四电"设备运行状态，在保证供电设备安全可靠运行、故障及时快速处理、提高高速铁路运输调度管理水平等方面具有十分重要的作用。

高速铁路的综合 SCADA 系统主要由控制中心（CCR）、远程终端（RTU）和通信网络构成，它是高速铁路综合调度自动化的一个组成部分。

三、高速铁路信号与通信技术

通信与信号系统是高速铁路的"大脑和神经"，是集计算机控制与数据传输于一体的综合控制和管理系统，通常被称为列车运行自动控制系统 ATCS 或者信号与控制系统。该系统由车载子系统、地面子系统、联锁子系统、调度集中 CTC 和通信系统构成，是高速列车安全、高密度运行的基本保证，时刻保持着列车安全、高速运行。高速铁路速度快，司机根本无法凭肉眼观察路况，所以高速铁路怎么跑、跑多快、什么时候停车都是由列车运行控制系统告诉司机来操作的。列车运行控制就是列车通过获取地面信息和命令，控制列车运行速度，并调整与前行列车之间的距离。高速铁路列车运行控制系统涉及行车安全的信号系统及电路设计，必须符合故障-安全的要求，采用集中管理、分散控制为主的集散式控制方式，分为行车指挥自动化与列车运行自动化两部分。其主要功能是：及时、准确地完成指挥列车运行的各种信息的传输；为旅客提供各种服务的通信；为设备维修及运营管理提供通信条件，满足维修人员沿线作业的需求。

我国的列车控制系统 CTCS，以分级（CTCS 0/1/2/3/4）的形式满足不同线路运输需求，在不干扰动车组机务乘务员正常驾驶的前提下，有效保证列车运行安全。根据信号制式的不同，列车控制系统的车载设备主要有机车信号、列车运行监控装置（LKJ）和列车超速防护设备（ATP）等；地面设备包括轨道电路、应答器、列控中心和无线通信等。

（一）高速铁路列车运行控制系统

列车运行控制系统 CTCS 的主要功能是有效保证列车安全运行，并以分级形式满足不同线路、不同列车的运营需求，系统符合故障-安全的设计原则，其基本功能包括在任何情况下防止列车无行车许可运行以及防止列车超速运行。根据不同的线路条件和功能、不同的信息传输方式和闭塞技术，可以将 CTCS 系统划分为 5 个等级，以满足不同等级线路的安全运营需求。下文具体介绍 CTCS-2 和 CTCS-3 级。

1. CTCS-2 级

CTCS-2 级为一体化的列车运行控制系统，主要面向于提速干线和高速线路，系统采用模块化、标准化、数字化、车地一体化的设计原则，是基于轨道电路和点式信息设备传输信息的列车运行控制系统。适用于各种限速区段，机车乘务员完全以车载信号为行车凭证，原则上可以不设地面通过信号机。目前，我国大部分时速 250 km 以下的客专均为此等级。

2. CTCS-3 级

CTCS-3 级是基于无线传输信息并采用轨道电路等方式检查列车占用的列车运行控制系统，主要面向提速干线、高速线路或特殊线路，基于无线通信的自动闭塞方式，无线通信系统实现车-地连续的、双向的信息传输，点式信息设备主要向列车提供测距修正以及传送定位基准信息，行车许可由无线闭塞中心发出，从而具有较高的运输效率和安全性。CTCS-3 系统结构如图 1-1-9 所示。

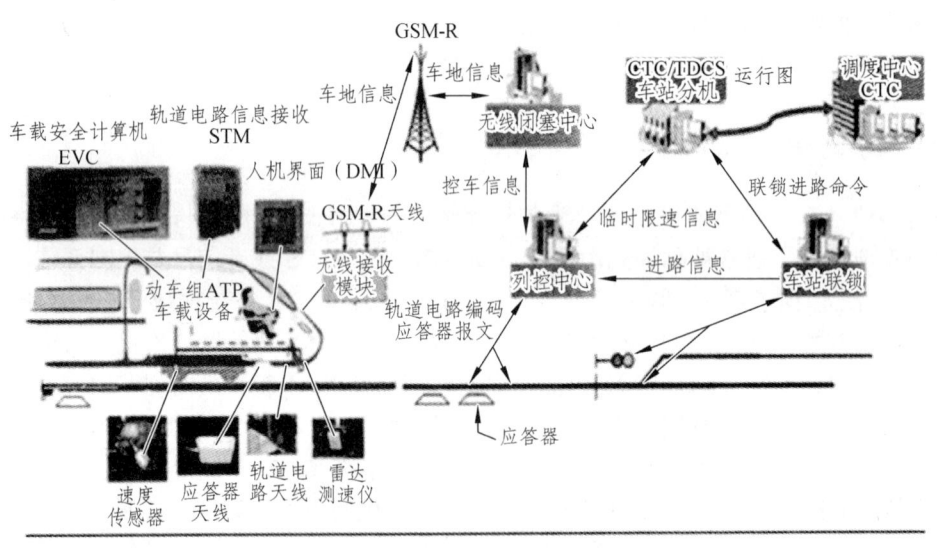

图 1-1-9 CTCS-3 系统的基本结构

（二）铁路综合数字移动通信系统（GSM-R）

铁路综合数字移动通信系统（GSM-R）是在数字蜂窝移动通信系统（GSM）上增加了调度通信功能和适合高速环境下使用的要素，能满足国际铁路联盟提出的铁路专用调度通信要求。在 GSM-R 网络上实现中国铁路无线列调需要增加一个车站台，而车站台既要具有调度业务，又要具有站内通信、站间通信、区间通信等各类通信业务。

1. GSM-R 的组成

GSM-R 由 GSM-R 陆地移动网络、FAS 固定网络、移动终端和固定终端 3 大部分组成，如图 1-1-10 所示。其中 FAS 固定网络实际上是一个以专用交换机及 PBX 为平台的有线调度通信网络。

图 1-1-10　GSM-R 组成示意图

2. GSM-R 网络

GSM-R 网络作为一种信息传输媒介，在 CTCS-3 级列控系统中的主要作用是实现车载设备与地面设备的双向通信。

GSM-R 核心网包括移动交换子系统、GPRS 子系统、智能网接口等，采用冗余交叉覆盖的方式进行布置，沿铁路线路每隔 2~3 km 设置一个 GSM-R 无线通信基站。这样只要不是相邻的基站同时发生故障，就不会影响 GSM-R 网络场强覆盖，从而提高了车地通信的可靠性。

 任务训练

表 1-1-1　任务训练

实训项目	高速铁路系统组成认知
实训目标	1. 使学生结合实际，加深对高速铁路系统组成的认识与理解。 2. 培养学生学习高速铁路系统组成的兴趣
实训内容及组织	由教师组织，学生自愿组成小组，每组 6~8 人，选择以下题目进行高速铁路系统组成认知的训练。 1. 高速铁路工务工程技术。 2. 高速铁路牵引供电和接触网技术。 3. 高速铁路信号与通信技术
实训考核	1. 每组提交一份实训报告。 2. 各组进行汇报。 3. 教师根据各组的实训报告与课堂汇报进行评估

任务二　高速铁路"工电供"一体化

 思政素质目标

爱党、爱社会主义、爱祖国、爱人民、爱集体；具有精益求精的工匠精神，尊重劳动、热爱劳动；严格遵守规章制度和劳动纪律。

能力目标

能掌握高速铁路工务、电务、供电设备维修的内容。

 知识目标

了解高速铁路工务、电务、供电设备维修的内容；掌握高速铁路"工电供""三位一体"维修管理的优势。

 相关知识

为满足动车组安全、平稳运行，高速铁路设备必须具备高可靠性、高稳定性和高平顺性。从高速铁路基础设施运营维护实践来看，高速铁路设备维护的一体化、专业化将成为发展趋势。

一、工务、电务、供电设备的维修

高速铁路工务、电务和供电等基础设施是保障行车安全、提高运输效率的关键设施，是高速铁路列车安全、正点、快速、高密度运行的重要保证。

工务设备设施主要包括轨道、路基、桥梁、隧道等，是高速列车安全、平稳运行的基础。电务设备设施主要包括铁路信号和铁路通信两大系统，又分为电务固定设备和电务车载移动设备。供电设备设施包括接触网、牵引变电、电力等。

为满足动车组高速运营的需求，高速铁路设备必须具备高可靠性、高稳定性和高平顺性。高可靠性是指设备设施适应高速度、高密度的行车要求，能保证高速列车行车安全和秩序，并具有更高的抵御自然灾害和突发事件的能力。高稳定性是指强化设备结构、减少设备故障、延长维修周期、减少维修工作量。高平顺性是指轨道几何尺寸精度高，轨道结构始终处于良好状态，以保证高速列车运行的安全、平稳、舒适。

二、"三位一体"维修管理模式

良好的养修管理模式对于有效配置养修资源、提高养修效益至关重要。按照高效率、低成本、充分满足高铁运营要求的原则，高铁维修采用"三位一体"维修管理模式。

1. 基本概念

"三位一体"维修管理模式是指工务、电务、供电 3 个专业，从检修周期、检修项目、计划编制、生产组织、出行方式 5 个方面进行优化组合，消除各专业间结合部问题，实现生产统筹协调、计划统一平衡、劳动组织优化、生产效率不断提高，并以最小的成本投入达到高速铁路基础设施综合维修的目的，为运输提供安全稳定、质量可靠的高铁基础设施。

2. 实施做法

3个专业在作业负责人的统一指挥下，同步作业，一专主导，互为支撑，形成"三位一体"模式的天窗修计划管理、施工维修作业登销记、施工维修作业卡控、防护员（驻所）设置等制度和管理办法。

（1）统筹专业力量。

将原线桥科、信号科、供电科合并为技术科，消除结合部瓶颈，提升专业协同能力；成立集中监测机构，配齐配强检测监测设备，提高过程盯控和预警防范能力；成立道岔整治、电子设备维护等车间直属班组，提升专业管理保障水平。

（2）强化计划管理。

结合实践经验，优化计划编制流程，由技术科统筹安排，自上而下布置每月生产任务；车间结合生产实际，自下而上提报每周计划；段根据车间上报计划召开平衡会，协调天窗资源综合利用、重点任务实施、自轮运转设备运行等事项。上下结合的计划编制规则有利于各级工作统筹推进，发挥了综合集中管理、统筹协调推进的优势，使天窗资源得到最大化共用。

（3）实施集中作业。

制定"5个统一"和"5个一起"综合集中作业模式，即：统一计划管理、统一组织协调、统一作业制度、统一班组台账、统一考核奖惩；一起研究工作、一起制定方案、一起安排劳力、一起组织生产、一起总结完善。不断优化形成"短周期优先、长周期统筹"的计划安排原则、"集中为主、分散为辅"的作业组织形式和"轨道车为主、汽车为辅"的交通出行方式。集中作业模式有效解决了传统生产组织模式下3个专业"单打一"问题，提高了天窗综合利用率和劳动生产效率，降低了夜间道路交通等安全风险。

（4）开展综合维修。

将区间的线路结构检查、信号设备巡检、接触网外观巡视及鸟巢检查等单独作业项目纳入一个作业组的工作范围，实行"专业搭配，综合协同"的区间综合巡检作业方法。在道岔设备综合检修等多专业结合部作业项目中，科学界定作业主体和辅助环节，按照"主体环节专业干，辅助环节共同干"的原则开展综合整治，消除设备专业结合部养修不到位的问题，减少重复作业成本投入。

（5）优化劳动班制。

实施"四大三小"天窗制度，在周二至周五凌晨4个大天窗内，组织开展综合集中作业、病害整治，完成各类重点任务；在周六至周一凌晨3个小天窗内，组织局部基础设施的巡检、检修，完成各类临时任务。

（6）推进岗位融合。

将"线路工""信号工""接触网工"等专业职名，整合成为"综合维修工"，进一步提高劳动效率。

任务训练

表 1-2-1　任务训练

实训项目	认知高速铁路"工电供"一体化
实训目标	1. 使学生结合实际，加深对高速铁路"工电供"一体化的认识与理解。 2. 培养学生高速铁路"工电供"一体化学习的兴趣
实训内容及组织	由教师组织，学生自愿组成小组，每组 6~8 人，选择以下题目进行高速铁路"工电供"一体化内容的训练。 1. 工务设备的维修认知。 2. 电务设备的维修认知。 3. 供电设备的维修认知
实训考核	1. 每组提交一份实训报告 2. 各组进行汇报 3. 教师根据各组的实训报告与课堂汇报进行评估

复习思考题

1. 高速铁路系统由哪些部分组成？
2. 高速铁路工务工程技术包括哪些内容？
3. 高速铁路牵引供电和接触网技术包括哪些内容？
4. 高速铁路信号与通信技术包括哪些内容？
5. 简述高速铁路"工电供"一体化的内容。

项目二　高速铁路客运站设备与设施

 项目描述

高速铁路车站是高速铁路系统中重要的基础设施,是旅客集散的场所。其主要作用是完成旅客输送任务,生产活动主要包括客运作业、行车技术作业。高速铁路车站布局对促进各种交通运输方式协调发展,为旅客的方便出行提供优质的服务有着十分重要的意义。高速铁路的车站及枢纽应根据其现实条件、服务对象、功能特点等因素设计成客流通道立体化、进出站自动化、功能多样化的现代化车站。本项目主要介绍高速铁路车站及枢纽、高速铁路车站电子票务设备与设施、高速铁路车站客运作业设备与设施、高速铁路车站客运服务设备与设施的相关知识。通过本项目的学习,学生应掌握高速铁路客运站设备与设施的使用方法及要求。

任务一　高速铁路车站及枢纽

 思政素质目标

爱党、爱社会主义、爱祖国、爱人民、爱集体;具有精益求精的工匠精神,尊重劳动、热爱劳动;严格遵守规章制度和劳动纪律。

 能力目标

能识别高速铁路车站站型,能识别高速铁路枢纽内设备。

 知识目标

掌握高速铁路车站的含义及作用,熟悉高速铁路车站站型布置。

 相关知识

高速铁路车站在铁路旅客运输生产中起着至关重要的作用,它不仅是旅客运输的始发、中转和终到作业的地点,同时也是铁路旅客运输相关的行车、工务、电务等部门进行各项作业的主要地点。此外,高速铁路车站是旅客选择高速铁路出行接触的首要场所,高速铁路车站的服务质量、作业水平等,是旅客评价铁路运输的重要窗口,代表了铁路的信誉和形象。

一、高速铁路车站的分类

高速铁路车站主要为高速客流提供运输服务。按技术作业分，高速铁路车站分为越行站、中间站、始发终到站及通过兼始发、终到站。

（一）越行站

越行站是为办理高等级本线高速旅客列车越行跨线的低等级高速旅客列车而设置的车站，主要功能如下：
（1）办理正线各种旅客列车的通过作业。
（2）办理待避列车进出到发线、停站待避。
（3）通常不办理客运业务，但可为未来该站办理客运业务预留发展条件。

（二）中间站

中间站是位于高速铁路线上主要办理客运业务的车站，主要功能如下：
（1）办理正线上各种旅客列车的通过、越行作业。
（2）办理停站旅客列车的客运业务，包括列车进出到发线、旅客上下车等。
（3）部分中间站还需办理少量旅客列车的折返作业，包括客运整备作业、动车取送等。
（4）在综合维修管理区有岔线接轨的中间站，除办理上述业务外，正常情况下在"天窗"时间内还负责办理检测和维修列车进出正线的作业。特殊情况下，须按调度中心指令办理维修列车进入某方向正线。

（三）始发终到站

始发终到站主要位于高速铁路线的起点和终点及有大量客流出发和到达的大城市，主要功能如下：
（1）主要办理高速旅客列车的始发、终到作业及客运业务。
（2）办理旅客列车的折返、动车组的取送作业。
（3）设有动车段（所），办理动车组的客运准备和客车的检修作业。

（四）通过兼始发、终到站

通过兼始发、终到站办理以下作业：
（1）办理高速、跨线旅客列车的客运业务和旅客换乘。
（2）办理停站、不停站的高速、跨线旅客列车通过作业。
（3）办理部分始发、终到高速旅客列车的始发、终到作业。
（4）办理高速列车动车组的整备、检修作业。

二、高速铁路车站站型

为了完成旅客列车和动车的各项行车技术作业，保证迅速有序地完成旅客运输任务，高速铁路车站应根据其技术作业特点和作业量大小来配置相应的技术设备。站型的选择与运营模式至关重要。站型的选用应当从运营需要出发，考虑行车量、行车组织、客运组织以及安全等方面的因素。

高速铁路车站站型布置与到发线、站台的数量及相互位置有关。

1. 两线式布置图

该站型设有两条到发线（即 3、4 道），主要办理低等级高速列车待避高等级高速列车。正线Ⅰ、Ⅱ道则主要办理高速列车通过，该站型适用于不办理客运业务的越行站，因此可不设站台，如图 2-1-1 所示。

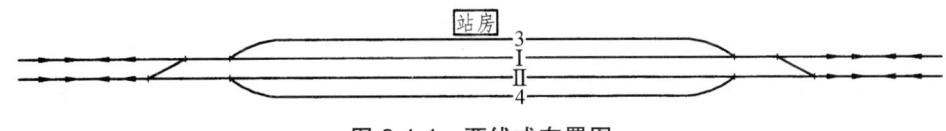

图 2-1-1　两线式布置图

2. 两线两台式布置图

根据线路及站台的相互位置可分为对应式（又称 A 型）和岛式（又称 B 型）两种。

对应式站型的两个站台夹 4 条线路，其中Ⅰ、Ⅱ道为正线，3、4 道为到发线，供列车停车、待避用。该站型图的优点是正线不靠近站台，高速列车自正线通过时，并不影响站台上旅客的安全，站台无须加宽。若客运量较大且某个方向需办理两列停站待避列车时，可增设一条到发线，如图 2-1-2 中虚线位置所示。

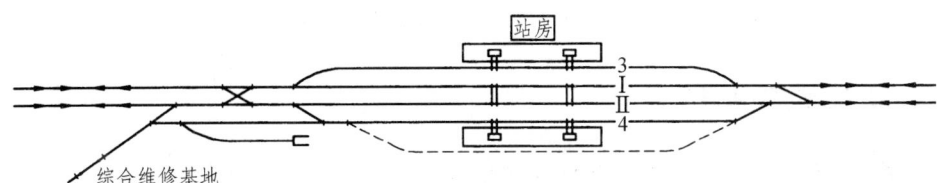

图 2-1-2　对应式站型

岛式站型的中间站台一侧靠近正线，Ⅰ、Ⅱ道正线为高速列车通过线，3、4 道到发线为避难线。这种布置图的缺点是：高速列车通过时受列车风的影响，站台需要加宽以保证旅客的安全，并需设置防护栅栏，如图 2-1-3 所示。

中间站一般采用对应式布置为宜。

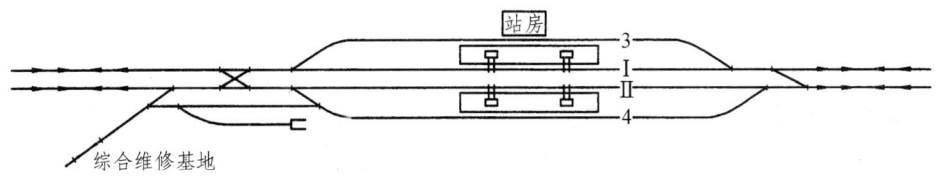

图 2-1-3　岛式站型

3. 带综合维修基地的布置图

该站型设置有 3~4 条到发线和 2 个中间站台，车站设有综合维修基地，供高速线路、信号、供电等设备进行维修保养，有时也供少量动车组折返和夜间停留，如图 2-1-4 所示。

17

这种基地应尽量与到发线衔接，必要时可采用跨线桥引入车站，以方便维修用机械车出入。

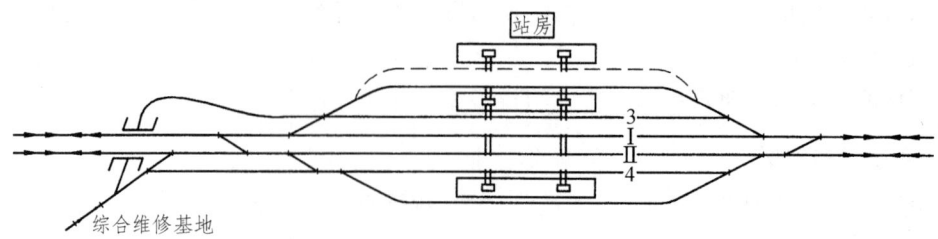

图 2-1-4　带综合维修基地的布置图

4. 两台四线以上的布置图

两台四线及以上的站型设有 4 条到发线，2 个中间站台。这类车站一般都衔接有动车段（所）和综合维修基地，直接连通到发线，或经由跨线桥与正线立体相交，如图 2-1-5 所示。这种站型适用于运量大的高速列车发到站。

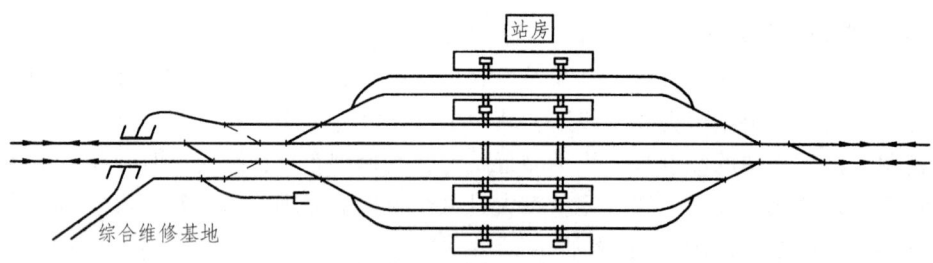

图 2-1-5　两台四线以上的布置图

三、高速铁路枢纽

以高速铁路车站为中心，把场站外部动车检修基地、动车检修所、动车运用所、综合维修段（工区）及连接这些段所区的联络线、迂回线等相衔接，在车站内部实现高速铁路、城际铁路、地铁、公交、出租等多种交通方式间的立体换乘，这类综合体被称为高速铁路枢纽。

（一）动车检修设备

动车检修设备应根据路网规划、行车组织方式、车站布局等统筹安排，选择适当的地点，合理设置足够的动车检修设备。动车检修设备可分为：

1. 动车检修基地

动车检修基地又称动车段，一般设在有大量列车始发、终到的客运中心所在站或者几条高速线交汇的大型客运站附近。它负责动车组的管理、检修、整备及动车组信息管理，配属有一定数量的高速动车组，承担动车组日常运用和夜间存放、备用动车组长期存放和运用整备作业以及高速动车组一至五级的修程，规模大、占地多。

2. 动车检修所

动车检修所设在有较多高速列车始发、终到的车站，承担派驻在本所的高速动车组的日常运用、夜间存放、折返、客运整备，另外还担任高速动车组的日常检查或一、二级修程任务。

3. 动车运用所

动车运用所设在有少量高速列车始发、终到的重点车站，承担外段动车组在本站的折返停留、客运整备、存放、临修、一级修等作业，及驻派本所动车组的一、二级修程，根据需要可预留未来的发展条件。

（二）综合检修设备

为维护高速铁路的正常运转，确保列车的安全、高速运行，需要对线路、路基、桥隧、接触网、通信信号、供水供电等固定设施进行检测、维修和保养，需要设置一定数量的检测中心、维修段（工区）来负责实施。

1. 综合检测中心

综合检测中心承担管内固定设施的综合检测作业，配有综合检测车、桥隧检测车等检测车组，设有检测车辆停放线、整备库线、标定线等，负责对线路、路基、桥隧、接触网、通信信号等固定设施进行动态检测和质量状态分析。

2. 综合维修段

综合维修段内设有轨道车停放线、材料装卸线等设备，主要负责管内线路、路基、桥隧、接触网、通信信号、水电等固定设施的检查、保养及维修等。

3. 维修工区

维修工区内应根据管内线路轨道类型设置大型养路机械停放线、轨道车辆停放线和材料装卸线等设备，主要负责固定设施的日常巡检、保养、临时补修和抢修等作业，必要时配合大型养路机械完成线路的综合维修作业。

4. 大型养路机械段

大型养路机械段负责线路的大规模机械维修和大型养路的管理、运用及检修。综合检修段（区）的布置如图 2-1-6 所示。

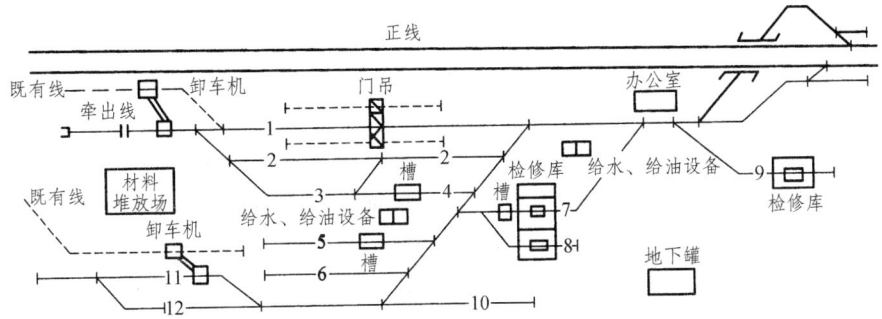

注：1—材料装卸、长钢轨运送更换车停留线；2—机走线、通路线；3—架线车停留线；4—电气作业车停留线；5、6、10—维修机械停留线；7、8、9—检修线；11—道砟装卸线。

图 2-1-6 综合维修基地设备布置图

四、综合交通枢纽

为了解决各种交通运输方式衔接不畅、交通运输整体效率不高的实际情况，需构建一体化交通运输系统，通过各种运输方式的结合，突出交通运输方式衔接过程中资源的节约和集约，以及客运的"零距离换乘"和货运的"无缝衔接"理念，综合交通枢纽就是其具体的体现形式。

（一）综合交通枢纽

综合交通枢纽是指在综合交通网络节点上形成的客货流转换中心。按照综合交通枢纽所处的区位、功能和作用，衔接的交通运输线路的数量，吸引和辐射的服务范围大小，以及承担的客货运量和增长潜力，可将其分为全国性综合交通枢纽、区域性综合交通枢纽和地区性综合交通枢纽3个层次。

1. 全国性综合交通枢纽

全国性综合交通枢纽位于综合交通网的运输大通道重要交汇区，依托省级经济、文化和政治中心，以及在中国经济和国际贸易中地位突出的重要港口、大型机场和公路铁路主枢纽所在城市。全国性综合交通枢纽在跨区域人员运输和国家战略物资运输中的集散、中转功能突出，有广大的吸引和辐射范围，对全国综合交通网络的合理布局、衔接顺畅和高效运行具有全局性的作用、影响。

2. 区域性综合交通枢纽

区域性综合交通枢纽位于综合交通的主要交汇处，依托省内重要城市，以及在区域经济和贸易中起主要作用的沿海港口、干线机场所在城市。区域性综合交通枢纽在综合交通网络格局中具有承上启下的重要作用，对区域交通布局产生重大影响和重要作用。

3. 地区性综合交通枢纽

地区性综合交通枢纽位于综合交通网的一般交汇处，依托地区中型城市以及港口、机场所在城市。地区综合交通枢纽在综合交通网络中具有基础性作用，对地区交通有较大影响和较大作用。

（二）客运综合交通枢纽

根据"综合交通枢纽"的概念，我们可以把综合交通网络节点上的客流转换中心称为综合交通枢纽。它是集既有铁路、高速铁路、地铁、公交、出租车等多种交通方式为一体的换乘综合体，能为城市居民出行提供多种交通工具的换乘、接续服务。现代城市发展要求把铁路纳入城市交通系统中综合考虑，而体现最新设计理念的高速铁路车站内部整合了多种服务功能，不仅承担了铁路运输的基本功能，而且是城市交通体系中重要的换乘中心。同时为人们日常生活的各种需求提供了全方位的服务。这种多功能复合的综合体设计有利于城市土地资源的综合利用、交通的立体分布和公共服务设施的多层次设置。多种交通方式的衔接及其对城市生活和形态的影响，都要求高速铁路客站向功能综合化、设计立体化、人车分流化的方向发展，以发挥它在城市中的现代综合交通枢纽的作用。

高速铁路客站在站房设计中体现了交通"大通道"的思想，尽可能实现铁路和城市交通不出站房换乘、立体换乘，构成地面、高架、地下的三维立体交通系统，减少了各种方式之间换乘所带来的不便，同时也极大地减少了路面交通的相互干扰。

1. 利用地下设施疏散客流

充分发挥地铁发车密集、准点、换乘距离短的优势，在站房内设置换乘厅或以地下通道与地铁站厅连通；此外，还可以把公交车、社会车辆引入地下，出站后直接驶入城市快速路。

2. 采用乘降平台立体

当站房内或地下换乘受条件限制时，则可采用乘降平台立体分流不同客流和车流，实现"门"到"门"的换乘。

3. 一票制换乘或联运

采用一票制换乘或联运的办法，提高换乘效率，这也是交通"大通道"思想的一部分，是未来交通的发展方向。

4. 转变站前广场的功能

把各种交通工具引入广场，并尽量靠近车流出入口，使流线衔接紧密、便捷顺畅，实现人车分离、车种分离，减少旅客站前走行，达到交通上"零换乘"的目的。这样一来，站前广场就成为供车辆走行的道路和临时停车场，除了小型出租车停车场和为供特殊用途使用而设置的小规模停车场，社会车辆和公交车在站前广场内不设停车场；只在站房前旅客人行道边设一定长度的停车港，供旅客上下车。这样，站前广场的面积可以大大缩小，既方便了旅客，又节省了投资，也改变了目前铁路客站站前广场人多车杂、交通秩序混乱的状况。此外，站前广场也可采用立体分流的方式，地面层主要为车行道路和人行候车岛。候车岛内均设通往地下、天桥的楼梯和地铁出入口，避免人流与车流交叉干扰。在二层可设高架人行广场，不仅能隔绝车流，还可通过天桥把客站与周围商业服务设施联成一个整体，获得综合经济效益。

清河站是京张高铁始发站之一，也是京张高铁线上规模最大的一座车站，是国铁、地铁及市政工程一体化设计，是北京市引入地铁线最多的高铁车站，未来将成为北京市北部综合交通枢纽，使地铁13号线、昌平南延线和19号支线、公交车、出租车、私家车等多种交通工具实现"零距离"换乘，体现了"畅通融合"的设计理念。清河站如图2-1-7所示。

图 2-1-7　清河站

任务训练

表 2-1-1　任务训练

实训项目	识别高速铁路车站站型和枢纽内设备
实训目标	1. 使学生结合实际，加深对高速铁路车站及枢纽设备的认识与理解。 2. 培养学生高速铁路车站及枢纽设备学习的兴趣
实训内容及组织	由教师组织，学生自愿组成小组，每组 6~8 人，选择以下题目进行高速铁路车站及枢纽设备内容训练。 1. 识别高速铁路车站分类。 2. 识别高速铁路车站站型。 3. 结合实际谈谈客运综合交通枢纽的设计思路
实训考核	1. 每组提交一份实训报告。 2. 各组进行汇报。 3. 教师根据各组的实训报告与课堂汇报进行评估

任务二　高速铁路车站电子票务设备与设施

 思政素质目标

爱党、爱社会主义、爱祖国、爱人民、爱集体；具有精益求精的工匠精神，尊重劳动、热爱劳动；严格遵守规章制度和劳动纪律。

 能力目标

能够正确使用高速铁路车站电子票务设备与设施。

 知识目标

掌握高速铁路车站电子票务设备与设施的主要构成及设置。

 相关知识

车票是铁路旅客运输合同的基本凭证，因此购票是旅客办理的第一道旅行手续。售票处是为旅客办理售票、退票、改签手续的场所。售票处的位置及布置方式应根据客运站的规模和旅客进站办理作业的程序等因素决定。中、小型客运站的售票处设在进站口一侧，这样可使进、出站旅客不发生交叉。大型客运站的售票处应设在进站流线的前端，直通站前广场，与候车室联系方便。在站房之外另设售票处时应通过走廊与站房连接，减少旅客的露天行程。大型高铁车站的售票处设置呈多层面、多地点的特点，方便旅客购票。售票处的售票窗口设置数量应与车站客流量相适应，并开设为残疾旅客服务的窗口，应开设旅客临时身份证明的制证窗口。

售票处还应配备空调、通风、照明、消防等设备。售票处应设置本站各次旅客列车到开时刻表、主要换乘站列车时刻表、车站平面示意图、全国铁路客运接算站示意图、安全宣传、旅客须知、儿童票标高线、客运杂费收费标准、公告、请勿吸烟等揭示标志，业务揭示应充分体现实用性和美观性。高速铁路车站的售票处如图2-2-1所示。

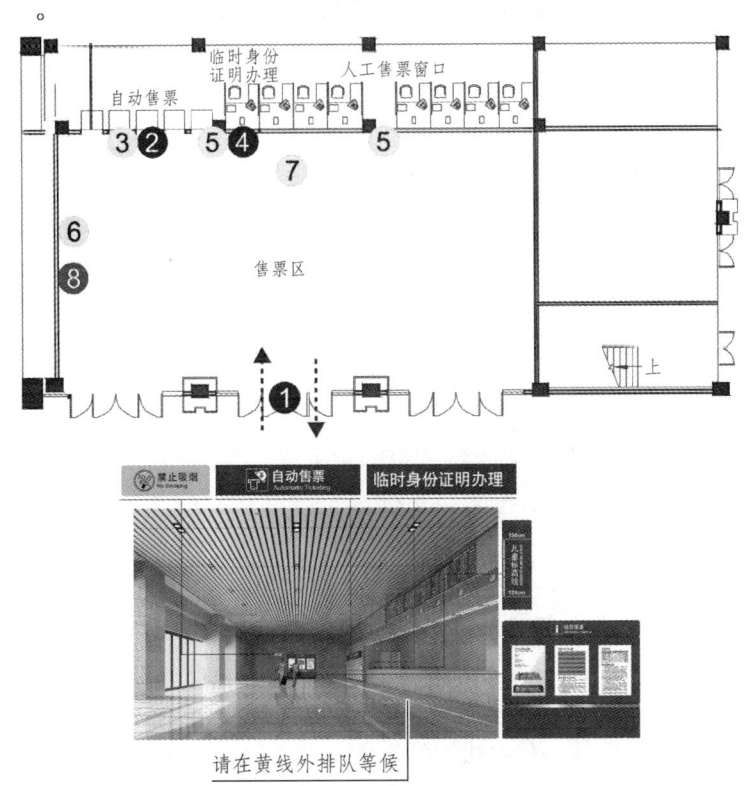

注：① 售票处；② 自动售票；③ 自动售票机使用说明；④ 临时身份证明办理；⑤ 儿童标高线；⑥ 综合信息公告牌；⑦ 请在黄线外排队等候；⑧ 警示类标识。

图 2-2-1　高速铁路车站售票处

一、高速铁路客运站窗口售票设备

售票窗口配备桌椅、微机（含显示器、键盘）、售票机、二代身份证识读器、窗口对讲器、窗口双屏、验钞机、铁路乘意险购买器等售票设备，发售学生票、残疾军人票的窗口配备学生证购票识别器、残疾军人证识读器，电子支付配备POS机、固定式扫描器。各设备按固定位置摆放。在窗口正上方设置窗口屏，显示窗口号、窗口功能、工作时间或状态等信息。设置工号牌或采用电子显示屏，显示售票人员姓名、工号、本人正面二寸工作服彩色白底照片等信息。设有剩余票额信息显示屏，及时、正确显示日期、车次、始发站、终到站、开车时刻、各席别剩余票额等售票信息；有存放票据、现金的处所和设备，具备防潮、防鼠、防盗、监控和报警功能。

售票窗口布置如图2-2-2所示。

图 2-2-2　售票窗口设备设施

（一）窗口售票计算机

窗口售票计算机是实现车票发售的主要设备。售票计算机要求安装 WINDOWS XP 等以上操作系统和铁路客票发售和预订系统软件（简称"TRS"），按售票员指令实现售票、退票、改签等功能。一般情况下，窗口售票微机包括两台显示器，分别向售票员和旅客显示，售票窗口计算机不配备鼠标。售票窗口使用的计算机加装售票专用汉卡。

1. 售票计算机操作流程

（1）开机操作流程。

按照制票机、学生读卡器、显示器、售票主机的先后顺序进行开机操作。

制票机→学生读卡器→显示器→售票主机。

（2）设备初始化流程。

开机后初始化制票机，显示屏提示售票人员核对机器显示票号与制票机票号，将显示票号与现品票号（车票左上角红色票号）进行核对，确认无误后，初始化学生票读卡器，如未连接学生票读卡器或学生票读卡器开关未开，按照正确操作流程提示进行操作完成初始化操作。

初始化制票机→核对票号→初始化学生票读卡器（成功按 Y、无读卡器按 N）→完成初始化流程。

（3）工号登录流程。

使用本人二代身份证，将证件放在二代身份证识读器上按 F7 刷新工号、姓名（如二代身份证消磁，使用手工输入）后，正确输入密码，登录后正确选择班次（白班、特日）。

登录流程：二代身份证放在二代身份证读卡器→按 F7 刷新（二代身份证无磁手工输入）→输入密码→选择班次（白班、特日）。

（4）POS 机登录流程。

POS 机登录时输入操作员工号（与售票工号一致），输入密码后，显示签到成功。

2. 电子客票售票流程

微笑迎接旅客使用文明用语（您好）→询问购票信息→核对→收款（收有效证件）→制票→再次核对信息→交付。

（1）电子客票售票制票流程。

进入售票界面→F1 输入乘车日期→F2 输入车次→F3 输入发站→F4 输入到站→F5 选择票种（左右键切换）→F5 输入张数（数字键）→选择席别（数字、字母键）→输入电话号码→现金或者 Ctrl+4 切换到支付宝、微信界面→F7 刷或手工输入有效身份证件号码、姓名后按回车键→确认信息无误后按 Alt+S 确认→现金或者扫旅客付款码支付→打印两联凭条→一联交旅客签字留存→按回车或者空格制行程信息提示→核查行程信息提示信息→制票成功→（询问旅客是否打印报销凭证→打印报销凭证）→将凭条、行程信息提示、报销凭证等交旅客。

售票界面如图 2-2-3 所示。

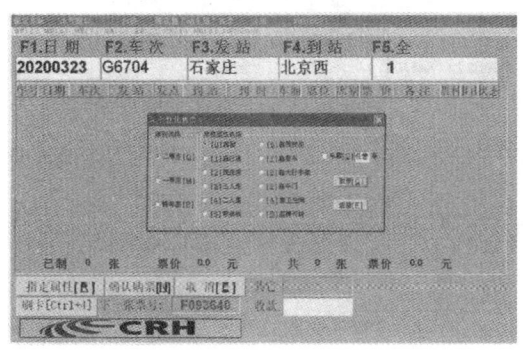

图 2-2-3　售票界面

（2）单独打印行程信息提示流程。

车站发售电子客票时，应提供行程信息提示，旅客仍需当场核对购票信息。旅客如需接收购票信息、列车运行变更信息，还应提供手机号码。进入售票界面→Alt+V→选择"行程信息提示打印"→F7 刷有效身份证件或者手工输入有效证件信息→Alt+S 查询购票信息→选择需要打印行程信息提示→Alt+P 打印行程信息提示→将行程信息提示交旅客。

（二）客票制票机

客票制票机接收售票计算机的指令，通过热转印头、票卷打印报销凭证。制票机如图 2-2-4 所示。

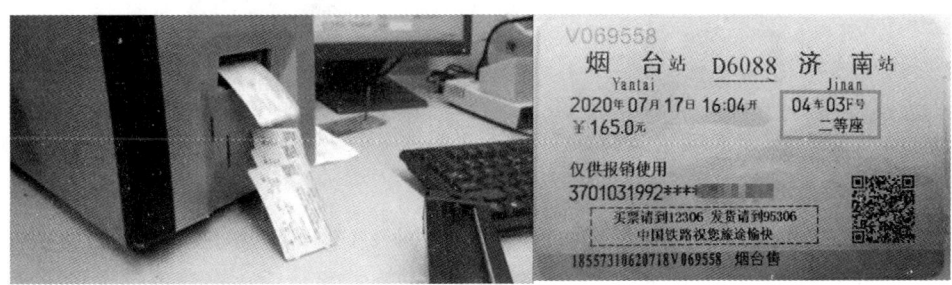

图 2-2-4　制票机

（三）学生优惠卡识读器

学生优惠卡识读器通过感应区自动读取学生优惠卡信息，自动或手工扣减或增加学生购票次数，实现学生票的规范管理。售票窗口设置发售学生票必须读取学生优惠卡时，将学生优惠卡放在感应区，售票程序会自动扣除优惠卡购票次数。学生优惠卡识读器的结构如图 2-2-5 所示。

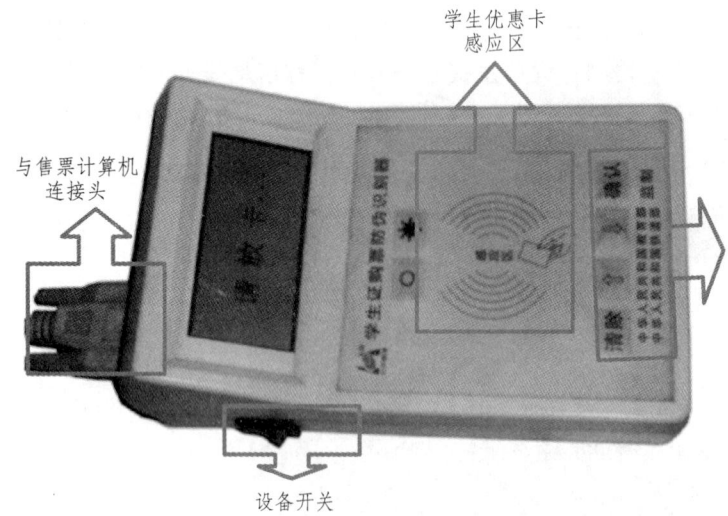

图 2-2-5 学生优惠卡识读器结构图

1. 学生票优惠条件

符合学生票优惠条件，持学生优惠卡的大、专院校学生旅客，每学年需在购票前到车站指定窗口办理本人居民身份证件与学生优惠卡的核验手续。未办理核验手续的学生，可在12306.cn购买一次学生票（含接续学生票），但乘车前需到车站办理核验手续。窗口发售学生票时，需先办理核验手续，再发售学生票。大、专院校新生和非大、专院校学生按现行规定执行。优惠资质绑定界面如图 2-2-6 所示。

图 2-2-6 优惠资质绑定界面

2. 学生票制票流程

进入售票界面→F1 输入乘车日期→F2 输入车次→F3 输入发站→F4 输入到站→F5 选择票种（学）→F5 输入张数（数字键）→选择席别（数字、字母键）→核对学生证（区间等）→将学生证放在学生读卡器刷卡→Alt+N 制票（回车+空格）→F7 刷或手工输入有效身份证件号码、姓名→制票成功。

（四）二代身份证识读器

二代身份证识读器通过感应区自动读取旅客二代身份证信息。二代身份证识读器结构如图 2-2-7 所示。

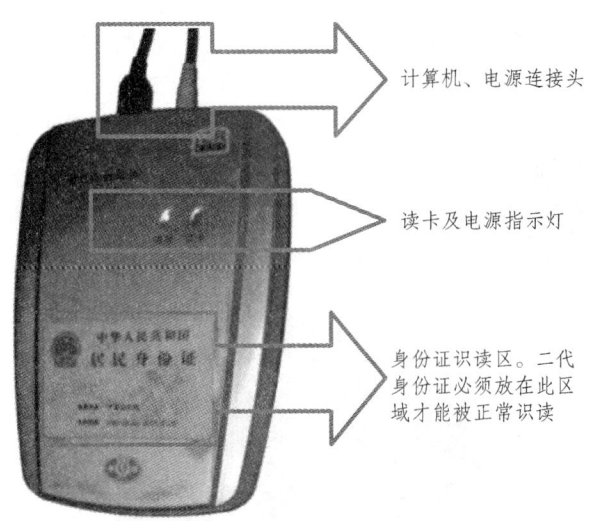

图 2-2-7 二代身份证识读器结构图

（五）POS 机

POS 机安装于自助售票机、退票窗口、改签窗口及车站售票窗口。通过 POS 机可实现银行卡电子交易。POS 机组成如图 2-2-8 所示。

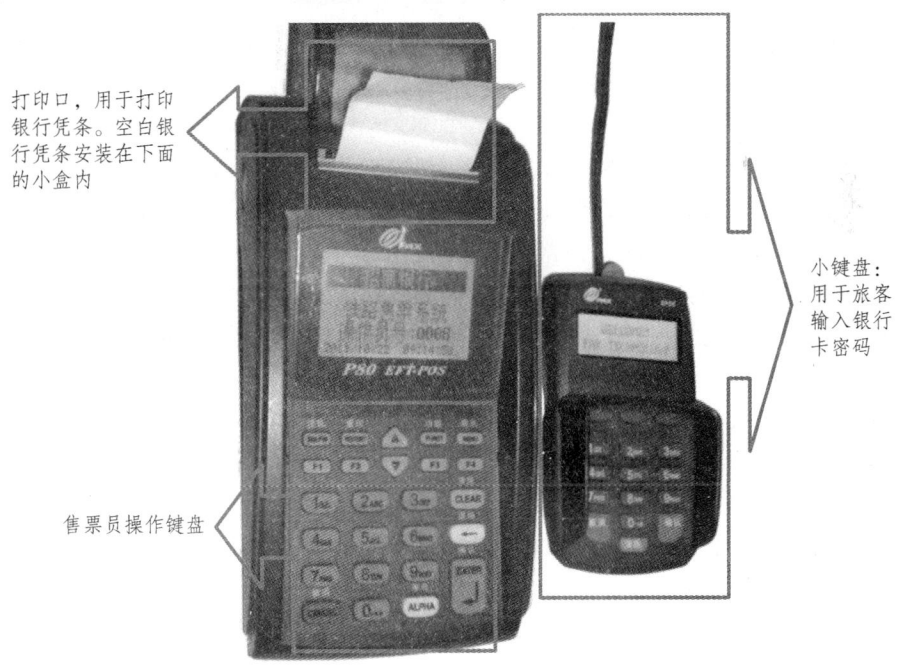

图 2-2-8 POS 机组成图

（六）固定式扫描器

固定式扫描器用以旅客支付宝/微信扫描付款使用。

支付宝、微信制票流程：进入售票界面→F1 输入乘车日期→F2 输入车次→F3 输入发站→F4 输入到站→F5 选择票种（左右键切换）→F5 输入张数（数字键）→选择席别（数字、字母键）→Ctrl+4 切换到支付宝、微信界面→F7 刷或手工输入有效身份证件号码、姓名后按回车键→确认信息无误后按 Alt+S 确认→扫旅客付款码支付→打印两联凭条→一联交旅客签字留存→按回车或者空格制票→核查票面信息→制票成功→将凭条等交给旅客。

固定式扫描器如图 2-2-9 所示。

图 2-2-9　固定式扫描器

（七）铁路乘意险购买器

铁路乘意险是指由中国铁路财产保险自保有限公司（以下简称铁路保险公司）经中国保监会核准经营的，保障旅客在保险期间内持有效乘车凭证合法乘坐境内列车遭受意外伤害致使旅客本人身故、伤残或治疗的，铁路保险公司按照约定给付保险金的一种保险产品。

乘意险发售流程如下：

（1）询问旅客是否购买保险，如果购买，按快捷键"Ctrl+I"或菜单"售票→售保"切换到售保界面。

（2）输入被保险人信息（按 F7 快捷键可读取身份信息）。

（3）按快捷键"Ctrl+X"可切换到收款，输入收款金额。

（4）旅客确认购保。

保险的发售，必须由旅客最后完成确认后，才能进行发售。信息输入完成后，按"Alt+S"确认购保。

提示框中选择"是"，系统向确认器发送确认信息，旅客确认后，继续发售保险。

如果旅客认为购保信息有误，可选择确认器上的"取消"按钮，系统返回售保界面，操作员可修改已输入的证件信息。

（5）完成购保。旅客购保确认完成后，完成保险的发售。

（6）返回售票界面。购保完成后，返回售票界面，被保险人信息带回到售票界面，备注中有"保"字样。

（7）制票、打印保险凭条。

直接制票,同时打印保险凭条,有保险发票的窗口,操作员要同时把保险发票交给旅客。保险是否记录为领取由窗口参数控制。

打印保单凭条时,每份保险打印一张凭条,成年人险和未成年人险保单凭条保费和赔偿金额等信息不同。投保人与被保险人不同时,投保人和被保险人信息分开打印。

不论凭条打印成功与否,均不影响车票和保险的发售,凭条可以在保单查询的界面补打。

铁路乘意险购买器如图2-2-10所示。

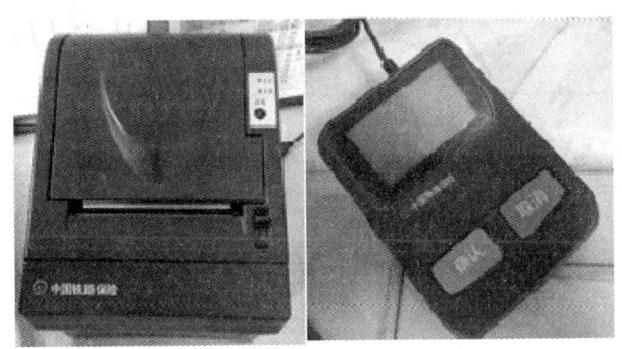

图2-2-10 铁路乘意险购买器

（八）行程信息提示打印设备

行程信息提示仅作为购票的信息提示,提示所购车票的时间、席位、检票口等行程信息。丢失行程信息提示可再次打印,目前旅客在自动售取票机上最多可以打印2次行程信息提示。行程信息提示不是乘车凭证,不能用于进出站、乘车。车站售票窗口、自动售/取票机和铁路代售点向旅客发售铁路电子客票时,应提供行程信息提示,不出具纸质车票,旅客须当场核对购票信息。旅客如需接收购票信息或列车运行变更信息,还应提供购票人或乘车旅客的手机号码。每个售票窗口均需配备行程信息提示打印设备,保险窗口可使用保险凭条打印设备。

行程信息提示打印设备如图2-2-11所示。

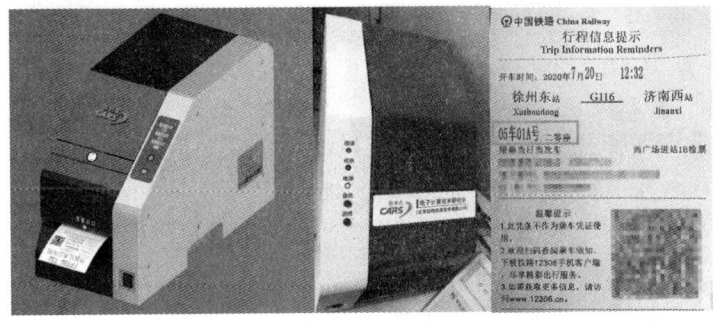

图2-2-11 行程信息提示打印设备

（九）PSAM卡

PSAM卡（见图2-2-12）内嵌于各类终端设备,为其提供IC卡级别的安全保护,应用范围为商用POS机、网点终端、直连终端等设备,具有安全控制管理功能,支持多级发卡机制,适用于多应用环境。客票系统的制票机采用此设备进行加解密。

图 2-2-12　PSAM 卡

售票模块快捷键如表 2-2-1 所示。

表 2-2-1　售票模块快捷键列表

票　种	快捷键	票　种	快捷键
售动车组	Alt+D	售优惠票	Ctrl+U
始发签证	Alt+Z	同席孩票	Alt+H
输入日期	F1	输入车次	F2
输入发站	F3	输入到站（换乘站）	F4
输入票种票额	F5	输入终到站（补票事由）	F6
输入席别	F7	收款	F8
光标切换	F9	选择用途	F11
余票查询	F12	合同制票	Alt+Y
日期输入	Alt+Q	交易显示	Alt+M
废票处理	Alt+F	印票	Alt+N
取票	Alt+R	客票取消	Alt+E
席位显示	Ctrl+M	日历显示	Ctrl+N
制票机重初始化	Alt+V+2	排票	Alt+V+6
查看制票机票号	Alt+V+3	制票压单处理	Alt+V+G

二、自动售票机

自动售票机是集支付、找零、制票、证件识读、监控等功能于一体的旅客自助购/取票设备。整机集大堂式安装和穿墙式安装于一体，美观大方的全不锈钢机柜，便于使用与维护的模组化设计，能为旅客提供一个性能稳定、安全可靠、界面友好的自助式购/取票环境，并能引导旅客简便、快捷地完成自助购/取票操作。

自动售票机主要提供车票发售，实现现金购票、银行卡购票、移动支付、实名制证件识读、纸币找零、硬币找零、收据打印、语音提示、灯光提示、工作状态提示、视频监控、设备监控等功能。

（一）自动售票机的组成

自动售票机的面板由运营状态显示器、车票信息显示器、票款现金插入口、银行卡插入口、第二代身份证识别器、车票输出口、纸币找零口、硬币找零口等部分组成。旅客通过自动售票机面板部件的操作，完成自助购票。自动售票机如图 2-2-13 所示。

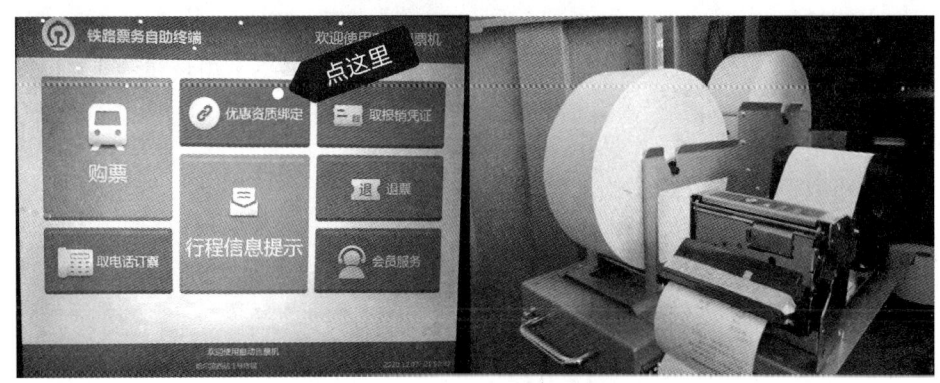

图 2-2-13　自动售票机

（二）自动售票机的操作

1. 作业准备

（1）登录系统。

登录自动售票管理系统，输入车站码、用户编号及用户口令。

（2）查询状态。

终端状态查询，掌握机器的现行状态和历史状态记录。

2. 自动售票机结账操作流程

打开机器后面→登录 backer→输入工号密码→进入后台操作界面→选择"运营操作"→选择"结账"→选择"售票现金盘点"→机器自动开始结账按提示操作（取出硬币→取下纸币接收箱→取下纸币找零箱→取走废票）→完成以上操作后打印出结账数据单→清点所有钱款→留下运输进款上缴→将备用金放入对应的钱箱→将钱箱装回售票机上（见钱箱安装方法）→后台操作→选择"退出维护"→选择"恢复售票"→机器恢复售票后登录自动售管理系统→选择车站并输入工号密码→点击"终端业务管理"菜单→选择"终端状态查询"→检查统计日期是否变更为第二天→确认变更后则结账成功。

3. 添加作业操作

（1）登录系统。

登录自动售票管理系统，输入车站码、用户编号及用户口令。

（2）填写单据。

进入现金业务管理查看各机器内零款、票卷使用情况，并根据账目零款余额和票卷情况及时填写零款请领单和票据请领单。

（3）请领零款。

向总室工作人员领用零款，以备机器使用。

（4）打散零款。

根据机器现存零款情况填写各机器加款单，并打散零款。

（5）登录机器。

打开机器后盖，输入工号、密码。

（6）卸出钞箱。

选择运营管理-纸币找零，更换出钞箱，可选择单个或全部取下出钞箱，卸下出钞箱完毕后机器出更换钱箱凭条。

（7）查回收箱。

查看回收箱中是否有钱款回收，并加入相应出钞箱。

（8）装出钞箱。

按照机器加款单分别添加 5 元、20 元、50 元零款后，选择安装出钞箱。

（9）设置出钞箱。

按顺序根据凭条和所加零款数量输入机器现存零款数量，输入完毕，出现现存零款数量凭条。

（10）添加硬币。

运营管理-补充硬币，根据机器加款单添加 1 元、0.5 元硬币，并输入硬币总量。

（11）添加凭条纸。

对于现金、银行卡以及支付宝、微信支付的设备，动态检查凭条纸使用情况，及时予以补充。

4. 票据更换作业操作

操作流程：打开机器后面→登录 backer→输入工号密码→进入后台操作界面→选择"1. 运营操作"→选择"3.票卷"→ 选择"1.更换票卷"→提示"请确认是否安装新票卷"选择"确认"→提示安装在上或下通道→按提示操作将新票卷安装在对应的通道内→提示核对下一卷首票号→核对无误后→按"确认 Enter"键→将新票卷票头引入通道内→按"确认 Enter"键→提示安装票卷成功及当前票号→打印凭条"安装票卷单据"→将单据妥善保管→安装票卷成功。

旅客可于开车前或乘车之日起 30 日内，凭购票使用的有效身份证件原件，到任意车站售票窗口或自助售取票机换取报销凭证。若在互联网上购买车票，在自动售取票机点选"取报销凭证"功能时，机器将售出报销凭证。报销凭证不能用于进出站、乘车，仅供报销使用，票面上注有"仅供报销使用"字样。报销凭证保留原纸质车票中的席位、检票口等信息，积分支付的车票不显示价格。

积分支付报销凭证如图 2-2-14 所示。

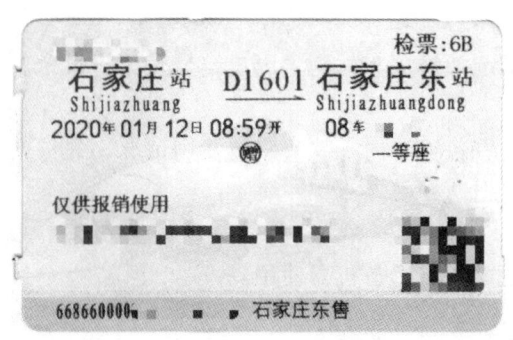

图 2-2-14 积分支付报销凭证

任务训练

表 2-2-2 任务训练

实训项目	高速铁路车站电子票务设备与设施模拟训练
实训目标	1. 使学生结合实际，加深对高速铁路车站电子票务设备与设施的认识与理解。 2. 培养学生高速铁路车站电子票务设备与设施操作训练学习的兴趣。
实训内容及组织	由教师组织，学生自愿组成小组，每组 6~8 人，选择以下题目进行高速铁路车站电子票务设备与设施操作学习的训练。 1. 售票计算机键盘操作训练。 2. 电子客票售票训练。 3. 铁路乘意险发售训练。 4. 自动售票机操作训练
实训考核	1. 每组提交一份实训报告。 2. 各组进行汇报。 3. 教师根据各组的实训报告与课堂汇报进行评估

任务三 高速铁路车站客运作业设备与设施

 思政素质目标

爱党、爱社会主义、爱祖国、爱人民、爱集体；具有精益求精的工匠精神，尊重劳动、热爱劳动；严格遵守规章制度和劳动纪律。

 能力目标

能正确操作高速铁路车站客运作业相关设备设施。

 知识目标

掌握高速铁路车站实名制验证设备使用方法；掌握高速铁路车站检票设备使用方法。

 相关知识

高速铁路车站有售票处、公安制证处、候车室、补票处、高铁快运营业场所、天桥或地道、站台、风雨棚、围墙（栅栏）等基础设施，地面硬化平整，房屋、风雨棚、天桥、地道无渗漏，墙面、天花板无开裂翘起脱落，扶手、护栏、隔断、门窗牢固完好，楼梯踏步无缺损。另外，还有通风、照明、广播、供水、排水、防寒、防暑、空调等设备设施。

一、高速铁路车站站房

高速铁路车站站房是为铁路旅客办理客运业务的公共建筑，主要由进站、出站集散厅，候车区（厅、室），售票用房，客运作业及附属用房，行包用房以及为旅客服务的商业用房等组成。

高速铁路车站站房形式应根据线路条件、地形条件、站区规划、城市配套设施、综合开发和运营管理模式等因素确定。

高速铁路车站站房内应按功能分为公共区、办公区和设备区。公共区宜采用开敞空间布局，旅客流线顺畅、有序。办公区集中设置，并应设置与公共区相联系的通道。设备区宜远离公共区集中设置，并利用建筑空间。站房检修设施满足建筑物检查、维护的要求并保证作业安全。当采用移动检修设备时，应预留通行条件、作业空间及地面荷载条件。

二、进站区

进站区作为指引旅客进入车站的区域，其功能主要由进站口引导、实名验证/安全检查、旅客分流引导 3 项功能构成。

安全检查岗位设备设施配置包括桌子、椅子、三品检查仪、安检门、身检踏台、手持工作台、液体探测仪、爆炸物探测仪、手持金属探测仪、防爆毯、防爆罐、隔离栅栏、报警系统。

（一）进站口引导

进站口引导设置在进站口的外立面，告知旅客进站口位置及相关辅助信息。进站口引导应设置进站口名称标识，根据需要可设置辅助信息；进站玻璃大门上张贴防撞条；进站口处如设置"车票复位口"，进站口内侧（候车室一侧）设置出口标识。进站口引导如图 2-3-1 所示。

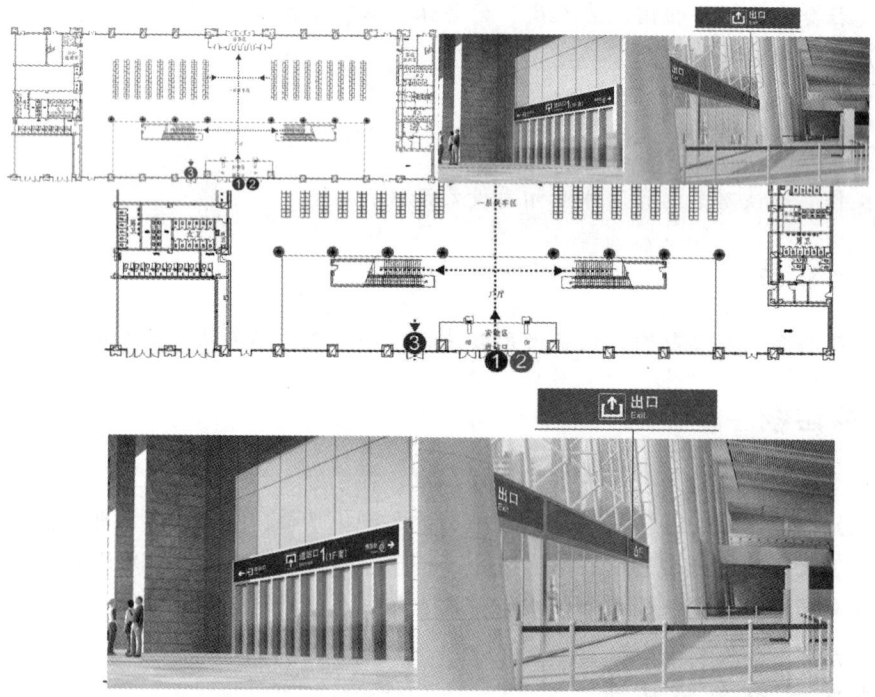

注：① 进站口名称；② 防撞条；③ 出口。

图 2-3-1 进站口引导

车站进站大厅（集散厅）设置进站显示屏，显示车次、始发站、终到站、开车时刻、候车区（检票口）、状态等发车信息。

（二）实名验证

实名验证设置在进站口处。实名验证应设置安全须知、"一米线"、验票验证（车票复位）等，告知旅客实名制验证注意事项，引导旅客有序等候。验证口布置如图2-3-2所示。

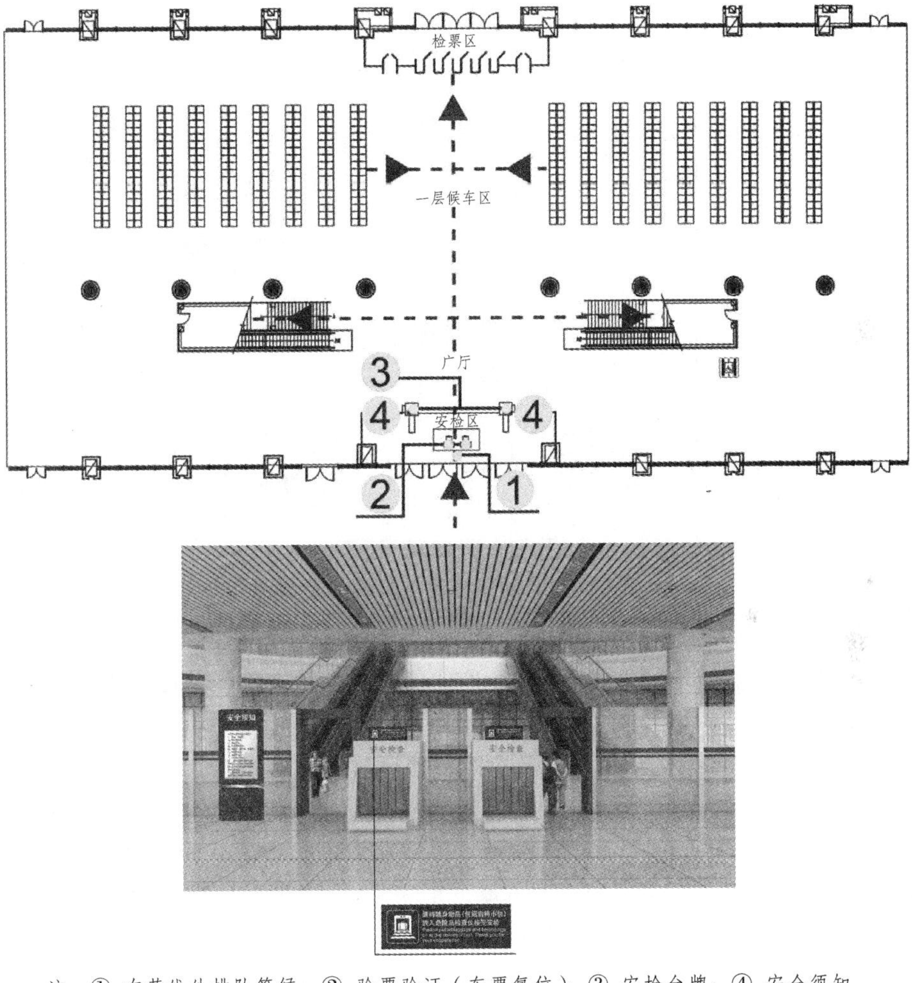

注：① 在黄线外排队等候；② 验票验证（车票复位）；③ 安检台牌；④ 安全须知。

图2-3-2 验证口布置

1. 铁路自助实名制核验设备

购买了电子客票的旅客，使用可识读证件；乘车人居民身份证件与学生优惠卡或残疾人优惠证件办理了核验手续的学生或残疾军人；凭购票时所使用的乘车人有效身份证件原件，可通过实名制核验闸机自助完成实名制验证手续。

（1）自助实名制核验设备的构成。

铁路自助实名制核验设备由自助实名制应用服务器、人像比对前置服务器、自助实名制核验闸机（简称自助核验闸机）及实名制公安联网控制设备构成。车站部署自助核验闸机，通过网络接受自助实名制应用服务器管理，实现票、证、人一致性核验与通行控制。自助核验闸机将采集的实名制信息加密处理，通过客票网上传至铁路局集团公司，并通过实名制公安联网控制设备传送至铁路公安实名比对系统。

具体架构如图 2-3-3 所示。

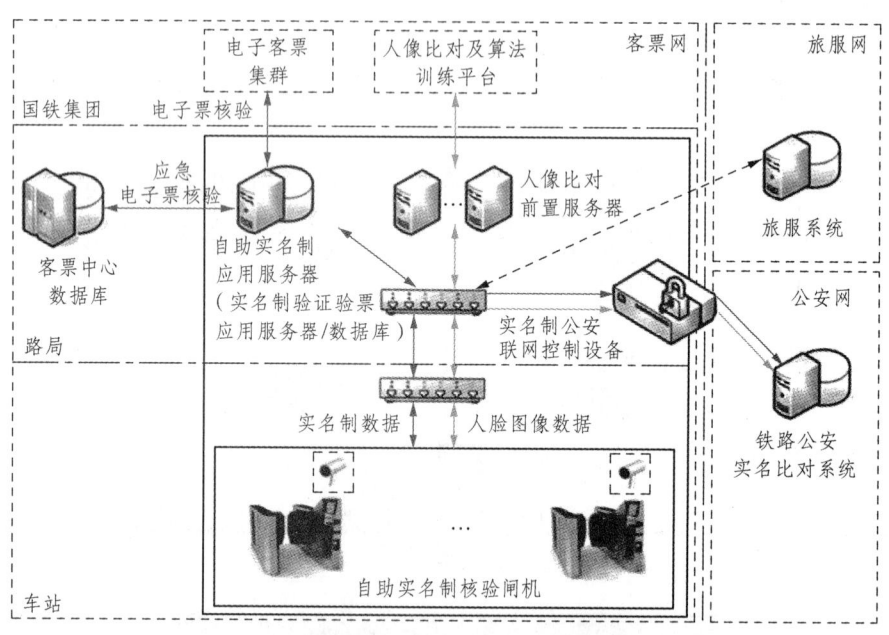

图 2-3-3　铁路自助实名制核验设备技术架构图

（2）自助实名制核验闸机整机的构成。

铁路自助实名制核验闸机是对车票、身份证件和人脸图像进行一致性核验，并根据核验结果允许或禁止旅客通过的设备。自助核验闸机包括控制主机、闸门、传感器、二维码识读、身份证件识读、人脸图像采集、人脸图像比对、信息显示、电源、机械锁、灯光提示、声音报警提示等模块。

整机尺寸和质量：长度不大于 2 500 mm；单箱宽度不大于 300 mm；通道高度 1 000 mm（−100 mm，+200 mm）；标准通道净宽 650 mm ± 10 mm；宽通道净宽 900 mm ± 15 mm；整机高度不大于 2 000 mm。自助实名制核验闸机整机如图 2-3-4 所示。

图 2-3-4　自助实名制核验闸机

（3）铁路自助实名制核验闸机功能要求。

① 状态指示。

状态指示功能应设置实名制核验信息显示屏，显示实名制核验相关信息，支持中英文及图形显示，能承受拥挤环境下旅客使用时的外力冲击及刮擦；提供状态指示灯、蜂鸣器和扬声器进行实名制核验状态的提示，扬声器的音量可调节。

② 二维码识读。

二维码识读功能应符合下列要求：具备动态扫描功能，可连续扫描二维码；具有感应模式而无须外接传感器；支持纸质、手机等介质的 QR 码识读功能。

③ 闸门控制。

闸门控制功能符合下列要求：采用拍打式闸门；闸门打开角度为 180°，闸门开合角度可调；闸门可根据需要设置为闸门常开或闸门常闭模式；闸门被强行打开时，应发出报警信号；断电时，闸门可自动或手动开启，形成紧急疏散通道。

④ 身份证件识读。

支持非接触式中华人民共和国居民身份证、外国人永久居留身份证、港澳居民居住证、台湾居民居住证、港澳居民来往内地通行证、台湾居民来往大陆通行证和中铁银通卡的识读，能读取含证件有效期在内的身份证存储信息。

⑤ 人脸图像采集。

具备动态和静态采集功能。人脸图像采集模块采用高感光彩色摄像头；具备图像自动调节功能，包括自动白平衡、自动曝光和自动增益；物理分辨率不低于 1 280×720，物距小于 1 米时图像清晰度不低于 720 线；图像视频格式至少支持 M-JPEG；接口方式为 USB 或网口。

⑥ 人脸图像识别。

具备人脸图像特征识别与比对功能。

（4）通行处理。

旅客通行行为按下列方式处理：

① 旅客持符合实名制核验规则身份证通行时，闸门开启，正常情况下状态指示灯显示绿色，需要进一步人工查验时，状态指示灯、蜂鸣器报警；在闸门常闭模式下，当旅客未取走证件时，闸门不开启，并予以提示。

② 当旅客无票闯闸、无票尾随和反向闯闸时，闸门关闭，状态指示灯显示红色，蜂鸣器报警。

③ 当检测到旅客携带的行李处于闸门处时，闸门不关闭，以保证旅客顺利通行。

④ 通道状态显示部件安装于自助核验闸机的前立面。通过红色的"×"和绿色的"√"分别表示"禁行"和"可通行"。

⑤ 身份证件识读。

身份证件读卡器内至少支持 4 个 SAM 卡插槽。

识读时间为中华人民共和国居民身份证不大于 950 ms、港澳台居民居住证不大于 950 ms、外国人永久居留证不大于 950 ms、中铁银通卡不大于 400 ms。

识读距离范围为 0～4 cm。

2. 人工验证口设备

使用不可识读证件购买铁路电子客票的旅客，凭购票时所使用的乘车人有效身份证件原件，通过人工通道完成实名制验证手续。持儿童票的旅客乘车时，须凭购票时所使用的本人或同行成年人的有效身份证件原件，通过人工通道完成实名制验证、进出站检票手续。

人工验证机器电子客票识别模块，配 PSAM 卡及 PSAM 读卡器一套，实现电子客票行程信息提示快速识读功能，提高非可识读证件的通行速度。

人工验证机器增加电子客票识别模块。使用实名制验证检票管理程序，添加窗口参数定义"电子票查询模式"。启动"ReadMagPsamNo.exe"程序，测试 SAM 卡是否可以使用。点击"OpenDevice"，点击"加密"，点击"解密"，启动 check_ticket.exe 程序，刷身份证自动查询电子票。实名制核验后，12306 将自动更新客票使用状态。

人工口验证检票设备如图 2-3-5 所示。

图 2-3-5 人工口验证检票设备

（三）旅客分流引导

旅客分流引导标识设置在安检区与候车大厅衔接处，告知旅客各方位信息，根据车站形式可分为双层候车型车站旅客分流引导和大型枢纽车站旅客分流引导。旅客分流引导标识优先采用立柱形式，可采用地面贴附标识作为补充。旅客分流引导如图 2-3-6 所示。

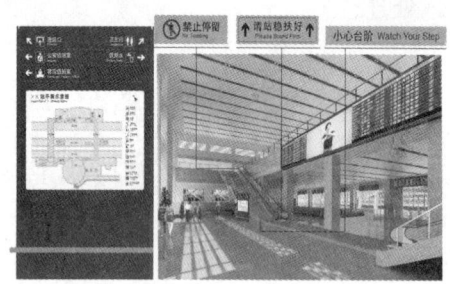

图 2-3-6 旅客分流引导

三、候车区

候车区为在此区域内等候乘车的旅客提供信息服务，同时引导旅客进入正确的检票区域检票乘车。候车区应准确告知旅客卫生间、饮用水、客运和公安值班室等位置，应根据旅客流线和站房结构设置相关的导向标识，以及必要的服务和警示标识，大中型车站设置综合服务台。双层中小型车站候车区如图 2-3-7 所示。

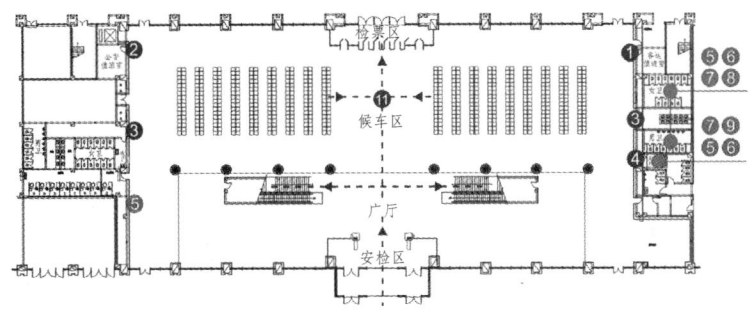

注：① 客运值班室；② 公安值班室；③ 卫生间；④ 饮用水；⑤ 禁止吸烟；⑥ 当心滑倒；
⑦ 请勿乱扔废弃物；⑧ 非饮用水；⑨ 当心烫伤；⑩ 分流引导；⑪ 综合服务台。

图 2-3-7　双层中小型车站候车区

四、进站检票区

购买了电子客票的旅客，使用可自动识读证件；乘车人居民身份证件与学生优惠卡或残疾人优惠证件办理了核验手续的学生或残疾军人；凭购票时所使用的乘车人有效身份证件原件，可通过进出站检票闸机自助办理进站检票手续。12306.cn 注册用户且通过 12306 APP 成功完成人脸身份核验，购买电子客票后可凭12306 APP生成的动态二维码，直接通过车站自动检票闸机办理进站检票手续。

进站检票区为候车旅客提供检票服务，引导旅客进入正确的检票口检票乘车。进站检票区应设置检票口位置、儿童标高线、"一米线"等标识，引导旅客有序检票乘车。进站检票区布置如图2-3-8所示。

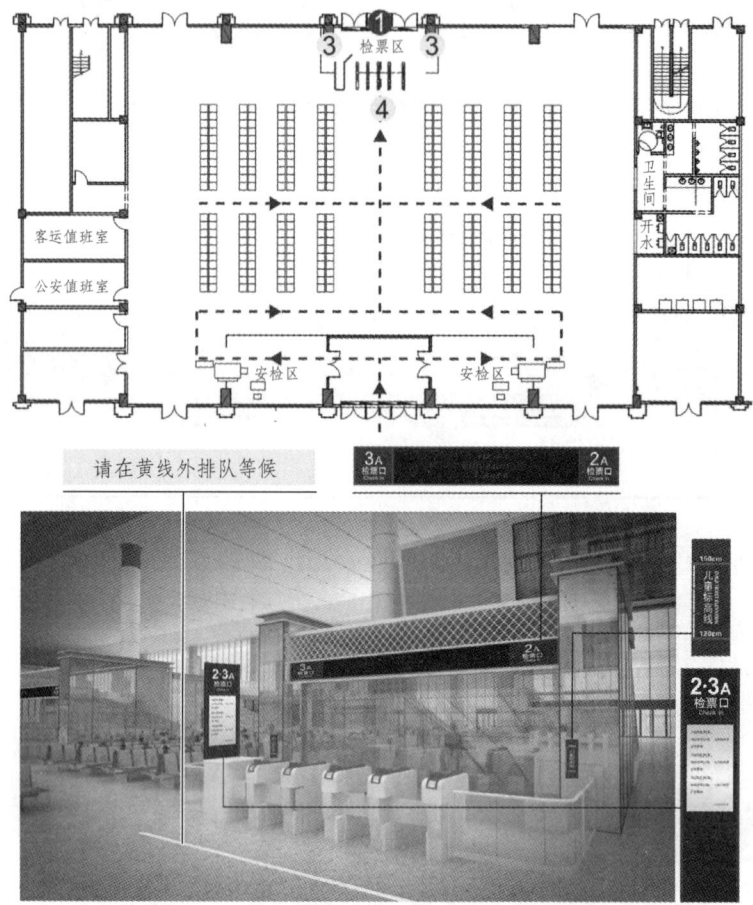

注：① 检票口；③ 儿童标高线；④ 请在黄线外排队等候。

图2-3-8 进站检票区

1. 自助检票闸机

检票闸机为人脸识别验证闸机，可识别中华人民共和国居民身份证、外国人永久居留身份证、港澳居民居住证、台湾居民居住证、港澳居民来往内地通行证、台湾居民来往大陆通行证6种证件。

自助检票闸机支持居民身份证识读；支持人脸识别；支持二维码识读；支持票证人的一致性核验及车次检验。设备包括二维码识读模块、摄像头和扬声器、工控机、液晶屏、摄像头，支持电子票检票下的身份证和手机二维码验检合一。

自助检票闸机如图2-3-9所示。

图 2-3-9　自助检票闸机

2. 半自助检票闸机（柱式检票机）操作

旅客购买电子客票后，使用所有证件均可通过半自助检票闸机刷证进站；可扫描行程信息提示单二维码、报销凭证二维码、动态二维码（乘车码），扫描二维码时须同时核验乘车人有效身份证件（动态二维码除外）；所有证件均可通过人工输入证件号码的方式查询旅客车票信息并进行核验。

（1）柱式检票机页面。

柱式检票机通用版本为双屏显示，左侧为旅客显示页面，右侧为工作人员操作界面。旅客刷证件是否通过会在两个屏幕显示相应信息（通过，未通过）。柱式检票机操作终端如图 2-3-10 所示。

图 2-3-10　柱式检票机

柱式检票机构造如表 2-3-1 所示。

表 2-3-1　柱式检票机构造

序　号	模块名称
1	顶部状态指示灯
2	检票操作触摸屏
3	人脸图像采集摄像头
4	旅客信息显示屏
5	多功能证件阅读器
6	二维码识读模块
7	安装底座

（2）柱式检票机登录。

工作人员输入相应账号密码登录柱式检票机手工操作页面，管理员账号：TJP + 机器号，密码：0。上岗时人工检票口客运员负责登录管理员账号，撤岗前须退出管理员账号。

柱式检票机登录界面如图 2-3-11 所示。

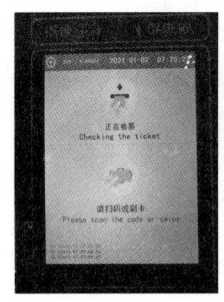 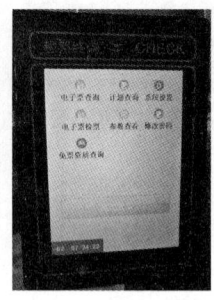 

图 2-3-11　柱式检票机登录界面

五、进/出站通道区

进出站通道为旅客提供进/出站服务，引导旅客正确有序的进/出站。进出站通道标识准确告知旅客站台编号、出站口、无障碍电梯等位置，应根据旅客流线和通道结构设置相关的导向标识，以及必要的警示标识。进出站通道如图 2-3-12 所示。

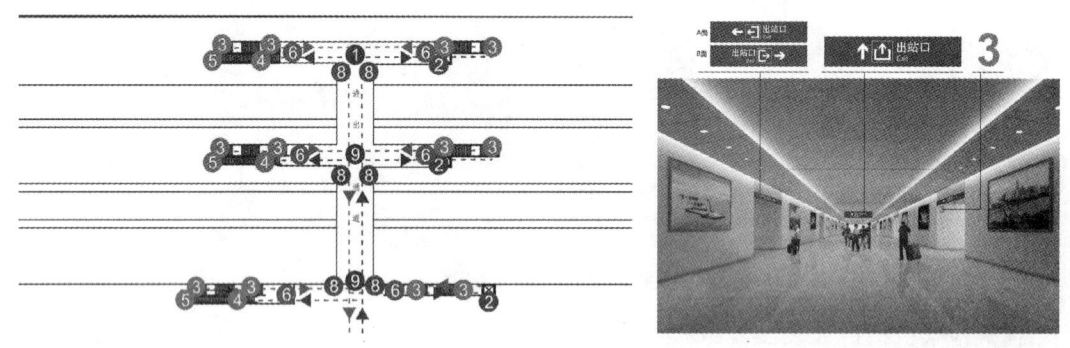

注：① 站台指引动静结合；② 无障碍电梯；③ 小心台阶；④ 电扶梯警示标识；⑤ 禁止停留；
⑥ 出站口指引；⑧ 站台编号；⑨ 双面站台指引动静结合/出站口指引。

图 2-3-12　进出站通道

六、站台区

站台为旅客提供登乘和下车出站等相关服务。站台标识应准确告知旅客站名、站台编号，引导旅客出站，根据旅客流线和中转换乘需要设置相关的导向标识以及必要的警示标识。站台根据车站规模和结构形式可分为单柱雨棚站台、双柱雨棚站台、单双柱结合雨棚站台和无柱雨棚站台。站台设有响铃设备、地面标示、站台安全线或安装安全门（屏蔽门），内侧铺设提示盲道；安全线内侧或安全门（屏蔽门）左侧设置上下车指示线标志，位置准确，醒目易识；设置的座椅、垃圾箱（桶）、广告灯箱等设施设备安放牢固，不影响旅客通行。

无安全屏蔽门的站台如图 2-3-13 所示。

图 2-3-13 无安全屏蔽门的站台

安装安全门的站台如图 2-3-14 所示。

图 2-3-14 安装安全门的站台

站台安全门故障操作流程如图 2-3-15 所示。

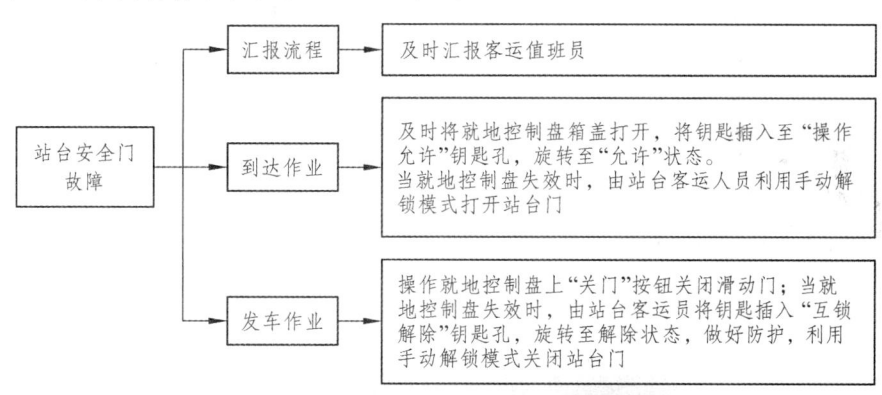

图 2-3-15 站台安全门故障操作流程

1. 到达作业

站台客运员发现站台安全门故障无法自动开启后,立即通知客运值班员,并及时将就地控制盘箱盖打开,将钥匙插入至"操作允许"钥匙孔,旋转至"允许"状态,按压相关开门按钮打开站台门。站台客运员确认站台门全部开启,向站台值班员汇报。当就地控制盘失效时,由站台客运人员利用手动解锁模式打开站台门。

2. 发车作业

停止检票后,站台客运人员确认客运有关作业完毕,站台门与站台边缘无障碍物后,使用对讲机通知动车组列车长"客运有关作业完毕",司机按规定关闭车门后,站台客运人员要再次确认动车组与站台边缘间无障碍物后,操作就地控制盘上"关门"按钮关闭滑动门;当就地控制盘失效时,由站台客运员将钥匙插入"互锁解除"钥匙孔,旋转至解除状态,做好防护,利用手动解锁模式关闭站台门。

七、出站区

购买了电子客票的旅客,使用可自动识读证件;乘车人居民身份证件与学生优惠卡或残疾人优惠证件办理了核验手续的学生或残疾军人;凭购票时所使用的乘车人有效身份证件原件,可通过进出站检票闸机自助办理出站检票手续。12306.cn 注册用户且通过 12306 APP 成功完成人脸身份核验,购买电子客票后可凭 12306 APP 生成的动态二维码,直接通过车站自动检票闸机办理出站检票手续。

出站区为旅客提供出站服务,引导旅客快速出站。出站区设置自动检票机、出站显示屏状态和内容。标识应准确告知旅客出站口、补票处、卫生间等位置,同时应根据旅客流线和站房结构设置相关的导向标识,以及必要的服务和警示类标识。出站检票后,12306 将自动更新客票使用状态。

出站区如图 2-3-16 所示。

图 2-3-16 出站区

出站岗位设备设施配置如表 2-3-2 所示。

表 2-3-2　出站岗位设备设施配置

名　称	位　置
电脑	站补房
打印机	站补房
验钞机	站补房
制票机	站补房
二节柜	站补房
桌子	站补房
椅子	站补房
灭火器	站补房
对讲机	随身携带
大门钥匙	随身携带
票剪	随身携带
柱式枪杆闸机	出站口
自助检票机	出站口

任务训练

表 2-3-3　任务训练

实训项目	高速铁路车站客运作业设备与设施使用训练
实训目标	1. 使学生结合实际，加深对高速铁路车站客运作业设备与设施使用要求的认识与理解。 2. 培养学生高速铁路车站客运作业设备与设施使用的学习兴趣
实训内容及组织	由教师组织，学生自愿组成小组，每组 6～8 人，选择以下题目进行高速铁路车站客运作业设备与设施使用训练。 1. 正确使用高速铁路车站自助实名制验证设备与设施。 2. 正确使用高速铁路车站人工实名制验证设备与设施。 3. 正确使用高速铁路车站自助检票设备与设施。 4. 正确使用高速铁路车站人工检票设备与设施
实训考核	1. 每组提交一份实训报告。 2. 各组进行汇报。 3. 教师根据各组的实训报告与课堂汇报进行评估

任务四　高速铁路车站客运服务设备与设施

思政素质目标

爱党、爱社会主义、爱祖国、爱人民、爱集体；具有精益求精的工匠精神，尊重劳动、热爱劳动；严格遵守规章制度和劳动纪律。

能力目标

能识别高速铁路车站客运服务设备与设施；正确使用高速铁路车站客运服务设备与设施。

知识目标

掌握高速铁路车站客运服务设备与设施的种类及使用方法。

相关知识

高速铁路车站应站容整洁，环境舒适。窗明地净，物见本色。墙壁无污渍、涂鸦。电梯、扶手、护栏、座椅、台面、危险品检查仪、危险品处置台等处无积尘、污渍。卫生间通风良好，干净无异味，地面无积水，便池无积便、积垢，洗手池清洁无污垢。饮水处地面无积水，饮水机表面清洁无污渍，沥水槽无残渣。

一、电梯设备

电梯属于特种设备的一种，是车站与旅客接触最多的设备之一。高速铁路车站电梯应正常启用，作用良好，安全标志醒目，遇故障、维修时有停止使用等提示，操作人员持证上岗（仅操作停止、启动、调整方向的除外）。

（一）自动升降电梯的基本结构及安全保护系统

在高速铁路车站设有无障碍自动升降电梯，为重点旅客和需要特殊服务的旅客提供便利，体现了"以人为本"的服务理念。

1. 自动升降电梯的基本结构

（1）曳引系统。

曳引系统包括曳引机、钢丝绳等，是提供动力的心脏，靠曳引钢丝绳与曳引轮的摩擦来实现轿厢运行。

（2）导向系统。

导向系统包括导靴、导轨及导轨支架、导向轮，垂直方向运动时导向、限制轿厢和对重的自由度安全钳动作时作为被夹持的支承件。

（3）门系统。

门系统包括轿门、层门、门传动系统、门锁装置，运行时保护乘客或货物坠落、方便乘客或货物出入轿厢，是电梯的重要部件，也是故障最多的区域。

（4）轿厢。

轿厢包括轿架、轿底、轿壁、轿顶等，是运送乘客的载体。

（5）重量平衡系统。

重量平衡系统是对重或平衡重、补偿装置，能平衡轿厢重量和部分电梯负载重量，减少电机功率的损耗，起节能作用。

（6）电力驱动系统。

电力驱动系统包括曳引机、供电及驱动器、速度反馈，是执行动作的四肢。

（7）电气控制系统。

电气控制系统包括控制屏、平层装置、位置显示、操纵板，是指挥行动的大脑。

（8）安全保护系统（机械与电气）。

安全保护系统保证电梯可靠运行通过这些部件的协调配合，来保证轿厢的正常运行。

自动升降电梯的基本结构如图2-4-1所示。

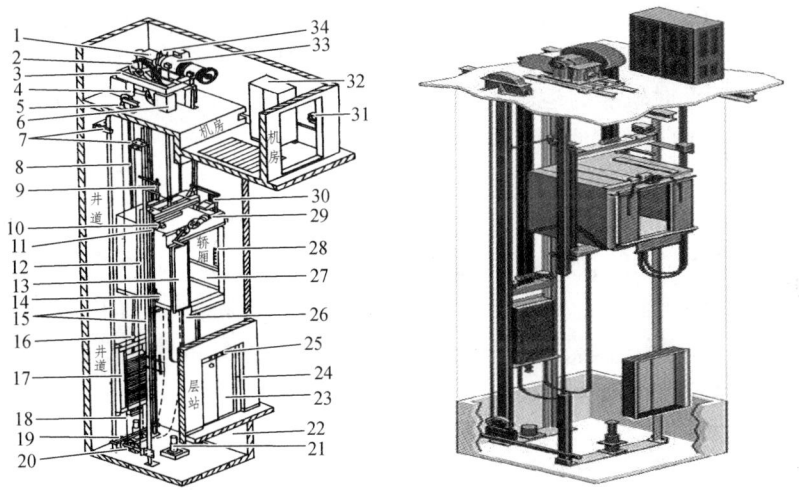

注：1—减速箱；2—曳引机；3—曳引机底座；4—导向轮；5—限速器；6—机座；7—导轨支架；8—曳引钢丝绳；9—开关碰铁；10—终端开关；11—导靴；12—轿架；13—轿门；14—安全钳；15—导轨；16—绳头组合；17—对重；18—补偿链；19—补偿链导轮；20—张紧装置；21—缓冲器；22—底座；23—层门；24—呼梯盒；25—层楼指示；26—随行电缆；27—轿壁；28—操纵箱；29—开门机；30—井道传感器；31—电源开关；32—控制柜；33—曳引电机；34—制动器。

图2-4-1 自动升降电梯的基本结构

2. 自动升降电梯的安全保护系统

（1）防超越行程的保护。

上下强迫减速开关：端站强迫减速，切断电梯快速运行电路。

上下限位开关：开关动作后，电梯将立即停止同方向运行，但可以反方向运行。

上下极限开关：开关动作后，电梯两方向都不能运行。

（2）防止超速和断绳的保护。

限速器、安全钳、涨紧装置、轿厢上行超速保护［该装置应作用于轿厢、对重、钢丝绳系统、曳引轮（曳引轮轴上）］。

（3）防止人员剪切和坠落的保护。

轿门、厅门、门锁和门的电气安全触点以及护脚板（紧急开锁的钥匙只有紧急情况才能由称职人员使用）。

（4）缓冲装置

缓冲装置包括蓄能型缓冲器（弹簧和聚氨酯）和耗能型缓冲器（油压缓冲器），蓄能型缓冲器只能用于额定速度不超过 1.0 m/s 的电梯。

（5）报警和救援装置。

应急照明在正常照明电源中断的情况下自动投入，能至少供 1W 灯泡用电 1h。

应急照明和报警装置，曳引机的紧急、手动操作装置和所有层门的人工开锁装置。

紧急电动运行可以使安全钳开关、限速器开关、上行超速保护开关、极限开关、缓冲器开关电气装置失效。

紧急电动运行操纵应能直接观察电梯驱动；检修运行一旦实施紧急电动运行应失效。

（6）停止开关和检修运行装置。

轿顶、底坑和滑轮间急停开关，急停是红色的并标有"停止"字样，能有效防止误动作。

轿顶、机房和轿内检修运行装置：轿顶检修的控制优先于机房和轿内；轿厢的检修速度不得超过 0.63 m/s，此时轿厢的运行依靠点动操纵；检修时所有的安全开关、门锁开关均有效，所以检修运行不能开着门走梯。

（7）消防功能。

火灾自动返基站功能：火灾发生时必须使电梯停止应答召唤信号，上行就近停靠不开门，下行直接返回撤离层站，开门放人，并保持开门状态。

消防员操作功能：（消防电梯）应取消所有的自动运行和自动门的功能。消防员操作时外呼全部失效，轿内选层一次只能选一个层站，门的开关必须由揿压开关门按钮进行。

（8）防止机械伤害的防护。

旋转部件的防护、轿顶、对重（护栏高度不小于 2.5 m）和二层机房的护栏底坑高度为 1.6 m 以上时，应设爬梯。

（9）电气安全保护。

绝缘要求、接地要求、布线要求（强电与弱电分开布置），所有带点的电气设备都必须采用黄绿双色接地，如金属外壳、金属线管、线槽。

（10）电气保护。

交流电梯应有相序保护、电源错相、断相保护、过载保护、短路保护。

（二）自动扶梯

自动扶梯在高速铁路车站的各个重要流线上大量设置，以缩短旅客走行时间，为旅客提供便利服务。车站电梯能正常启用，作用良好。安全标志醒目，遇故障、维修时有停止使用等提示。自动电扶梯警示标识设置在电扶梯入口和侧面，用于提示旅客正确使用扶梯，内容包括"请站稳扶好""乘梯须知""紧急停止按钮""当心碰头"。

（1）儿童和老弱病残人员应由有行为能力的成年人一手拉紧或搀扶搭乘，婴幼儿应由上述成年人抱住搭乘，成年人也应用手扶握扶手带，以免发生意外事故。依靠拐杖、助行架、轮椅行走的乘客应搭乘无障碍电梯。

（2）切忌将头部、肢体伸出扶手装置外，以防受到障碍物、天花板、相邻的自动扶梯或倾斜式自动人行道的撞击，并造成人身伤害事故。

（3）禁止将拐杖、雨伞尖端或高跟鞋尖跟等尖利硬物插入梯级边缘的缝隙中或梯级踏板的凹槽中，以免损坏梯级或梳齿板，并造成人身意外事故。

（4）请勿沿扶手带运行的反方向故意用力回拉扶手带企图阻止其运行；请勿让手指、衣物接触两侧扶手带以下的部件；请勿用手翻抠扶手带的下缘。否则，会影响扶手带的正常运行，损坏扶手装置部件，或擦伤、挤伤手指。

（5）禁止儿童攀爬于扶手带或内盖板上搭乘，禁止将扶手带或内、外盖板当作滑梯玩耍，以防发生人员擦伤、夹伤或坠落事故。

（6）禁止在运动的梯级上蹦跳、嬉戏、奔跑。

（7）禁止沿梯级运行的反方向行走与跑动，以免影响他人使用或跌倒。禁止倚靠扶手侧立，以防衣物挂拽或损坏扶手装置。

（8）禁止在梯级上丢弃烟蒂，以防发生火灾；请勿在梯级上丢弃果核、瓶盖、雪糕棒、口香糖、商品包装等杂物，以防损坏梳齿板；乘客请勿脚穿鞋底沾有水、油等易使人滑倒的鞋子搭乘。

（9）自动扶梯或自动人行道运行时梳齿板是较为危险的部位，乘客应尽量避免手、身体、鞋子、衣裙、物品、尖利硬物触及此处，以免发生危险。

（10）禁止用手或其他异物触及扶手带入口处，以防卷入；禁止儿童在扶手带转向端附近玩耍、嬉戏，以防头部、手臂或身体被扶手带和地板夹住。

（11）发生意外紧急情况（如乘客摔倒或手指、鞋跟被夹住）时，应立即呼叫位于梯级出入口处的乘客或值班人员立即按动红色紧急停止按钮，使自动扶梯或自动人行道停止运行，以免造成更大伤害。正常情况下请勿按动此按钮，以防突然停止而使其他乘客因惯性而摔倒。

自动扶梯的基本结构如图 2-4-2 所示。

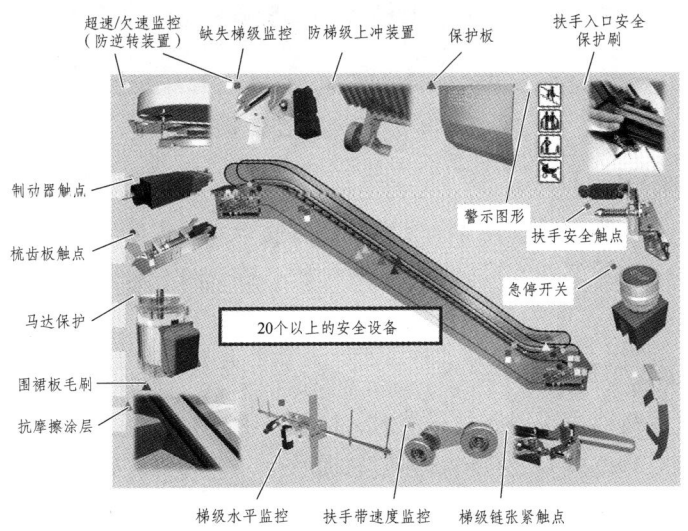

图 2-4-2　自动扶梯基本结构

二、高速铁路车站候车服务设备设施

高速铁路车站候车区（厅、室）总使用面积根据最高聚集人数按每人不小于 1.2 m² 计算确定。特大型、大型铁路客站候车区（厅、室）的使用面积应在计算结果基础上增加 5%。候车区应布局合理，方便旅客。配备适量座椅，摆放整齐，不影响旅客通行。设有问讯处（服务台、遗失物品招领处），位置适当，标志醒目，配备信息终端和存放服务资料、备品的设备。设有饮水处，配备电开水器，有加热、保温标志，水质符合国家标准要求。可开启式箱盖的电开水器加锁，箱盖与箱体无间隙。设有卫生间，厕位适量。有通风换气和洗手池、干手器等盥洗设备，正常使用，作用良好。厕位间设置挂钩。

（一）候车区（厅、室）

1. 普通候车区（厅、室）

普通候车区（厅、室）座椅的排列方向应有利于旅客通向进站检票口，座椅间走道净宽不得小于 1.3 m，并满足军人（团体）候车的要求。

2. 无障碍候车区

中型及以上铁路客站应设置无障碍候车区，小型铁路客站应在候车区内设置轮椅候车席位。无障碍候车区宜邻近进站检票口及无障碍电梯。

重点旅客候车区如图 2-4-3 所示。

图 2-4-3　重点旅客候车区

3. 商务候车室

高速铁路客站根据需要设置商务候车室。商务候车室设置单独出入口和直通车站广场的车行道；独立的实名制验票和安检设施；设置厕所、盥洗间、服务员室和备品间。盥洗间设置洗用热水。

4. 购票信息查询打印终端

购票信息自助办理终端设置于候车室内、检票口附近，供旅客自助查询其购票和席位信息。购票信息查询打印终端只能打印行程信息提示单，有需要的旅客可在候车期间自行刷证办理购票信息查询、打印行程信息提示单。

购票信息查询打印终端如图 2-4-4 所示。

图 2-4-4 购票信息查询打印终端

（二）旅行生活设备与设施

旅行生活设备与设施主要是为提供旅行生活服务而配备的设备与设施，主要包括生活供给设备与设施、工作或学习设备与设施以及废弃物回收设备与设施。

1. 旅行生活供给设备与设施

生活供给设备与设施主要是围绕满足旅客生理需求设置的设备与设施，如设置饮水处，并配备普通纯净水装置、一次性纸杯等饮水设备；旅客厕所的位置、标志应方便旅客识别。厕所隔间设承物台、挂钩。为满足旅客洗漱、补妆等需求，男女厕所分设盥洗间，盥洗间配备水龙头、壁镜、毛巾、自动烘干机、皂液等物品。设有旅客换乘区域的站房，旅客换乘区域根据换乘客流量设置厕所和盥洗间。为满足吸烟旅客的需要设置吸烟室，并配备烟灰缸等基本设备，以及更衣室、服务台、针线台（房）、鞋油、鞋刷、移动服务车等设备与设施。铁路客站站房单独设置旅客用开水间，开水间与卫生间隔离设置。

2. 工作或学习设备与设施

工作或学习设备与设施主要满足旅客在旅行过程中工作或学习需要而提供的设备与设施，如设置网络接口或无线网覆盖，为旅客上网学习、查询信息等提供方便；配备多种型号的手机充电接口，满足旅客手机充电之需；在候车区座位上方设置读书灯；设置收发传真、复印、打印、文件装订等商务服务设备。

3. 废弃物回收设备与设施

在客运站系统内配备足够的垃圾桶、垃圾袋、果皮箱、特殊物品回收处等回收废弃物的设备与设施，并注意分类别回收废弃物，如电池、饮料瓶等。

（三）旅行业务办理设备与设施

1. 旅客物品寄存处

旅客物品寄存处是专门为旅客临时保管物品的处所，并配备一定数量和型号的寄存箱，通常有联控自动、半自动或人工3种控制管理方式。

寄存系统采用钱币识别、控制、计算机、网络和接口技术实现旅客自助寄存功能。集成管理平台通过接口对寄存设备进行远程监控。

寄存系统由维护管理终端、自助寄存主柜和寄存附柜组成。附柜通过控制电缆连接到主柜上，主柜分别接入附近配线间的网络交换机上，由设置在旅服主机房的维护管理终端统一管理（见图 2-4-5）。

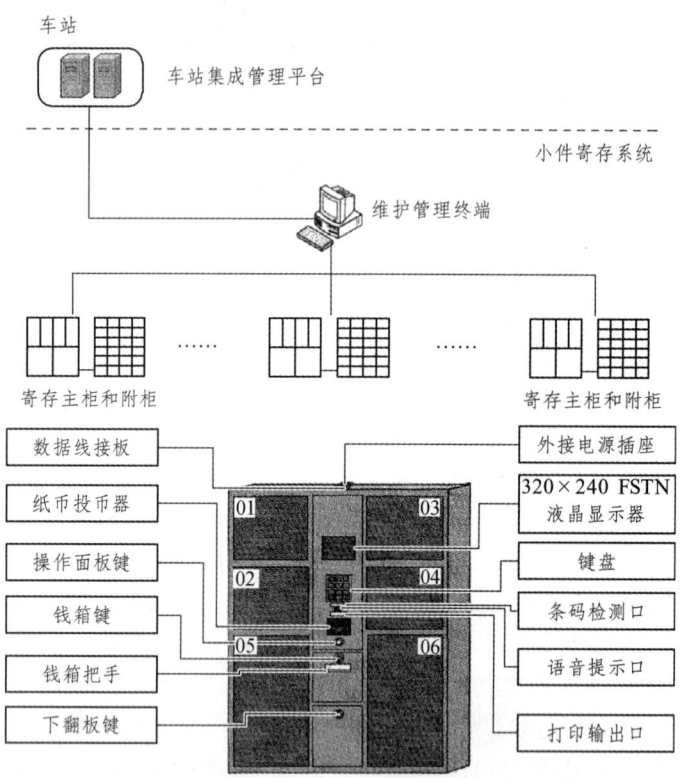

图 2-4-5　寄存系统和寄存柜主柜组成示意图

2. 综合服务中心

综合服务中心是为满足旅客在旅行过程中各种可能的需求而提供服务的处所，包括旅行咨询、联系旅行社、预订酒店、票务代办、本地或异地租车、租相机、租伞等服务。

综合服务中心应以旅客的旅行需求为中心，结合客运站客流的具体情况提供适合的服务，并且使旅客不仅可以亲自到站办理，也可以通过电话、网络等手段联系，真正做到多种旅行业务办理的"一站式"服务。某站综合旅行服务中心如图 2-4-6 所示。

图 2-4-6　某站综合服务中心

（四）餐饮、购物、娱乐设备与设施

餐饮、购物、娱乐设备是客运站为旅客提供餐饮、购物、娱乐等服务而配备的设备与设施，主要包括旅行餐饮及购物设备与设施、旅行娱乐及休息设备与设施等。

1. 旅行餐饮及购物设备与设施

旅行餐饮及购物设备与设施是为了满足旅客在旅行中餐饮和购物需求而设置的小型设备与设施，主要为旅客提供吃、喝、旅行用品服务，一般包括设置在客运站核心区和衔接区的小食店、快餐店、小型超市、书报亭、特色专卖店、自动售货机等。

2. 旅行娱乐及休息设备与设施

旅行娱乐及休息设备与设施是为消除旅客旅途疲劳，使旅客身心放松，恢复体力与精力而设立的设备与设施，包括阅览室、小影院、游艺厅、时间制的旅客休息室等。

三、重点旅客服务设备设施

（一）母婴室

铁路客站站房设置母婴服务设施，特大型、大型、中型铁路客站设置独立母婴室，设置母婴候车区；小型站设置独立母婴室。母婴室设有保护哺乳私密性的设施，地面防滑。母婴室配置婴儿护理台、洗手盆、婴儿床、座椅等设施，配置恒温空调、呼叫设备，如图 2-4-7 所示。

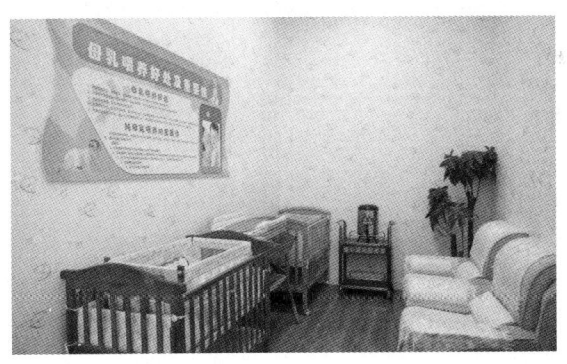

图 2-4-7　母婴室

（二）无障碍设施

无障碍设施是为方便残疾人、老年人等行动不便或有视力障碍者使用的安全设施。铁路客站无障碍流线应连续、完整，并与市政交通无障碍设施衔接。

铁路客站无障碍设施范围包括站房平台、站房公共区、客运服务设施等，应满足行动障碍旅客购票、候车、进站、出站、行包托取的需求。站房平台与车站广场地面间有高差时，设缘石坡道或轮椅坡道。设置轮椅坡道有困难时，应采用无障碍电梯。设置无障碍电梯有困难的，可设置升降平台。缘石坡道和轮椅坡道应邻近与行动障碍旅客有关的设施和建筑的主要出入口。

1. 集散厅无障碍设施

（1）集散厅出入口为无障碍出入口。

（2）进站集散厅与候车区（厅、室）之间、集散厅与地面层之间有高差时，设置轮椅坡道或无障碍电梯、升降平台等升降设施。

（3）出站集散厅内地面有高差时，设置轮椅坡道或无障碍电梯、升降平台等升降设施。

（4）实名制验票区至少设置1处低位窗口，验票通道净宽不应小于0.9 m。

2. 候车区（厅、室）无障碍设施

（1）候车区（厅、室）的出入口为无障碍出入口，轮椅候车席位宜邻近进站检票口及无障碍升降设施，并可分区集中设置。

（2）轮椅候车席位处的地面设置无障碍标志。

3. 售票厅无障碍设施

（1）售票厅出入口为无障碍出入口。

（2）人工售票窗口至少设置1处低位窗口。

供行动障碍旅客使用的通道、走廊、厅（室）、跨线设施等符合无障碍通行要求。无障碍通道宽度不小于1.50 m，特大型、大型铁路客站无障碍通道宽度不小于1.80 m。供行动障碍旅客通行的检票口净宽不小于0.90 m，检票口栏杆内外侧1.80 m范围内地面应平整。

重点旅客售票窗口如图2-4-8所示。

图2-4-8　重点旅客售票窗口

4. 无障碍升降设施

无障碍升降设施指供行动障碍旅客使用的铁路跨线设施与各站台间应设置坡道或无障碍升降设施。

（1）特大型、大型铁路客站设置与站台相通的无障碍电梯。

（2）中型、小型铁路客站设置坡道有困难时，设置与站台相通的无障碍电梯或设置无障碍升降平台或爬楼车等升降设施。

5．旅客公共无障碍厕所

（1）中型及以上铁路客站设置专用无障碍厕所。

（2）小型铁路客站宜设置专用无障碍厕所，有困难时，应在公共厕所内设置无障碍厕位。

6．旅客站台无障碍设计

旅客站台无障碍设计即在站台安全警戒线内侧设置 600 mm 宽提示盲道，提示盲道宜与安全警戒线等长。安全警戒线内侧提示盲道与出站铁路跨线设施在站台上的楼梯出入口、坡道出入口、无障碍电梯口的提示盲道之间采用行进盲道相连。

自动扶梯应在距上下支撑点 250～500 mm 处设置 300～600 mm 宽的提示盲道，其长度应与自动扶梯宽度相同，并严禁与行进盲道相连。

（三）手动轮椅

客运站充分考虑重点旅客的特殊需求，体现人文关怀，为残疾人和行动不方便旅客提供轮椅等服务设备与设施。

1．轮椅的展开和折叠

（1）展开。

双手握住把套向两侧轻拉，使左右车架稍许分开，在坐垫两侧用手心向下轻压至定位处，轮椅车即自行展开平放。展开时，请切勿硬扳左右车架，以免损坏各部件，向下压坐垫时，请勿将手指握住左右支撑管，以免夹伤手指。

（2）折叠。

先将左右脚踏板翻起，用两手抓住坐垫两端向上提起，即可折叠。

2．手动轮椅的操作

（1）上轮椅。

将展开的车平放在地上；扳动驻立刹车，刹住左右后轮；把脚踏板收起，移近轮椅，扶住左右扶手，慢慢坐到坐垫上；人坐上轮椅之后，展开脚踏板，放脚到脚踏板上，系好安全带；松开驻立刹车即可推行。

（2）行驶。

在行驶过程中，如遇障碍物，客运服务人员需双手握住把手套同时用脚踩脚踏套，使前轮抬起越过障碍物，后轮碰到障碍物时，双手紧握把手套，向上提起后轮，即可越过障碍物；行驶过程中，如遇大的障碍物或台阶，需要两人紧握轮椅两侧大架，将轮椅平抬越过障碍物；下坡时须倒行，用双手握住手推圈，以力大小控制下坡速度，坡度过陡时需要有护理人员控制，护理人员应该倒行缓慢下坡，上坡即为正常推行。

3．下轮椅

旅客下轮椅时先刹住驻立刹车，然后翻起脚踏板，双脚踩稳地面，松开安全带，手握扶手或由客运服务人员搀扶站离轮椅。

四、高速铁路车站静态导向标识

铁路客运车站静态导向标识是通过文字、数字、字母、图形或其组合,为旅客提供路线引导,指示所在区域服务设施的位置和用途,以及具有警示与规定功能的标志物或识别符号。高速铁路车站静态导向标识系统为旅客提供信息引导,与车站人流动线密切相关。高速铁路车站静态导向标识按以下方式分类。

(一)根据旅客在站内的主要活动方式分类

根据旅客在站内的主要活动方式,静态导向标识分为流程类标识和非流程类标识。

1. 流程类标识

流程类标识是指进站乘车、下车出站两大流程。对应的标识系统即为进站导向标识系统和出站导向标识系统。流程类标识系统的信息主要分布于进站口、出站口、绿色通道、出发、到达、售票、候车室、贵宾候车室、检票、站台等。

2. 非流程类标识

非流程类标识指旅客在进站上车和下车出站两大流程中所需要的服务类信息,包括公共服务系统。非流程类标识信息主要分布于卫生间、开水间、客运值班室、公安值班室、无障碍电梯、自动扶梯、地铁、停车场等。

(二)根据承载信息和执行功能分类

根据导向标识承载信息和执行功能的不同,静态导向标识分为导向标识、位置标识、综合信息标识(问讯、指南、查询方位、业务揭示)、安全标识(安全警告、禁止等)。

1. 导向标识

导向标识为进站口、出站口以及引导行动方向的箭头符号系统等。

2. 位置标识

位置标识如问讯处、卫生间、客运值班室、公安值班室等。

3. 综合信息标识

综合信息标识为各区域相互位置间的图解信息标志及告知旅客行动的必要条件、附带条件的信息标志,使旅客清晰地了解车站的整体布局、旅客旅行须知、列车时刻表、相关公告等。

4. 安全标识

安全标识如禁止吸烟、旅客止步、小心滑倒、小心烫伤等对公众行为提出要求的符号系统。

（三）根据安装方式分类

根据安装方式，为适应各站点的空间特点，将导向标识的设置方式分为贴附类、吊挂类、悬挑类、立地类、立柱类等。

1. 贴附类设施导向标识

附着于建筑物墙体表面，标识设施位置有墙体可供使用时可采用贴附安装方式。此类设施皆以单面灯箱形式出现，也可做成独立的立体字，直接镶嵌在墙体上，适用于候车区、通道等空间，适合整体的建筑构造，常作为建筑的附属装饰。

2. 吊挂类设施导向标识

吊挂类标识安装于建筑的顶部，由上垂挂下来，适用层高在 3～10 m，顶部有承重结构的空间，也可与动态显示屏结合安装。

3. 悬挑类设施导向标识

悬挑类设施垂直于墙体、立柱等建筑物的承重结构，适用于通道等空间。当旅客视线与标志平行或视角过小时，常利用这种类型的标志，以保证旅客视线与标志垂直，达到准确全面地传达标志信息的目的。

4. 立地类设施导向标识

立地类设施的信息版面整体垂直于地面，形式可分为单面和双面两类，适用于信息密集的路口、出入口等位置。

5. 立柱类设施导向标识

立柱类设施导向标识指信息显示为横向，需要有一定的显示高度同时建筑顶部无法悬挂时，以立柱方式将信息主体结构承托于一定高度的设施，适用于扶梯、检票口等处。

（四）地面引导标识分类

根据客运车站实际使用情况，需设置地面引导标识作为补充。地面引导标识作为车站整体引导系统的一个补充，适用于大型客运车站或较大的高架式客运车站。引导地标统一使用标准的箭头式样，分为直箭头式和弯箭头式两种。弯箭头式地标箭头弯曲度应为90°。

高速铁路车站静态导向标识如图 2-4-9 所示。

图 2-4-9　高速铁路车站静态导向标识

五、给水吸污设备

给水站应根据给水方案配备给水人员,按规定程序及时上水,始发列车辆装满水,中途站按给水方案补水。给水人员应配备对讲机、防护服、防护头盔、防水手套、防滑胶鞋等防护用品,定期更换,保证作用良好。

动车组上水设备系统由上水单元和上水管理机组成。

(一)动车组上水设备

1. 上水单元

上水单元是由旅客列车给水栓、栓室、附属管道及阀门、卷管机等部分组成的旅客列车给水专用设备。上水单元设备安装形式有地上式、半地上式和地下式3种形式。

地上式上水单元构造如图2-4-10所示。

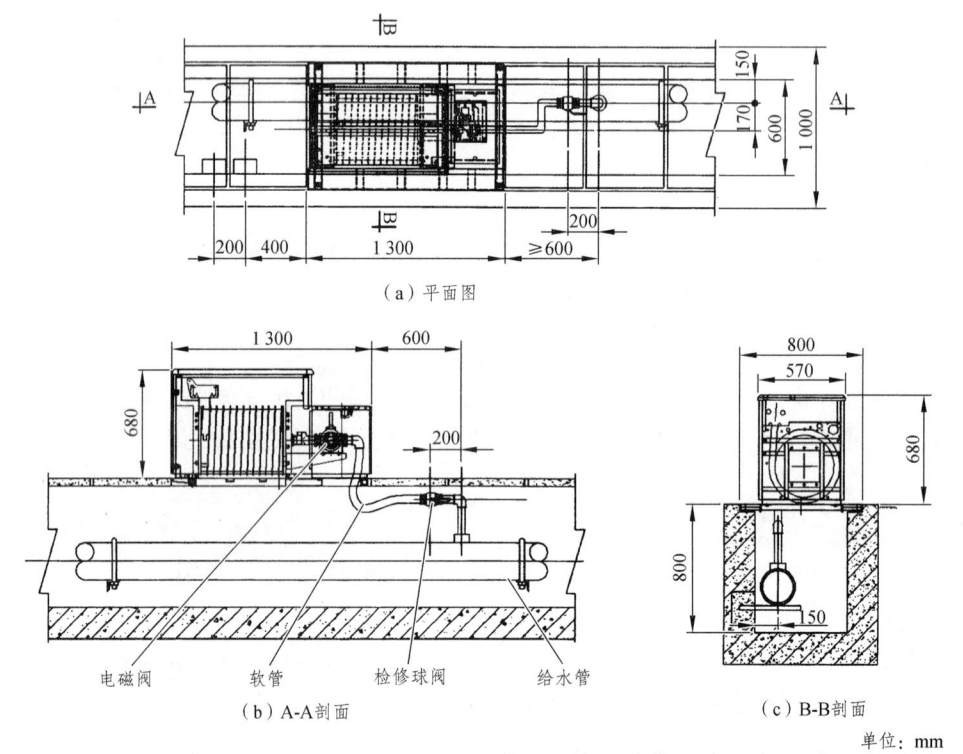

图 2-4-10 地上式上水单元构造示意图

2. 上水管理机

上水管理机是指用于管理与监控动车组上水单元,具有接收遥控或手控指令,并做相应处理的信息控制装置。它能控制该条给水管线内所有上水单元停止上水或立即脱管,实时监测各上水单元的上水信息及状态等,具有电力、电气信号接口、控制显示、遥控等功能。

3. 动车组上水设备操作

(1)按遥控器开始上水时,快速管接头能够与动车组注水口紧密锁紧;上水结束后,在上水单元的自动控制或遥控器控制下,快速管接头关闭水阀后自动脱落。

(2)当上水完毕或其他非正常情况脱管时,快速管接头应能自动脱落、上水软管遥控回卷,收管完毕自动停止并回复待机状态。要求实现拉管灵活、收管迅速、平稳。

(3)当上水达到设定时间,上水单元应能自动关停。上水结束后,给水软管中的余水应能自动排出。

(4)正常情况,动车组上水设备应由上水单元自动控制或遥控控制;当停电或出现电气故障时,上水单元可通过手动开关快速转换到手动给水状态。

无线遥控上水单元应能设定上水时间、自动关闭水阀、自动排余水、快速接头与动车组注水口自动分离、给水软管回卷等功能。遥控距离不应小于 50 m。

(5)当上水单元上水时,上水管理机应能实时显示该条给水管线当前上水单元状态和流量数据。上水管理机应能贮存和显示该条给水管线历次上水的流量数据。

(6)当环境温度低于 0 ℃时,系统应能自动采用电伴热等方式对旅客列车给水支管及阀进行加热,实现防冻功能。同时,通过余水自动排出功能将给水管中未进入动车组水箱的余水自动排出,防止给水管冻结。

(7)通过对动车组上水信息采集,能够对所有的上水作业过程进行集中管理与控制。

动车组列车上水作业人员在上水作业完毕后,必须将动车组列车注水口盖板关闭,并严格按规定锁闭到位,进行确认。因为动车组列车注水口盖板如未关闭到位,经列车高速运行,注水口盖板会松动弹开,并造成盖板变形,影响以后的锁闭效果。同时,动车组列车在高速运行时如遇注水口盖板松动弹开等情况,往往会造成与站台边沿的刮碰,甚至脱落等问题,这对高速铁路运行安全都是极大的隐患。

(二)吸污站设备

旅客列车吸污站(点)的设置应符合铁路网规划,合理布局。旅客列车在车站吸污时,应采用固定式吸污方式。吸污站按规定进行吸污作业,保持作业清洁。作业完毕,向站台客运人员报告。

(1)尽头式车站或车场每站原则上不少于 2 条吸污线,设有多车场的车站,每车场原则上不少于 1 条吸污线。

(2)双线通过式车站或车场每站上、下行到发线原则上各不少于 1 条吸污线,设有多车场的车站,每车场上、下行到发线原则上各不少于 1 条吸污线。

(3)单线通过式车站或车场上、下行可合设 1 条吸污线。

(4)各车站或车场固定吸污设施数量应综合考虑停靠动车对数、吸污列和对数、车站或车场能力运用、出入库能力等因数综合确定。

六、高速铁路车站智能服务设备

面对人工智能和 5G 时代,中国铁路研究提出了铁路旅客全程智能化出行系统框架,主要包括智能旅程规划及全行程提醒、全面电子客票及延伸服务、智能车站服务和智能列车服务,在电子客票售验检服务、车站智能导航及机器人服务、站车智能信息服务及互联网接入等关键技术实现创新和突破。

旅客乘车环节包含信息查询、购票、进站、候车、上车、途中运行、下车、出站等，在不同的流程环节，高速铁路必须提供相应的满足其需求的客运服务。例如：旅客在信息查询时，应有足够丰富的产品供旅客选择；在购票环节，需根据旅客购票习惯组织售票工作，包括预售时间、窗口设置与分工等；在旅行环节，要做好站务和列车作业组织，为旅客提供取票、进站、候车、检票以及休息、餐饮等一系列的服务；在运行途中，要有科学的行车组织计划以及调度指挥，保障列车安全正点地运行；在因天气、设备故障等造成晚点时，必须及时采取应急措施来维护运营秩序；在旅行过程中以及旅行结束后，要根据服务品质和经济效益的评价，对提供的产品和服务进行反馈与改善等。

（一）智能咨询服务设备

智能客服主要以微信为载体进行人机交互问答。旅客可使用语音或者文字咨询问题，由机器人传递文字和语音信息，并结合图片、文字、音频、视频等媒体给旅客最完整的回复。客服人员通过建设、维护统一规范的数据库，可在微信、12306APP、微博等多个平台上为旅客提供服务，不受同一时间访问数量的限制。遇机器人无法回复时，转到人工座席进行回复。

通过铁路客户服务电话、互联网（12306.cn 网站、微信公众平台、手机 APP、电子邮件）、信函等方式受理客户投诉、表扬、建议、咨询、求助、延伸服务等，督办责任单位妥善处理客户投诉。

1. 公众号咨询服务

"12306"微信公众号上线后，旅客只要通过关注该公众号，即可在手机上获得车票的起售时间、所乘列车的候车室和检票口等列车开行信息、运行情况。旅客想要咨询的铁路乘车等问题，公众号也会自动给出解答。

2. 机器人导航

由于车站占地面积大，各功能区域分布复杂，加之乘车赶路匆忙等因素，许多外地旅客甚至第一次乘车的本地旅客很容易成为"站盲"。在机器人内部植入海量的数据，涵盖站内导航、检票、行李搬运、自动柜员机、寄存、餐饮等综合信息，旅客不仅可以在电子屏上直接点击对应图标查找相关信息，而且还可以用语音回答问题，为旅客提供更加实用、精准的服务。智能机器人系统陆续加入导航缩略图、热点图文说明、智能翻译、音视频解说等功能，让旅客出行更方便。

车站智能服务如图 2-4-11 所示。

图 2-4-11　车站智能服务

（二）智能卫生间

卫生间在出行旅途中使用频率非常高，高速铁路车站除了让旅客体验舒适外，卫生间成为展示城市文明形象的窗口之一。智能卫生间每个台面上的镜子处有液晶显示屏，实时显示当天日期、温度、空气质量等信息。卫生间安装"厕所智能引导系统"，该系统终端是一个高挂于门口的电子显示屏，用不同颜色表明每个厕位的使用情况，"红灯代表有人、绿灯代表没人"。（见图2-4-12）旅客坐在候车厅的座位上就能知道卫生间里面的使用情况，有效避免了旅客进入卫生间后，逐一敲门、焦急"等位"的尴尬场面。

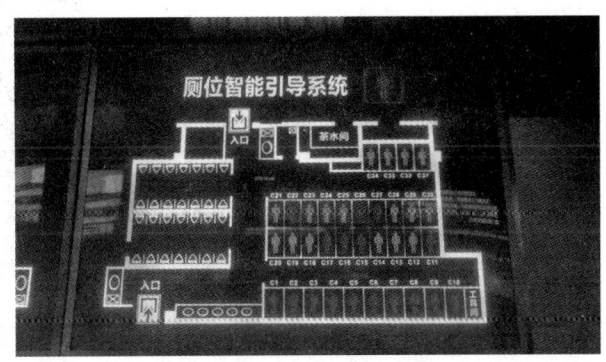

图2-4-12　智能卫生间示意

人脸识别厕纸机不仅方便旅客取纸，同时还考虑到了节能环保。厕纸机可以设定取纸的间隔时间，同一旅客在取完一次之后，在间隔时间内再次刷脸，厕纸机会提示刚刚已经取用过。

（三）智能寄存服务设备

智能储物柜大格规格是 0.9 m×0.4 m×0.5 m，可以放置拉杆行李箱；小格规格是 0.4 m×0.4 m×0.5 m，可以存储随身小包。智能储物柜如图2-4-13所示。

图2-4-13　智能储物柜

用手机扫描寄存柜门上的二维码，登录后可实现存取件功能，费用可以通过微信或支付宝支付。输入验证码即可开箱取件。

任务训练

表 2-4-1　任务训练

实训项目	高速铁路车站客运服务设备与设施使用训练
实训目标	1. 使学生结合实际,加深对高速铁路车站客运服务设备与设施使用要求的认识与理解。 2. 培养学生高速铁路车站客运服务设备与设施使用的学习兴趣
实训内容及组织	由教师组织,学生自愿组成小组,每组6~8人,选择以下题目进行高速铁路车站客运服务设备与设施使用训练。 1. 识别高速铁路车站客运服务设备与设施。 2. 正确使用无障碍设备与设施。 3. 正确使用轮椅为旅客服务
实训考核	1. 每组提交一份实训报告。 2. 各组进行汇报。 3. 教师根据各组的实训报告与课堂汇报进行评估

复习思考题

1. 高速铁路车站如何分类?
2. 简述高速铁路的车站图形特征。
3. 简述高速铁路的动车段(所、场)和综合维修基地的设置原则。
4. 什么是综合交通枢纽?综合交通枢纽分哪几个层次?
5. 高速铁路车站售票窗口有哪些设备与设施?
6. 简述自动售票机的作用和基本构成。
7. 高速铁路车站有哪些客运作业设备与设施?
8. 高速铁路车站有哪些客运服务设备与设施?

项目三 和谐号动车组列车设备与设施

 项目描述

动车组列车是高速铁路旅客旅行的主要载体，动车组是由若干动力车和拖车长期固定连挂在一起组成的车组。高速动车组的牵引动力配置基本上有集中配置型和分散配置型两种类型。我国大部分高速动车组为相对分散式。本项目主要介绍和谐号动车组车型、CRH5型动车组列车和CRH2E型卧车动车组列车设备与设施。通过本项目的学习，学生应掌握和谐号运用动车组的基本构造和各车型的特点。

任务一 和谐号动车组车型

 思政素质目标

爱党、爱社会主义、爱祖国、爱人民、爱集体；具有精益求精的工匠精神，尊重劳动、热爱劳动；严格遵守规章制度和劳动纪律。

 能力目标

能正确识别各种和谐号动车组车型。

 知识目标

掌握和谐号系列动车组车型及特点。

 相关知识

中国铁路采取了引进国外技术、联合设计生产、打造中国品牌的发展战略，迅速提升了中国高速动车组的生产水平，形成了自主知识产权的系列产品，并命名为"和谐号"，英文缩写为CRH，意为"中国高速铁路"。已投入运营的动车组车型包括CRH1型动车组、CRH2型动车组、CRH3型电力动车组、CRH5型动车组、CRH6型动车组和CRH380型动车组。受车体宽度、座席等差别，以上不同动车组型号的定员有所不同，一般8节短编组的座车动车组定员约600人，而16节长编组的座车动车组定员约1 300人。其中，CRH380AL型动车组和CRH380BL型动车组分别表示在CRH380A型动车组和CRH380B型动车组的基础上扩编为16节长编组。下面对常用动车组车型进行简要介绍。

一、CRH1 型动车组

CRH1 型动车组由中国中车四方机车车辆股份有限公司生产。目前，我国 CRH1 型动车组主要有 CRH1A、CRH1B、CRH1E 3 种类型。CRH1A 型动车组编组方式是全列 8 节，包括 5 节动车及 3 节拖车（5M3T）。CRH1B 型动车组是在 CRH1A 基础上扩编至 16 节车厢的大编组高速列车，全列 16 节编组中包括 10 节动车配 6 节拖车（10M6T），其中包括 3 节一等座车、12 节二等座车、1 节餐车。2 种类型列车的最高运营速度为 200～250 km/h，而车体外观不变。CRH1E 为 16 节车厢的大编组卧铺动车组，每组包括 10 节动车配 6 节拖车（10M6T），其中，包括 1 节豪华软卧车（WG），12 节软卧车（WR），2 节二等座车（ZE）和 1 节餐车（CA），全列定员 618 人。其中，位于 10 号车厢的高级软卧车每车定员 16 人，设 8 个包厢，每个包厢 2 个铺位，每个包厢中均有沙发和衣柜，但没有独立卫生间，车厢一端设有带转角式沙发的休息室，最高运营速度为 250km/h。

二、CRH2 型动车组

CRH2 型动车组由中国中车四方机车车辆股份有限公司负责生产。

1. CRH2A 型动车组

CRH2A 型动车组的编组方式是 4 节动车配 4 节拖车（4M4T），每 4 节为一个单元，牵引功率为 4 800 kW，最高营运时速为 250 km，标称时速 200 km，列车装有 2 副受电弓。列车设有一等座车、二等座车和二等座车/餐车，其中一等座及二等座座椅均可旋转。CRH2A 型动车组可 2 组重联运行。

2. CRH2B 型动车组

CRH2B 在 CRH2A 基础上扩编至 16 节。CRH2B 型列车设有 3 节一等座车、12 节二等座车和 1 节餐车，其中一等座及二等座座椅均可旋转，全列车定员增加至 1 230 人，并在一等座车车厢内加装了电视屏幕影视系统。CRH2B 型动车组的编组方式是 8 节动车配 8 节拖车（8M8T），每 4 节为一个单元，牵引功率为 9 600 kW，最高营运速度为 250 km/h，标称时速 200 km。列车装有 4 副 DSA250 型受电弓。CRH2B 型长大编组动车组取消了重联控制系统，无法两车重联运行。

3. CRH2C 型动车组

CRH2C 型动车组可两组重联运行。列车持续运营时速提高至 350 km，最高运营时速为 380 km。改善了车体在高速运行时的共振和气动变形问题，并且对转向架二系悬挂进行了改进，另外列车也加强了减少阻力的设计，减少了头车车顶的信号天线等。

4. CRH2E 型动车组

铁路相关企业在 CRH2B 大编组座车的基础上实行自主创新，设计了 16 节长大编组的 CRH2E 型卧铺电力动车组，标称速度 200 km/h，最高营运速度为 250 km/h。列车设有 13 节软卧车、2 节二等座车和 1 节餐车。软卧车每辆 10 个包厢，共 40 个铺位，每个铺位均装有附耳机的液晶电视,并增加了即时联系乘务员的旅客呼唤系统。餐车内设有休闲酒吧和3台液晶电视机。另外,为方便旅客使用随身电子产品,每个车厢均安装了AC220V家用电源插座。其中,二等座车每隔三排座椅下设1个插座;软卧车每个包间设1个插座,走廊设2个插座;餐车酒吧区设2个插座。全列车装有4副受电弓。

5. CRH2G型高寒动车组

CRH2G是中车青岛四方机车车辆股份有限公司在CRH2系列基础上自主研制的高寒动车组,攻克了耐高寒、抗风沙、耐高温、适应高海拔、防紫外线老化5大技术难题。CRH2G型高寒动车组时速250 km,采用8辆编组。

CRH2G能在-40~40 ℃极端气候条件下正常运营。车外的温度正负40 ℃变化时,车内温度能恒定保持在20 ℃左右。采用"喷涂防冻"和"高压吹风除雪"等技术,有效缓解了高寒冰雪大气转向架积雪结冰的问题,确保动车组安全可靠。高寒环境下车体冷凝水易回流,CRH2G采用密封设计和导流设计,避免了冷凝水引发的故障。另外,空调系统也进行了高寒高温优化设计。

针对大风环境,CRH2G加装了抗侧滚扭杆等装置。跟普通的动车组相比,它在大风下运行的平稳性提升了1倍。CRH2G能满足在11级大风下的安全运行。

动车组开行在风沙地区,沙尘容易涌进车内,CRH2G专门设置了3道"保护罩"。一是将车下设备舱设计为密封结构,防止进沙。二是创新通风防沙理念。设备舱采用集中与分散相结合的供风方式,并创新使用"微正压"技术,防止沙尘进入。三是空调机组采用顶置式设计,从车下移到了车顶,进行防风沙和空气过滤设计。在沙尘环境下,CRH2G不仅能保持车内的空气质量,还延长了检修维护周期。CRH2G的车体和车窗,均进行了高强度防护设计,耐沙石击打。

CRH2G解决了高海拔适应性和防紫外线老化的技术难题,能在高达3 600 m的高海拔地区安全运营。高海拔地区雷电频发,影响动车组行车安全,CRH2G全面升级了电气系统,加装了新型防雷装置,动车组的绝缘和防雷击保护能力大大增强。

针对高原地区紫外线辐射强,CRH2G外露的非金属件都通过了抗紫外线老化试验。车窗则做了辐射防护,紫外线通过率小于1%,与在平原地区运行时相当。

三、CRH3型电力动车组

CRH3型动车组由中车唐山轨道客车有限责任公司负责生产。CRH3型动车组,主要有CRH3A型(200~250 km/h)和CRH3C型(300~350 km/h)。

1. CRH3A型动车组

CRH3A型动车组可根据不同运营线路的需求,分别以时速160 km、200 km、250 km 3个速度等级运行,是目前国内唯一既适合时速200~250 km客运专线,又适合时速160~250 km城际铁路运行的动车组。CRH3A型动车组能充分考虑中国复杂的地理气候条件和运营环境,根据各地的区域特点量身打造。相对于此前国内运行的这一速度等级的动车组,该型动车组还有较强的成本优势和售后维护优势。

CRH3A型动车组采用4动4拖8辆编组,牵引总功率5 120 kW,车门车窗均采用拓宽设计，满足旅客快速上下车，密闭的车厢结构将行车噪声降至最低。

2. CRH3C 型动车组

CRH3C 型动车组采用动力分散式设计，列车设有一等座车（ZY）1 辆、二等座车（ZE）6 辆和带酒吧的二等座车（ZEC）1 辆。其中，一等座采用 2+2 方式布置，二等座为 2+3 布置。除了带酒吧的二等座车外，其他车厢所有座位均能旋转。

四、CRH5 型动车组

CRH5 型动车组由中国中车长春轨道客车股份有限公司生产，主力车型包括 CRH5A、CRH5E 和 CRH5G。CRH5G 是专门为兰新高铁开发的抗风沙的高寒型动车组。

1. CRH5A 型动车组

CRH5A 为 8 辆车厢编组座车动车组，最高营运速度 250km/h，具备时速 300 km 的提速能力。CRH5A 型动车组采用动力分散式设计，共 5 节动车 3 节拖车（5M3T）。列车可通过 2 组联挂方式增至 16 车。列车设有一等座车（ZY）、二等座车（ZE）、一等座车/二等座车（ZYE）和带酒吧的二等座车/餐车（ZEC）。其中，一等座采用 2+2 方式布置，二等座为 2+3 布置。该车耐寒性能优于其他 3 个系列的初始型号，因此大多数被安排在中国东北地区使用。

2. CRH5E 型动车组

CRH5E 型动车组为 16 车厢编组卧铺动车组，设计时速为 250 km/h 级别。

3. CRH5G 型动车组

CRH5G 型动车组以 CRH5A 型动车组为基础，在抗高寒方面有了多方面的优化和适应性设计。列车采用 8 辆编组，5 动 3 拖，为降低阻力，车头采用仿生学的流线型设计。CRH5G 型动车组特别针对材料的低温适应性、防雪密封技术、保温防冻技术等方面进行研究，通过使用耐严寒的材料，优化转向架、给水卫生系统、空调系统、电气结构等多种措施，解决积雪和结冰等情况对车辆的不利影响。雨雪天气时，轨道与车轮之间的摩擦系数减小，车轮可能出现空转和滑行现象。CRH5G 型动车组设有撒砂装置，通过激活撒砂装置，向轨道上喷洒砂粒以增加轨道与车轮间的摩擦系数，提高轮轨黏着，保证雪天车轮不打滑，有利于行车安全。

CRH5G 型动车组在人性化设施方面进行了优化布置和设计，整列车的座椅都可 180° 旋转，还可以调整倾斜度，乘客只需用脚轻踩座椅下的脚踏板，就可以将座椅调整 180°，这样可以和对面乘客打牌休闲。每排座椅设有安全插座，可以随时为手机充电。窗户下面设有小窗台，便于旅客放置水杯、手机等小件物品。

由于运行沿线温度较低，CRH5G 型车采用车顶单元式空调，遵循国际先进标准，不管是严寒还是酷暑，车内始终保持 20~24 ℃ 的黄金舒适乘坐温度，确保乘客有良好的乘坐体验。

CRH5G 型动车组采用先进的航空隔音材料和结构，有效控制了车外辐射噪声和司机室、客室内噪声，以 250 km 的时速运行时，客室内噪声指标可低至 61 dB，远低于飞机和小汽车的内部噪声。

在安全性方面，CRH5G 型动车组列车控制与监控系统标准高，全车设有 2 000 多个传感器，对 32 个设备进行监控，监控点达 1 000 多个。该套系统对动车组的主要系统或零部件的工作状态进行实时监控，如电机、齿轮箱、走行部轴承温度等。另外，动车组还设有远程专家故障诊断系统，保证行车安全。

CRH5G 型车检修周期长，是动车组里的"经济适用型车"，运行达 120×10^4 km 后进行三级修，240×10^4 km 进行四级修，480×10^4 km 进行五级修，极大地降低了后期维修成本。

五、CRH6 型动车组

CRH6 型动车组是为满足中国区域经济快速发展和城市群崛起对城际轨道交通的需求而研制的一种新型运输工具，适用于城市间以及市区和郊区间的短途通勤客运，作为高速铁路和城市轨道交通的纽带，具有运能大、起停速度快、乘降方便快速、疏通迅捷有效、乘坐舒适、安全可靠、节能环保的特点。CRH6A 型动车组为 8 节编组，编组长度 199.5m，运营速度 200km/h，座位采用 2+2 布置。CRH6F 型动车组为 8 节编组，编组长度 199.5 m，运营速度 160km/h，列车采用纵向座椅布置，格局与地铁车厢类似。

CRH6A 型动车组编组情况如图 3-1-1 所示。

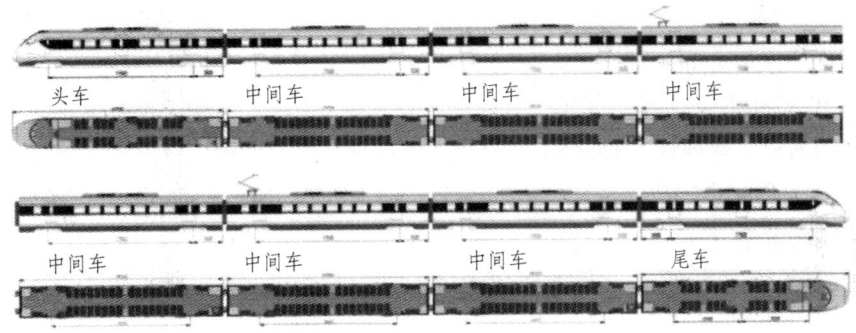

图 3-1-1　CRH6A 型动车组编组情况

六、CRH380 型动车组

CRH380 型动车组是原中车南车和原中车北车公司在 CRH1 至 CRH5 系列型动车组基础上自主研发的 CRH 系列高速动车组，也是"中国高速列车自主创新联合行动计划"的重点项目，最高营运速度 380 km/h。

1. CRH380A 型动车组

CRH380A 型动车组采用 6 动 2 拖的编组方式，牵引功率为 9 600 kW，使用 DSA350 型高速受电弓，在受电弓的两侧设有挡板。列车设有带一等包厢座位的一等座车（ZY）2 辆、二等座车（ZE）3 辆，带观光座的二等座车（ZEG）2 辆和带酒吧的二等座车（ZEC）1 辆。其中，一等座采用 2+2 方式布置，二等座为 2+3 布置。除了带酒吧的二等座车、一等包厢座位外，其他车厢所有座位均能旋转。列车设有观光座定员 12 人，一等座定员 6 人，一等座定员 89 人，二等座定员 373 人，全列定员 480 人。

2. CRH380AL 型动车组

CRH380AL 型动车组列车采用了 14 动 2 拖的编组方式,牵引功率为 20 440 kW,共 7 个动力单元,56 台牵引电动机,使用 DSA350 型高速受电弓,在受电弓的两侧设有挡板。列车设有带 VIP 座席的商务车(SW)1 辆、一等座车(ZY)2 辆、二等座车(ZE)10 辆、带观光座的一等座车(ZYG)2 辆和餐车(CA)1 辆。其中,一等座采用 2+2 方式布置,二等座为 2+3 布置,商务车和观光座为 1+2 布置。除了带酒吧的二等座车外,其他车厢所有座位均能旋转。列车商务座定员 26 人,一等座定员 112 人,二等座定员 923 人,全列定员 1 061 人。

3. CRH380B 型动车组

CRH380B 型动车组是在 CRH3C 基础上研发的新一代高速动车组,与 CRH3C 相比,持续运营时速由 300 km 提高至 350 km,最高运营时速由 350 km 提高到 380 km,最高试验时速为 400 km 以上。性能优化以提高牵引功率、降低传动比及动车组气动外形减阻为主;而列车舒适度优化方面主要采取提高列车减震性能、车厢降噪、加强车内气压控制等方式。

CRH380B 型动车组列车采用 4 动 4 拖的编组方式,为非高寒型动车组,主要在京沪高铁、京广高铁等大部分除东北之外的地方使用。

CRH380B 型动车组设有一等座、二等座、观光座、VIP 座等座席等级。二等座车座席采用 2+3 方式布置;一等座车座席采用 2+2 方式布置,每组列车中一辆一等座车设有一个 4 人包间及两个 6 人包间;VIP 座位于商务车车厢(又称 VIP 车),采用 1+2 方式布置,设置类似民航客机头等舱的高级可躺座椅。

4. CRH380BL 型动车组

CRH380BL 型动车组采用了 8 动 8 拖的编组方式,牵引功率为 18 400 kW,列车由 1 辆商务车(又称 VIP 座车)、4 辆一等座车、10 辆二等座车和 1 辆餐车组成,其中商务车定员 28 人,一等座车定员 186 人,二等座车定员 791 人,总定员为 1 005 人。CRH380BL 型动车组列车设备设施如图 3-1-2 所示。

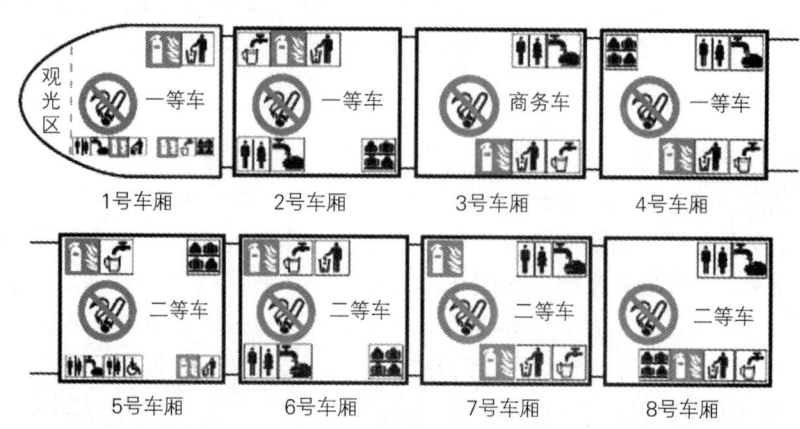

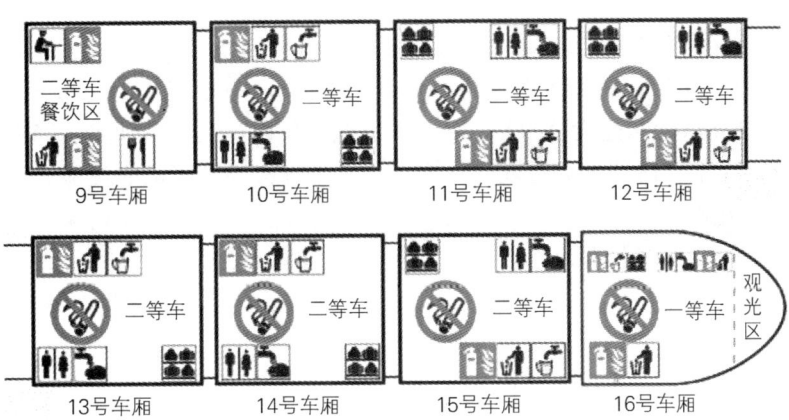

图 3-1-2 CRH380BL 型动车组列车设备设施

5. CRH380BG 型动车组

CRH380BG 型动车组列车为高寒型,主要为津秦客运专线提供。CRH380BG 型动车组列车设备设施如图 3-1-3 所示。

图 3-1-3 CRH380BG 型动车组列车设备设施

6. CRH380C 型动车组

CRH380C 型动车组持续运营时速由 300 km 提高至 350 km,最高运营时速由 350 km 提高到 380 km,最高试验时速为 400 km 以上。性能优化以提高牵引功率、降低传动比及动车组气动外形减阻为主;而列车舒适度优化方面主要采取提高列车减震性能、车厢降噪、加强车内气压控制等方式。

CRH380CL 型动车组列车采用了 8 动 8 拖的编组方式,牵引功率为 19 200 kW,采用了新头型及基于日立技术的永济牵引系统。列车由 2 辆商务车(又称 VIP 座车)、2 辆一等座车、11 辆二等座车和 1 辆餐车组成,定员 1 015 人。

CRH380CL 动车组与 CRH380BL 型动车组相比,车头部分有较大的创新,采用了更为细长的流线型铝合金车头。

7. CRH380D 型动车组

CRH380D 型动车组是由青岛四方庞巴迪铁路运输设备有限公司基于庞巴迪 ZEFIRO 平台研发的 CRH 系列高速动车组,设计标称运行时速为 380 km。2013 年 4 月,在宁杭甬高铁的试验中,跑出最高时速 420 km。

 任务训练

表 3-1-1 任务训练

实训项目	各种和谐号运用动车组车型认知
实训目标	1. 使学生结合实际,加深对各种和谐号运用动车组车型的认识与理解。 2. 培养学生和谐号运用动车组车型学习的兴趣
实训内容及组织	由教师组织,学生自愿组成小组,每组 6~8 人,选择以下题目认知各种和谐号运用动车组车型。 1. 认知和谐号运用动车组车型。 2. 认知 CRH380 型动车组。 3. 认知 CRH380BL 型动车组
实训考核	1. 每组提交一份实训报告。 2. 各组进行汇报。 3. 教师根据各组的实训报告与课堂汇报进行评估

任务二　　CRH5 型动车组列车设备与设施

 思政素质目标

爱党、爱社会主义、爱祖国、爱人民、爱集体;具有精益求精的工匠精神,尊重劳动、热爱劳动;严格遵守规章制度和劳动纪律。

 能力目标

能正确使用CRH5型动车组列车设备与设施提供各种客运乘务服务。

 知识目标

掌握CRH5型动车组列车设备与设施使用要求。

 相关知识

CRH5型动车组单列编组8辆,动力配置为5动3拖,可两列重联。一等座车席位"2+2"设置,二等座车席位"2+3"设置,带酒吧的二等座车设配餐区和吧区,7号车设有残疾旅客座席并设残疾人卫生间。CRH5型(重联)动车组列车设备设施示意图如图3-2-1所示。

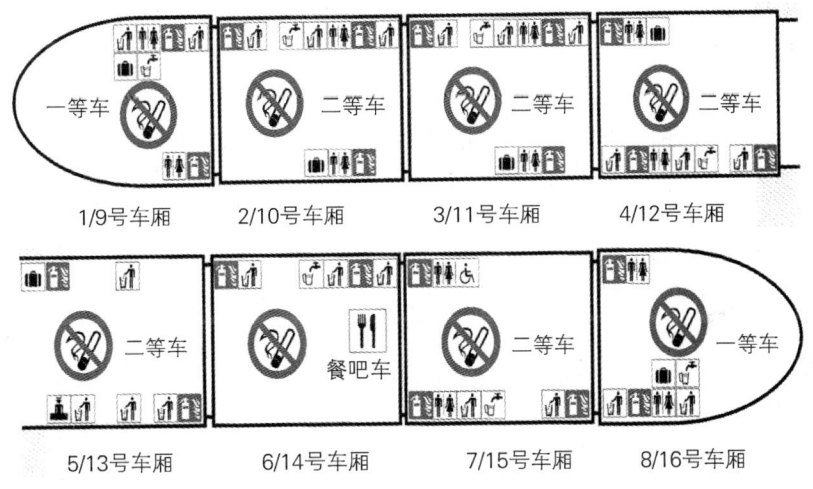

图3-2-1 CRH5型(重联)动车组列车设备设施示意图

一、基础设备

(一)侧 门

每节车厢两侧各设有一个集控车门。

1. 外侧控制装置

外侧控制装置包括:触摸式开门按钮(见图3-2-2)、车门紧急解锁拉手、内凹式拉手、手动车门锁。

车门外开门时,将车门紧急解锁拉手(见图3-2-3)板至90°位置,同时拉动车门即可开启车门;司机释放后可以使用触摸式开门按钮开门(司机释放后按钮内部灯呈亮灯状态,未释放为灭灯状态)。上部按钮供成人使用,下部按钮供儿童及残疾人使用。

图 3-2-2　触摸式开门按钮　　　　图 3-2-3　外侧车门紧急解锁拉手板

2. 内侧控制装置

车门一侧壁板设有紧急三角锁、蜂鸣器、紧急开门按钮（外侧有保护罩）、车门紧急解锁拉手，在手动解锁车门时使用。手动解锁有两种方法：一是用三角钥匙向左侧拧动紧急三角锁，同时蜂鸣器蜂鸣，向下搬动车门紧急解锁拉手至 90° 位置后拉动车门打开（关闭时用三角钥匙将侧面的紧急三角锁向右拧到位，同时车门蜂鸣器无蜂鸣声即可）；二是直接将紧急开门按钮外部防护罩打破后按住按钮，再将车门紧急解锁拉手向下搬动至 90° 位置后拉动车门。

车门另一侧壁板设有触摸式红色关门按钮、绿色开门按钮，用于车厢内操作开、关车门。按钮必须在司机释放后方可使用，司机释放后开关门按钮内部灯呈亮灯状态，未释放为灭灯状态。

3. 车门踏板

每个客室门的入口处均设有一个车门踏板（见图 3-2-4），其基本结构为一个由两个铰链支撑的踏板。这两个铰链将根据站台高低升降车门踏板，低站台情况下将其提升，高站台情况下将其降下。通过一个气动弹簧可吸收主作用力以方便乘务员操作。在顶部或底部位置时，必须使用三角钥匙锁定车门踏板。在两个锁壳处执行锁定操作，每个锁壳上配一个限位开关，可将自动踏板的实际位置信息传输至车门控制单元（Door Control Unit，DCU）。

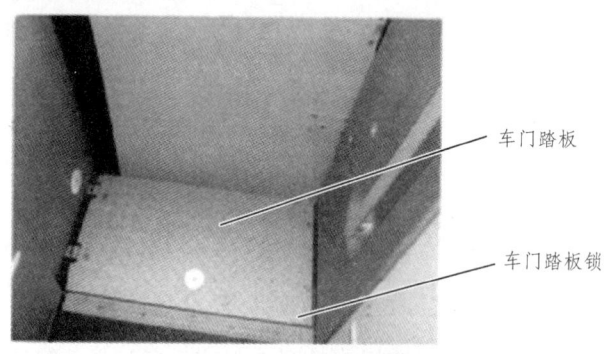

图 3-2-4　车门踏板

4. 站台补偿器

车门踏板装有一个电驱动可伸缩站台补偿器（见图 3-2-5），用于搭接在高站台和门口之间。站台补偿器位于车门踏板边缘，列车停稳、开门后，站台补偿器自动伸出。自动装置故障时应通知机械师使用三角钥匙调整。

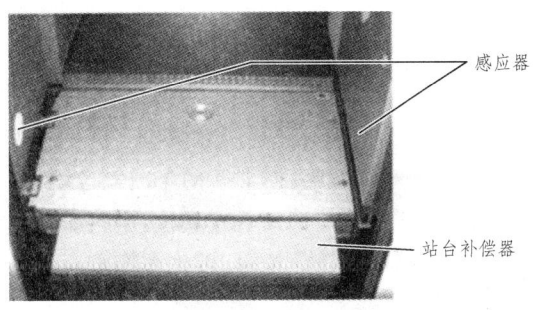

图 3-2-5　站台补偿器

5. 车门和站台补偿器的安全操作

（1）当列车加速至 5 km/h 或该速度以上时，由乘务员操作的车门开启授权和车门开启控制可自动取消；当列车减速至 5 km/h 或该速度以下时，必须按重新允许的规定操作。

（2）速度为 5 km/h 或超过该速度时，车门必须自动关闭。

（3）车门开启过程中，如站台补偿器未处于正确位置，则需阻止车门开启。

（4）车门关闭过程中，如站台补偿器未返回至其原始位置，则需阻止车门关闭。

（5）车门上设有若干敏感边条，如关闭过程中在车门和门框之间碰到任何人或物体，则敏感边条会使车门重新完全开启。约 5 s 后，车门将自动重新关闭。该循环会重复操作，直至障碍物被清除。即使在无安全装置保护下，手指（最小直径 10 mm）也不可能被夹在车门和门框之间。因此，车门会一直运动直至关闭循环结束。

（6）站台补偿器设有收回装置，当作用于其上的力超过 300 N 时，用于阻止站台补偿器关闭。如果关闭过程中检测到站台补偿器上有障碍物，则踏板会打开至完全开启位置并尝试重新关闭。尝试几次后，站台补偿器停止并发出故障指示。

（7）每个车门上均设有声音信号蜂鸣器，间隔 1 Hz 鸣响。车门即将关闭时（鸣响 2 s）；因检测到障碍物开启时（鸣响 2 s）紧急开启车门时（只要在该情况下），以 5 Hz 间隔鸣响；车门处于停用状态，但踏板未收回时（鸣响 20 s）。

6. 车门指示灯

车门指示灯是客室门的车门关闭和开启信号装置，车门内侧设有内凹式拉手，上方有红色、绿色、白色 3 个显示灯（见图 3-2-6），在通过台区的内部可见。绿灯表示车门正常，车门完全关闭、锁定且站台补偿器收回；红灯表示车门故障，车门未完全关闭或站台补偿器未收回；白灯表示车门隔离、停用。

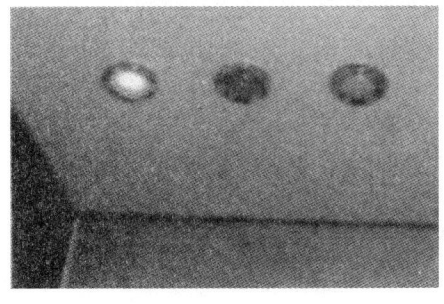

图 3-2-6　车门指示灯

（二）电动内端门

每节车厢两端各设有一个电动内端门（见图 3-2-7），用于保持车厢温度和隔离运行中间连接处产生的噪声。

图 3-2-7　电动内端门

电动内端门的主要控制装置由黄色开启按钮、红色解锁复位按钮、三角锁和内凹式拉手组成。通过电动内端门时，只需按下内侧或外侧黄色按钮，端门即可打开，延时数秒后自动关闭。需长时间开启内端门时，须按下内侧或外侧红色按钮。再次按下红色按钮，电动内端门关闭，恢复自动状态。以上操作需将三角锁置于解锁状态，锁定状态时各按钮不可用。

（三）照明灯、阅读灯及电源插座

（1）每节车厢配有照明设备，由随车机械师统一操纵。

（2）一等座车在行李架底面设有阅读设备（见图 3-2-8），按下开关键灯即亮起，灯座可根据旅客需要进行角度调整。

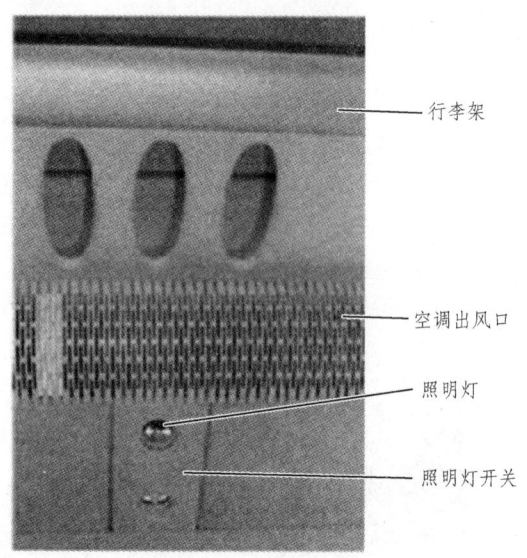

图 3-2-8　照明设备

（3）车厢内的电源插座在座席下方（见图3-2-9），卫生间、大件行李存放处及过道墙壁适当设有部分电源插座。

图 3-2-9　电源插座

（四）监控室

监控室位于餐吧车二位端，设有随车机械师监控装置和车载电话等设备。监控室如图3-2-10所示。

图 3-2-10　监控室

（五）综合控制箱

单组2~7号车分别设有综合控制箱（见图3-2-11），内有车载电话（6车在机械师室内）、照明开关、紧急通风按钮、空调调节旋钮、液位仪和集便器指示灯。另外，1车、8车司机室内设有车载电话、液位仪和集便器指示灯。

注：1—听筒；2—电话闸门；3—客室。

图 3-2-11　综合控制箱

二、服务设备

（一）座椅、小桌、衣帽钩

1. 一等车座椅

一等车座椅为"2+2"布置（见图 3-2-12），主要设备：织物衬套、头枕、扶手、小方桌、杂志网、脚踏板等。座椅上方设有阅读灯。

图 3-2-12　一等车车内布置

2. 二等车座椅

二等车座椅为"3+2"布置（见图 3-2-13），主要设备：织物衬套、扶手、小方桌、杂志网等。

图 3-2-13　二等车座椅

3. 座椅扶手

每个座椅的扶手处设有一个调节按钮（见图 3-2-14），用于调节座椅靠背的角度。

图 3-2-14　座椅调节按钮

4. 座椅旋转装置

设有旋转装置的座椅（见图 3-2-15）可以旋转。调换方向时，须将座椅、茶桌板归位，然后轻轻踩住座椅下方的脚踏板，按顺时针方向旋转座椅。

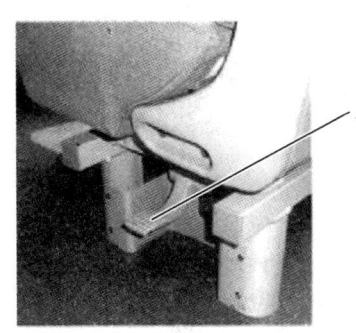

图 3-2-15　旋转装置

5. 背靠折叠桌

背靠折叠桌（见图 3-2-16）展开即可使用，位于扶手内的折叠小桌需打开扶手活动盖板，向上取出后打开使用。

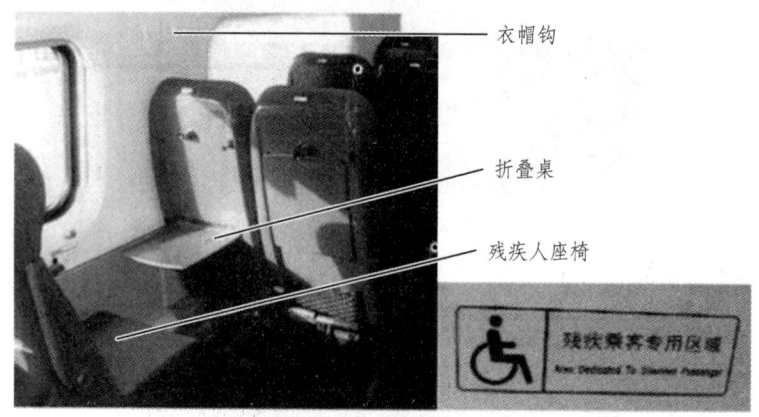

图 3-2-16 折叠桌和残疾人座椅

6. 衣帽钩

座椅侧面墙壁设有衣帽钩，按压下部悬挂点弹出。

7. 残疾人专用区域

单组 7 号车二位端（00 车车头相反方向）设有残疾人专用区域（见图 3-2-19）及残疾人弯道，以供残障人士使用。座椅靠墙壁一侧有紧急求助按钮。

残疾人轮椅可存放在 7 号车厢残疾人专用区域（设有防护带），使用时需将防护带轻轻拉出、扣紧，将轮椅固定好。

（二）车窗、遮阳幕

由于动车组速度高，所以车窗采用减速玻璃。车窗处设有半透明内嵌下拉式遮阳幕，如图 3-2-17 所示。

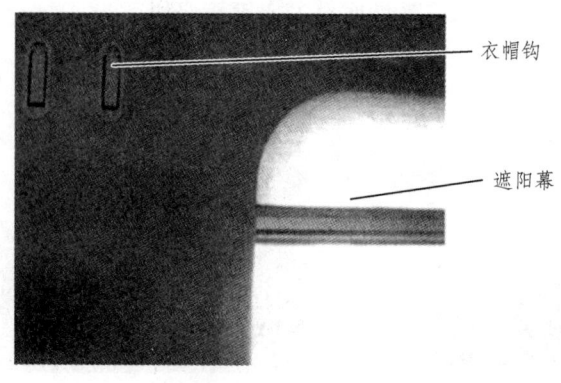

图 3-2-17 遮阳幕

（三）行李架、空调出风口

每车节厢座席上方设有行李架、空调出风口。

（四）大件行李处

部分车厢二位端设有大件行李存放处，每处为3层结构。

（五）卫生间

（1）卫生间分蹲式便器和坐式便器两种，均采用真空集便器。

CRH5型动车组采用真空中转式集便器（见图3-2-18）。这种集便器的原理是将污物通过中转箱收集到一个常压的污物箱中。该集便器将水增压器、喷射器、排泄阀、中转箱等机构集成在集便器内部，形成一个模块，安装空间非常紧凑。冲洗时，中转箱首先产生负压力，同时水增压器冲洗便盆，随后中转箱进口阀打开，利用负压将污物吸入；然后进口阀关闭，中转箱再产生正压力，与车下污物箱相通的出口阀打开，将污物推向污物箱。

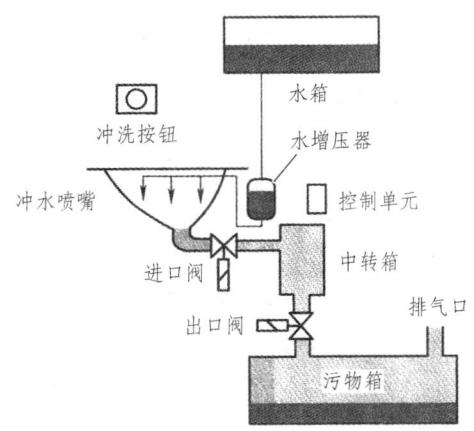

图 3-2-18　CRH5型动车组集便器示意图

（2）每个卫生间设有洗手盆、感应器、洗手液盒、干手器、烟雾感应装置（顶棚上）、电源插座、扶手、垃圾箱、触摸式冲水按键及卷纸、抽纸、坐便垫储放位置等设施。

蹲式卫生间门是摆动式的。旅客可从卫生间内部通过把手锁闭或开锁；卫生间内无人时，旅客可从卫生间外部通过把手开锁。乘务人员可以通过标准三角钥匙从外部锁闭或开锁。在不使用的情况下，卫生间门也可以通过卫生间控制装置自动锁闭。此外，卫生间门板上装有通气格栅，在卫生间内的地板上安装有门挡，以避免门与卫生间内墙相撞。为方便旅客使用，在门把手附近安装有卫生间显示信号（无人、有人），以显示门的锁闭情况。图3-2-19所示为"厕所有人"标志。

（3）残疾人卫生间（见图3-2-20）设在7号车厢，采用坐式便器，设有内、外触摸式自动门锁、紧急求助按钮、不锈钢扶手、婴儿整理台、电源插座等设备。使用时按下外部黄色按钮即可开门，进入后，先按下黄色按钮，在门完全关闭后再按

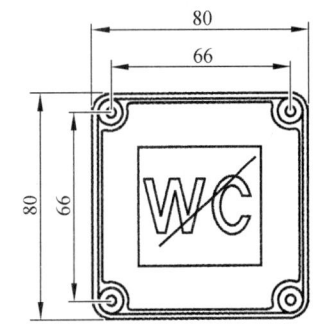

图 3-2-19　"厕所有人"标志

下红色按钮，锁闭卫生间门。出来时按黄色按钮开门。

残疾人卫生间标识

图 3-2-20 残疾人卫生间

为更好地体现人性化的设计及使用上的方便，残疾人卫生间配有电控自动门系统。该自动门系统的组成：门电子控制单元、门板、门锁开/闭锁按钮（室内）、机械锁闭装置（门板上）、2 个开门/关门按钮（1 个室内、1 个室外）、2 个门解锁三角钥匙（室外）、2 个紧急按钮（1 个室内、1 个室外）。这些设备由门控制单元控制，便于使用并排除一些障碍。

（4）残疾人卫生间内在靠近便器和盥洗盆处安装有 2 个紧急 SOS 按钮。该按钮有防罩保护，用于切断接到门系统的电源。SOS 按钮的启动缓解门的锁闭。按下此按钮可以手动移动门。当操作 SOS 按钮的时候，门控单元将会接收到一个信号。如果门处于锁闭状态，门控单元将可以通过"打开/关闭"按钮打开门。

当需要求助时，按下"SOS"残疾人紧急求助按钮（见图 3-2-21）。紧急呼叫显示在机械室显示屏内，同时机械室和车厢内的扬声器会发出提示音；再次按下"SOS"按钮，可取消紧急呼叫。

（5）残疾人卫生间设残疾人扶手和婴儿整理台（见图 3-2-22）。婴儿护理台的使用方法：抬起把手，将婴儿护理台打开，确定整理台平稳，即可正常使用。

图 3-2-21 紧急求助按钮

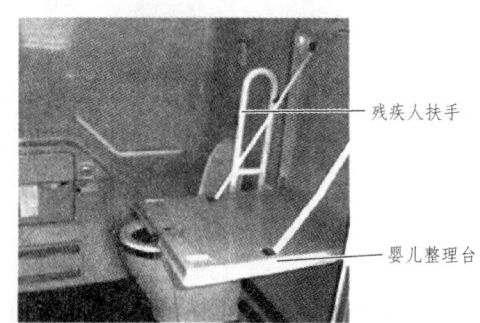

图 3-2-22 残疾人扶手和婴儿整理台示意图

（六）备品柜

全列车共有设备品柜 5 个，分别位于 6 号车机械师室对面 1 个，7 号车二位端 2 个，1、8 号车二位端各 1 个。

（七）广播和对讲设备

司机和列车长均可通过位于每节车及司机室内的听筒发起广播（PA）呼叫，通过扬声器和座椅音频广播通知。通知的优先级高于头戴式耳机的娱乐音频。每个听筒均设有一组按键,这些按键可通过软件用司机室听筒和列车长室听筒(见图3-2-23和图3-2-24)设备启用/禁用。

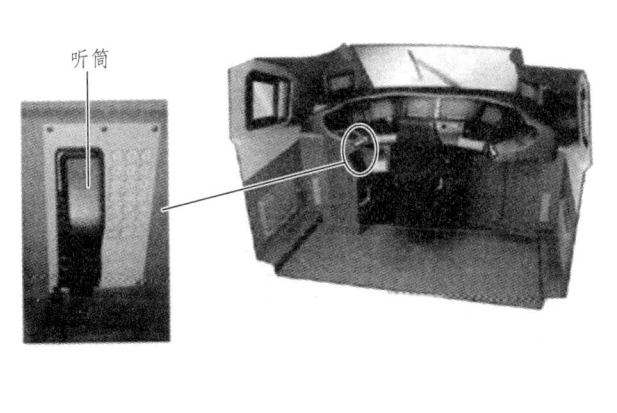

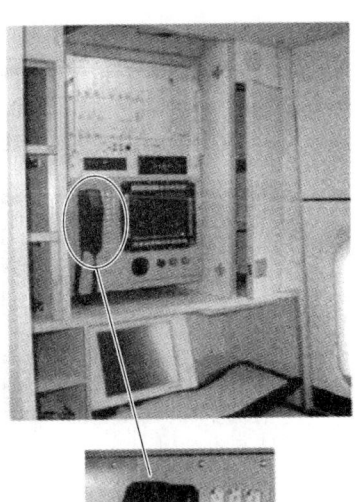

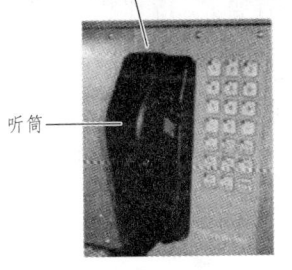

图 3-2-23　司机室听筒　　　　　　　图 3-2-24　列车长室听筒

司机室听筒和列车长室听筒比车辆听筒增设更多功能。

三、餐饮设施

CRH5餐吧车位于单组车体6号车,重联时为6号、14号车,包括配餐区和休闲区。餐吧车的设备:餐桌、依靠栏、吧台、陈列柜、微波炉、冷藏柜、储藏柜、电茶炉、水槽、售货车、垃圾桶等。售货车配有防撞条和制动装置。CRH5餐吧车休闲区如图3-2-25所示。

图 3-2-25　CRH5餐吧车休闲区

配餐室的餐饮设备包括:1套压缩机-冷凝器单元、1台冷藏玻璃柜、1台带有8个抽屉的冷藏柜、1台冰柜、1台立式冰箱、1个冷藏室和1个冷冻室、1台立式双门冷藏柜、1个带有供水管路和热水器的洗盆、1台消毒柜、1台微波炉、1台对流式烤箱。

啤酒/饮料冷却和分配系统包括：3个水嘴（1个用于啤酒，2个用于软性饮料）、1台饮水机、1个小推车存储区、2个可加热小推车、1个普通小推车。

配餐室餐饮设施的平面布置如图3-2-26所示。

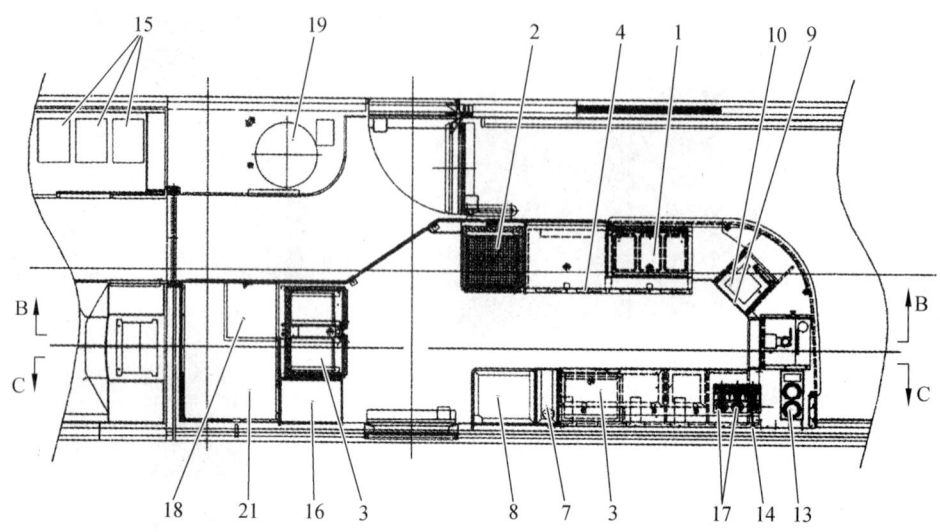

注：1—玻璃展示柜；2—立式冷藏冷冻箱；3—独立冰柜（挨着16的是双门冰箱）；4、8—抽屉冰箱；7—清洁箱；8—洗池（带温水箱）；9—垃圾桶或加热风机；10—收银机；13—热水机；14、17—啤酒/软饮料分配系统；
15—左侧两个是可加热小推车，右侧是中性小推车，外部为存储区；
16—储藏柜；18—电气柜；19—水系统控制板和水箱。

图3-2-26　CRH5配餐区平面布置图

任务训练

表3-2-1　任务训练

实训项目	CRH5型动车组列车设备与设施使用训练
实训目标	1. 使学生结合实际，加深对CRH5型动车组列车设备与设施的认识与理解。 2. 培养学生CRH5型动车组列车设备与设施学习的兴趣
实训内容及组织	由教师组织，学生自愿组成小组，每组6~8人，选择以下题目进行CRH5型动车组列车设备与设施使用训练。 1. CRH5型动车组列车基础设备与设施使用。 2. CRH5型动车组列车服务设备与设施使用。 3. CRH5型动车组列车餐饮设备与设施使用
实训考核	1. 每组提交一份实训报告。 2. 各组进行汇报。 3. 教师根据各组的实训报告与课堂汇报进行评估

任务三 CRH2E 型动车组卧铺列车设备与设施

 思政素质目标

爱党、爱社会主义、爱祖国、爱人民、爱集体;具有精益求精的工匠精神,尊重劳动、热爱劳动;严格遵守规章制度和劳动纪律。

 能力目标

能正确使用 CRH2E 型动车组卧铺列车设备与设施为旅客服务。

 知识目标

掌握 CRH2E 型动车组卧铺列车设备与设施使用要求。

 相关知识

动车组卧铺列车于 2008 年 12 月 21 日首次开行,分为日间卧铺列车和夜间卧铺列车。

一、CRH2E 型动车组卧铺列车

CRH2E 型动车组卧铺列车标准时速 200 km,最高营运时速 250 km,以 8 辆动车和 8 辆拖车共 16 辆车构成一个固定编组。CRH2E 型动车组卧铺列车设备设施示意图如图 3-3-1 所示。

禁止吸烟　灭火器　卫生间　大件行李存放处　无障碍设施　无障碍卫生间　餐吧车　手洗室　废物箱　饮用水
No Smoking　Fire Extinguisher　Toilet　Large Luggagel Depositor　Accessible Facility　Rartie-free Washroom　Sestaurant　Wash room　Rubbish Receptade　Drinking Water

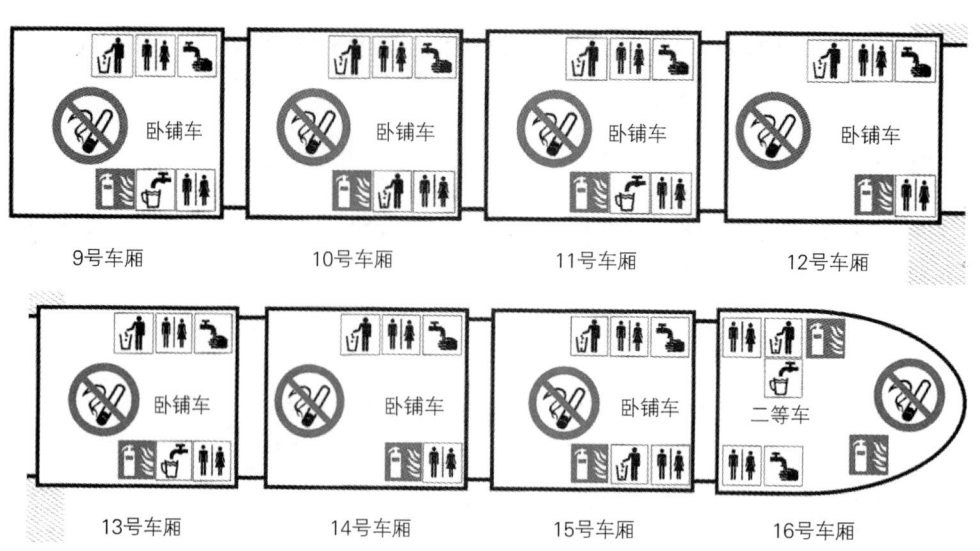

图 3-3-1 CRH2E 型动车组卧铺列车设备设施示意图

卧车动车组各车辆的主要设备配置如表 3-3-1 所示。

表 3-3-1 动车组卧铺列车各车辆的主要设备配置

车号	代号	定员	主要设备	其他
1	T1	55	二等座车：司机室、电开水炉、储藏柜、洗脸室、坐式卫生间、蹲式卫生间、乘务员室	注：T 代表拖车 M 代表动车
2	M1	40	软卧车：洗脸室、坐式卫生间、蹲式卫生间、车上水箱、水泵室	
3	M2	40	软卧车：洗脸室、坐式卫生间、蹲式卫生间、电开水炉	
4	T2	40	软卧车：洗脸室、坐式卫生间、蹲式卫生间、备品柜	装受电弓
5	T3	40	软卧车：洗脸室、坐式卫生间、蹲式卫生间、电开水炉	
6	M3	40	软卧车：洗脸室、坐式卫生间、蹲式卫生间、车上水箱、水泵室	
7	M4	40	软卧车：洗脸室、坐式卫生间、蹲式卫生间、电开水炉	
8	T4	40	餐车：配餐室、乘务员室、机械师室、吧台、休闲区、餐厅、备品洁具柜、储藏柜	
9	T5	40	软卧车：洗脸室、坐式卫生间、蹲式卫生间、电开水炉	
10	M5	40	软卧车：洗脸室、坐式卫生间、蹲式卫生间、车上水箱、水泵室	同 M1
11	M6	40	软卧车：洗脸室、坐式卫生间、蹲式卫生间、电开水炉	同 M2
12	T6	40	软卧车：洗脸室、坐式卫生间、蹲式卫生间、备品柜	
13	T7	40	软卧车：洗脸室、坐式卫生间、蹲式卫生间、电开水炉	装受电弓
14	M7	40	软卧车：洗脸室、坐式卫生间、蹲式卫生间、车上水箱、水泵室	同 M3
15	M8	40	软卧车：洗脸室、坐式卫生间、蹲式卫生间、电开水炉	同 M4
16	T8	55	二等座车：司机室、备品洁具柜、储藏柜、坐式卫生间、蹲式卫生间、洗脸室、乘务员室	
合计		630		

（一）CRH2E 型动车组卧铺列车主要设备布置

1. 二等座车拖车

1号车、16号车（二等座车拖车）车内布置如图 3-3-2 所示。

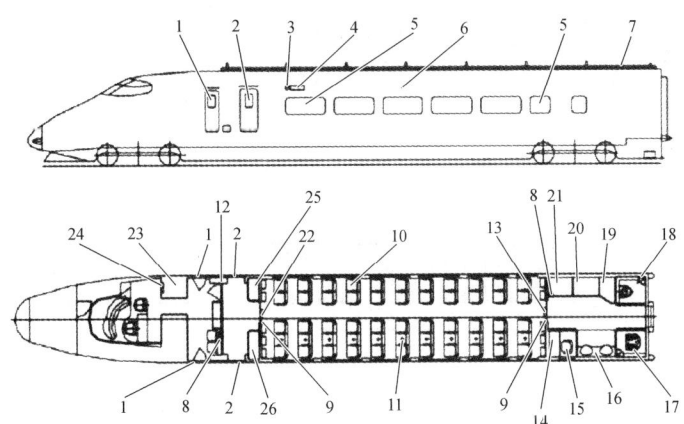

注：1—司机室门；2—侧拉门；3—车号显示器；4—目的地显示器；5—紧急窗；6—车侧灯；7—列车无线天线；
8—灭火器；9—内端拉门；10—二人座椅；11—三人座椅；12—司机室隔断室；13—客室信息显示器；
14—呼唤显示器；15—乘务员室；16—双洗室；17—蹲式便器卫生间；18—坐式便器卫生间；
19—电开水炉；20—储物柜；21—温水污物饮水机配电盘/下部垃圾箱；22—客室信息显示器；
23—总配电盘；24—中央装置；25—服务配电盘/接地开关盘；
26—运转配电盘/控制继电器盘。

图 3-3-2　1号车车内布置图

2. 卧车动车

2、3、6、7、10、11、14、15 号车（卧车动车）车内布置如图 3-3-3 所示。

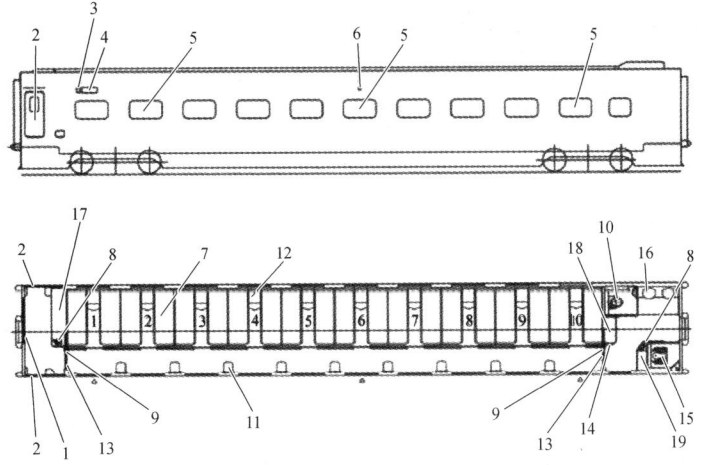

注：1—外端拉门；2—侧拉门；3—车号显示器；4—目的地显示器；5—紧急窗；6—车侧灯；7—卧铺；
8—灭火器；9—内端拉门；10—坐式便器卫生间；11—翻板凳；12—茶桌；13—客室信息显示器；
14—呼唤显示器；15—水泵室/下部垃圾箱；16—双洗室；
17—运转服务配电盘/运转配电器盘/接地开关盘；
18—温水污物配电盘；19—备品室。

图 3-3-3　2号车车内布置图

3. 卧车拖车

4、5、9、12、13 号车（卧车拖车）车内布置如图 3-3-4 所示。

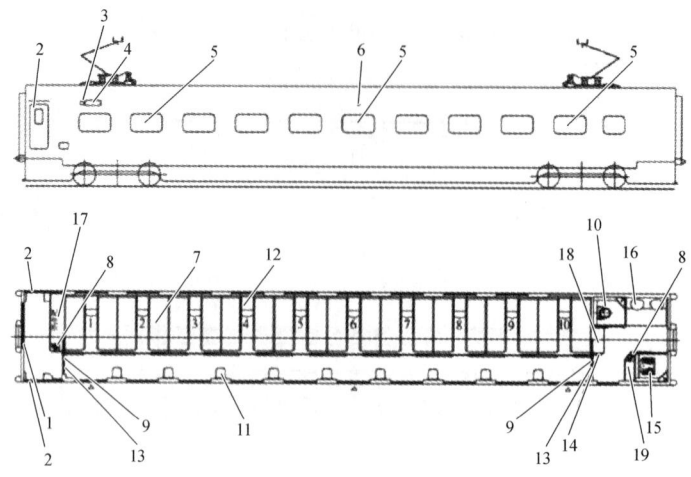

注：1—外端拉门；2—侧拉门；3—车号显示器；4—目的地显示器；5—紧急窗；6—车侧灯；7—卧铺；
8—灭火器；9—内端拉门；10—坐式便器卫生间；11—侧板凳；12—茶桌；13—客室信息显示器；
14—呼唤显示器；15—蹲式便器卫生间；16—双洗室；
17—运转服务配电盘/控制继电器盘/接地开关盘；
18—温水污物配电盘/下部垃圾箱；
19—备品室。

图 3-3-4　4 号车车内布置图

（二）CRH2E 型动车组卧铺列车旅客影视广播信息系统

旅客信息系统、广播系统、影视系统和呼唤服务系统集成一体，是一个能够随时给旅客提供一些重要信息的系统。动车组能够及时发送列车当前到站、前方到站、正晚点情况，当前时间、运行速度、临时停车等信息。

旅客信息系统包括信息显示、车内外标识、列车运行信息与自动报站、列车广播、电视、呼唤显示、列车通话系统等。

影视服务系统主要包括各车影视主机、交换机、机顶盒、影视显示器、包间控制器、本车控制板、包间控制面板等。

1. 座车影视服务系统

座车影视系统由座车影视系统电源、影视主机功放、座车影视主控制机、影视系统主机交换机、座车餐车解码板、本车控制板组成。

座车在客室顶板上设 2 组、客室端墙设 2 个 15 寸数字液晶终端，用于视频节目的播放，通过扬声器播放视频节目的伴音，各终端只能同时播放一套视频节目，乘客不能选择节目的播出。当进行列车广播时，客室扬声器转换为广播状态，影视伴音停止；当广播结束时，自动恢复到原来的状态。

液晶终端采用电动可旋转式安装结构，由随车机械师或乘务员通过本车控制板控制，如图 3-3-5 所示。

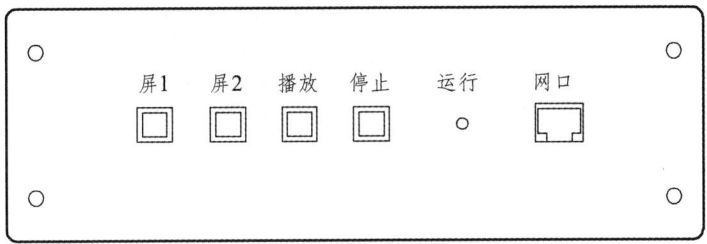

图 3-3-5　本车控制板

2. 软卧车影视系统

软卧车影视系统由软卧车影视系统电源、影视主机功放、包间音频转换器、影视系统主机交换机、软卧车包间转换机、软卧车机顶盒、软卧车影视主控制机、本车控制板、软卧车包间影视控制板、包间电源组成。

软卧车影视系统在 13 节软卧车厢的每节车厢中各有一套。

软卧车每个包间内设 4 台各自独立的 15 寸数字液晶终端,每个数字液晶终端设独立的节目控制面板并有耳机插孔。在同一时刻,系统同时播出四套视频节目,每位乘客可通过节目控制面板选择其中的一套节目,通过耳机收听视频伴音。当进行列车广播时,耳机应播放广播内容,同时影视伴音停止;当广播结束时,自动恢复到原来的状态。

(三)呼唤控制系统

为方便旅客服务,动车组设置了由包间控制器、呼唤显示屏等组成的服务系统。包间控制器用于调节包间内的广播音量和向外发出呼唤信息的按键。触摸呼唤按键,呼唤显示屏即发出呼唤信号,同时点亮该包间外的呼唤指示灯,如图 3-3-6 所示。

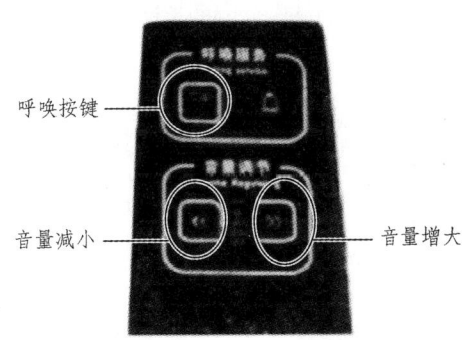

图 3-3-6　包间控制器

除餐车外,动车组其他每辆车设一个呼唤显示屏,两个头车设置在乘务员室,卧车设置在二位端小走廊。各车呼唤显示屏通过广播系统列车干线网络进行通信,显示全列车的呼唤信息(文本显示车号、卫生间、包间号)。

呼唤显示屏每个页面只能显示相邻 4 个车厢的信息,乘务员可通过触摸翻页按键查看其他车厢的呼唤信息,如图 3-3-7 所示。

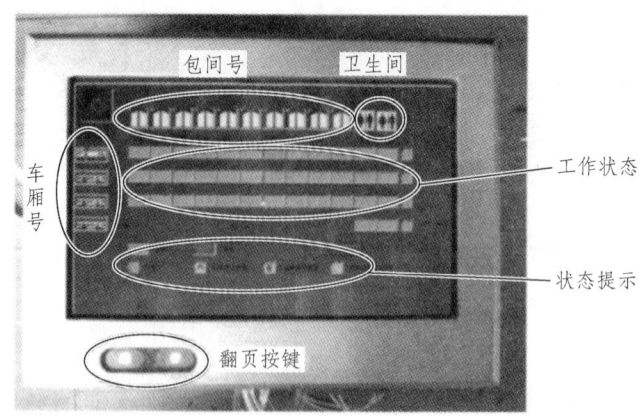

图 3-3-7 呼唤显示屏

显示屏显示车厢包间号或卫生间工作状态的指示灯颜色分别代表不同的含义：灰色表示正常，没有呼唤信息；黄色表示当前设备通信故障；绿色表示该包间或卫生间有情况，乘客已按下呼唤按钮，此时，乘务员应立即前往该区域查看相关情况。

（四）烟火报警系统

在8号餐车设置2台烟火报警主机，在座车客室、各乘务员室、软卧车各包间内、各电气柜、走廊、卫生间、餐车餐厅、配餐间内设隐藏式感烟探头。

烟火报警主机通过电流环与终端装置（MON）通信，将每个感烟探头的状态发送给 MON：探头未接、报警、故障、正常。这些信息并应在随车机械师室的显示屏上显示。

（五）包间设备布置

每个包间内设有 2 个上铺及 2 个下铺，下铺带有可调节靠背。包间设备布置如图 3-3-8 所示。

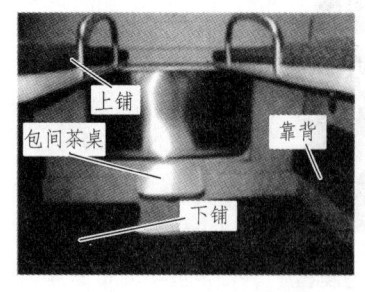

（a）下铺设备

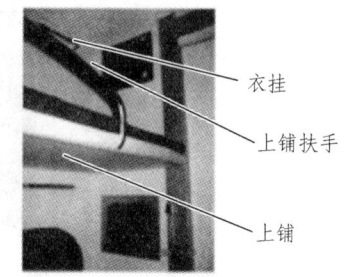

（b）上铺设备

图 3-3-8 包间设备布置

1. 上铺设备

上铺底板四周框架采用铝型材插接结构，底板采用铝蜂窝板，铝型材及铝蜂窝板表面喷漆处理。上铺设有防护栏杆，起保护上铺旅客的作用，防护栏杆与上铺底板采用机械连接结构。

上铺垫表面为蒙面纺织布，内部为高回弹聚氨酯泡沫塑料及防火阻燃毡，具有良好的防火性能。上铺垫与上铺底板采用尼龙搭扣黏接结构，拆卸方便。

上铺与横向间壁采用对穿螺栓固定，两侧通过连接轴与纵向间壁及侧墙上的支撑固定，支撑带有支撑罩。上铺能够承受不大于 200 kg 的垂向载荷。

上铺底板和上铺垫应注意尽量避免刮擦。更换上铺垫时，不需要拆卸上铺，只需向上轻拉上铺垫，使上铺垫与上铺底板脱离，取下上铺垫，打开上铺垫后部的拉链即可更换上铺垫蒙面纺织布。

需要拆卸上铺时，只需把两侧支撑上的盖板卸下，拆卸与横向间壁的固定螺栓，即可卸下上铺。

2. 下铺设备

下铺设有 3 个铺腿，每两个铺腿之间设有足够的空间供旅客放置行李、物品。下铺靠背具有距离调节功能，可以有效消除旅客长时间乘车的疲劳感。

下铺底板四周框架采用铝型材插接结构，底板采用铝蜂窝板，铝型材及铝蜂窝板表面喷漆处理，卧铺垫与地板采用尼龙搭扣黏接，下铺底板及卧铺垫的结构同上铺。

下铺铺腿与地板及间壁采用机械固定，铺腿内为回风系统，铺腿两侧设有通风口。放置行李时请注意与通风口保持一定距离，如需要检修回风口时，只需拆卸铺腿围板的固定螺钉，卸下铺腿围板即可。

下铺铺面与铺腿采用螺钉固定。如需拆卸下铺面，只需移开卧铺垫，卸下下铺面与铺腿固定螺钉即可。

（六）车内其他设施及配置

1. 乘务员室

在 1 号、8 号、16 号车设有乘务员室。乘务员室内设有办公桌、物品柜、转椅及衣帽钩等设备。办公桌采用优质层压板制作，桌面高 650 mm，办公桌上放置有物品柜。乘务员室内设有软包座椅，可 360° 自由旋转。在物品柜采用优质层压板制作，物品柜面板与电器柜面板集成一体。另外，在乘务员室内还设有衣帽钩等小设备，方便乘务员日常工作。

2. 车上物品存放处

卧车动车组在 1 号车、16 号车端部设有储藏室，4 号车、8 号车及 12 号车车端设有备品室。备品室内设有紧急渡板，在列车紧急情况时可以用于疏散乘客。8 号机械师室旁和四位角设有储藏柜。在 1 号车、8 号车及 16 号车端设有乘务员室，其中 8 号车乘务员室内设有应急灯架和扬声器架。在每辆车的两端都设有灭火器，在发生火灾时应急用。

随车备品如表 3-3-2 所示。

表 3-3-2 随车备品一览表

备品名称		1 T1 驾驶室	4 T2 乘务员	8 T4 备品室	8 T4 乘务员	12 T6 机械师备品室	12 T6 备品室	16 T8 乘务员	16 T8 驾驶室	合计
信号旗（红和绿）		1							1	2
响墩		6							6	12
应急灯		1	1		1	1		1	1	6
扩音器		1		1					1	3
梯子		1							1	2
灭火器（粉末型）		1							1	2
工具箱		1							1	2
大型收藏箱		1							1	2
机车救援用转换车钩		1							1	2
安全帽		1							1	2
安全带		1							1	2
万用表		1							1	2
带橡胶架子的塑料电线、固定扳手、单手用锤子、扳手、凿子、螺丝刀、活扳手、电线钳子、钳子、刀具		各 1							各 1	各 2
空气软管	MR 管用	1							1	2
空气软管	BP 管用	1							1	2
铁鞋（铁制）	上坡用	2							2	4
铁鞋（铁制）	A 型	8							8	16
铁鞋（铁制）	B 型	4							4	8
干电池	应急灯用	16							16	32
干电池	扩音器用	12							12	24
紧急用渡板				1	1	1				3
绳索	侧拉门用			8		16	8			32
绳索	紧急用			1		2	1			4
5 kg 的 ABC 干粉灭火器		1								1
2 kg 的水性灭火器和干粉灭火器	前位通过台每辆车 1 个粉末式和 1 个液体式					32				
2 kg 的水性灭火器和干粉灭火器	后位通过台每辆车 1 个粉末式和 1 个液体式					32				

(七) CRH2E 型餐吧车

CRH2E 型餐吧车设在 8 车,共有 40 个座位。车厢内设有休闲酒吧和 3 台液晶电视机。车厢内干净明亮,食品、饮品丰富多样。8 号车(餐车拖车)车内布置如图 3-3-9 所示,就餐区如图 3-3-10 所示。

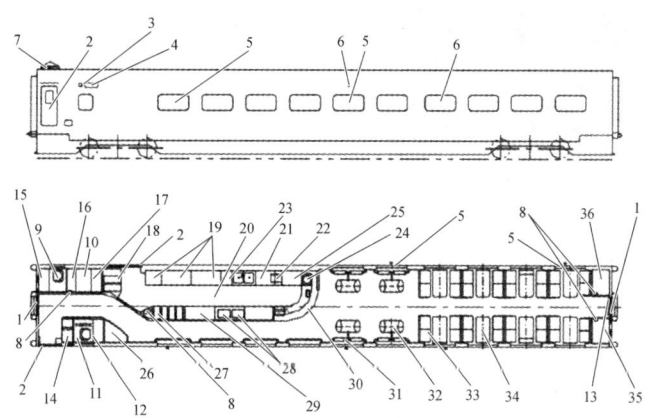

注:1—外端拉门;2—侧拉门;3—车号显示器;4—目的地显示器;5—紧急窗;6—车侧灯;7—列车无线天线;8—灭火器;9—乘务员室;10—配电室;11—机械师室;12—列车信息控制/影视系统控制屏;13—客室信息显示器;14—运转配电盘/控制继电器盘;15—收音机广播装置;16—服务配电盘/接地开关盘;17—厨房配电盘/饮水机配电盘/终端装置;18—烤箱;19—冷藏箱;20—厨房;21—消毒柜;22—电开水炉;23—冰箱分配阀;24—咖啡机;25—立式展示柜;26—储藏柜/下部垃圾箱;27—上储藏柜/小推车;28—微波炉/下储藏柜;29—保温箱;30—吧台;31—吧凳;32—吧桌;33—餐桌;34—餐椅;35—储藏柜;36—备品洁具柜。

图 3-3-9 8 号车车内布置图

图 3-3-10 CRH2E 就餐区

二、CRH2E 型纵向动车组卧铺列车

CRH2E 型纵向动车组卧铺列车内部采用车辆中央单通道,卧铺对称通道、平行运行方向的纵向布局模式,上下铺交错布置。每个上下铺位都单独对应窗户,从外侧看有双层列车的错觉,实际上主通道还是单层布置。

CRH2E 型纵向动车组卧铺列车采用 16 节大编组,8 动 8 拖,最高运行速度 250 km/h。头尾车均为软卧车,定员 40 人,中间卧铺车定员 60 人,9 号车厢为餐卧合造车,定员 20 人,有 5 个传统的软卧包厢。纵向动车组卧铺列车采用了"骏马"灵感的头型,车门为"外摆式"。CRH2E 型纵向动车组卧铺列车车型平面图如图 3-3-11 所示。

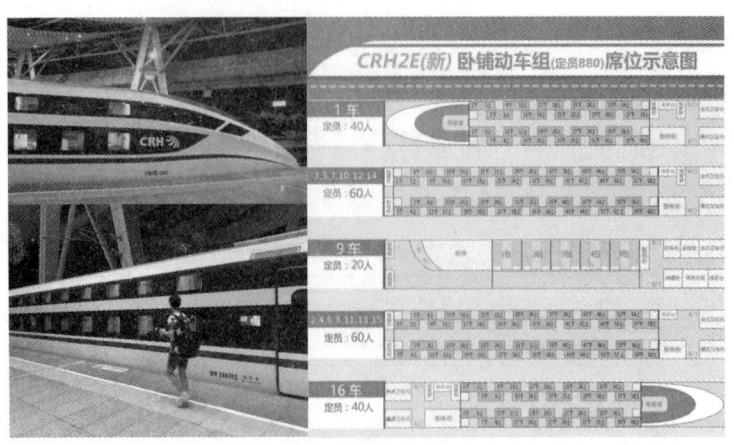

图 3-3-11　CRH2E 型纵向动车组卧铺列车车型平面图

1. 铺位纵向布置

CRH2E 型纵向动车组卧铺列车在旅客乘坐舒适性、私密性和多样化功能需求等方面采用了全新设计，进一步提升了服务品质。卧铺动车组车厢中间为中央通道，两侧设置双层卧铺，每个铺位空间独立，相当于一个小"包间"，每位旅客都拥有充足的私人空间（见图 3-3-12）。

图 3-3-12　CRH2E 型纵向动车组卧铺列车上下铺位

2. 独立床位配套

每个铺位有单独的茶桌，方便旅客放置电脑、小件物品、餐食饮料等。同时，单独配备充电插座、照明灯、阅读灯、书报网、书报袋，为旅客在旅途中阅读、办公、休闲等提供便利。每个铺位还配置了拉帘、扶手、裤挂、衣帽钩等人性化服务设施。每个床位都配备了隐私窗帘。窗帘拉起来后，每个卧铺空间就与外界相对独立，保护了旅客隐私（见图 3-3-13）。

图 3-3-13　独立床位配套

3. 铺位优化设计

纵向动车组卧铺列车增加了车体高度，上铺的空间更加宽裕，旅客在上铺也能够舒适坐立。铺位的墙面上配有靠背，并且可以按坐姿需求调整倾斜角度，空调为每个铺位单独送风，非常舒适（见图3-3-14）。

图3-3-14 铺位优化设计

（1）下铺。

在下铺床铺铺位旁设立了一个床头小桌台，该桌台内部为前一个铺位旅客放脚的位置。这样的设计大大节约了车内空间，单节车厢定员为60人。车厢下铺设置的行李放置空间，可供放置6个17寸标准行李箱或2个25寸超大行李箱，为旅客提供了方便（见图3-3-15）。

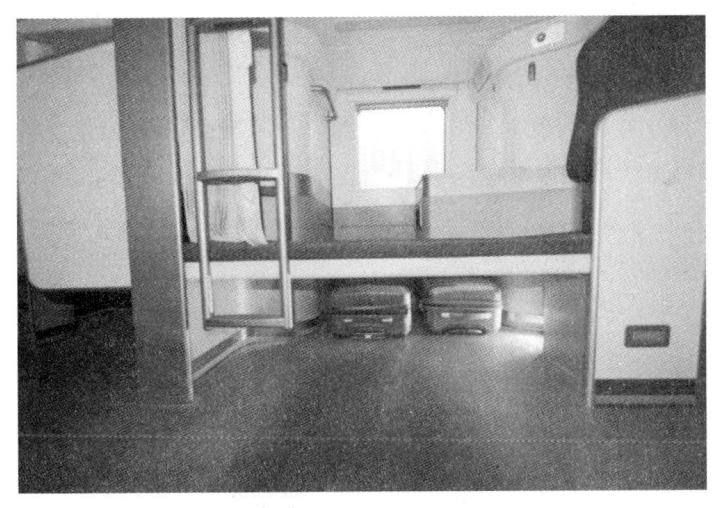

图3-3-15 下铺

（2）上铺。

上铺整体布局类似下铺，但是铺位的位置决定了进入上铺的形式。铺位靠走廊的上铺，旅客通过不锈钢梯进入上铺；铺位靠窗的上铺，旅客要踩着车体凹陷式爬梯进入上铺。铺位靠走廊的上铺，床铺和车窗之间有一定的空间可放置物品；而铺位靠窗的上铺，铺位和走廊之间是悬空的，无法放置物品。

4. 多种卫生间

每节车厢都有2个卫生间，分别为蹲式卫生间和坐式卫生间，以满足不同乘客的需要。

5. 餐车

CRH2E 型纵向动车组卧铺列车 9 号车厢为卧铺、餐车合造车（定员 20 人），餐车区域不设座位，只设有一个坐式卫生间。设有 5 个软卧包厢，每个软卧包厢 4 人。卧铺区域仍为传统的横向卧铺包间式布局，为旅客提供了更多的选择（见图 3-3-16）。

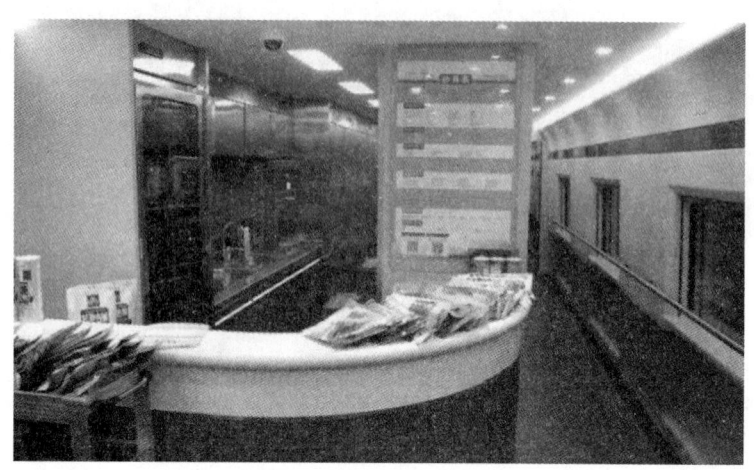

图 3-3-16　CRH2E 型纵向动车组卧铺列车辅助卧铺、餐车合造车

6. 其他设备

每节车厢均设有一个双人洗手池（见图 3-3-17）。灭火器、垃圾箱、电茶炉等设备，均设置在车厢尾部（车厢连接处）。卧铺动车组进一步优化了减振降噪设计，车厢内部的噪声控制在 62 dB，列车噪声水平达到优级。

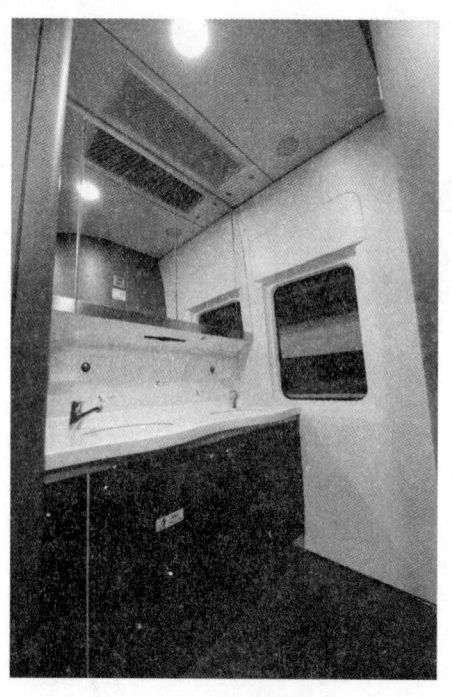

图 3-3-17　双人洗手池

 任务训练

表 3-3-3　任务训练

实训项目	CRH2E 型卧车动车组列车设备与设施使用训练
实训目标	1. 使学生结合实际，加深对 CRH2E 型卧车动车组列车设备与设施的认识与理解。 2. 培养学生 CRH2E 型卧车动车组列车设备与设施学习的兴趣
实训内容及组织	由教师组织，学生自愿组成小组，每组 6~8 人，选择以下题目进行 CRH2E 型卧车动车组列车设备与设施使用内容训练。 1. CRH2E 型卧车动车设备与设施使用。 2. CRH2E 型卧车拖车设备与设施使用。 3. CRH2E 型卧车餐车设备与设施使用。 4. CRH2E 型纵向卧铺动车设备与设施使用
实训考核	1. 每组提交一份实训报告。 2. 各组进行汇报。 3. 教师根据各组的实训报告与课堂汇报进行评估

复习思考题

1. 我国目前运用的和谐号动车组有哪些车型？
2. CRH5 型动车组列车基础设备与设施有哪些？
3. CRH5 型动车组列车服务设备与设施有哪些？
4. CRH5 型动车组列车餐饮设备与设施有哪些？
5. CRH2E 型卧车动车设备与设施有哪些？
6. CRH2E 型卧车拖车设备与设施有哪些？
7. CRH2E 型卧车餐车设备与设施有哪些？
8. CRH2E 型纵向动车组卧铺列车设备与设施的特点是什么？

项目四　复兴号动车组列车设备与设施

 项目描述

复兴号中国标准动车组是指中国标准体系占主导地位的动车组,具有鲜明的中国特征,已实现高速动车组技术全面自主化,动车组整体性能及车体、转向架、牵引、制动、网络等关键系统技术已达到国际先进水平。本项目主要介绍复兴号动车组基本构造、复兴号动车组列车设备与设施、复兴号智能动车组设备与设施及复兴号动车组列车应急设备与设施。通过本项目的学习,学生能掌握使用复兴号动车组列车设备与设施的基本技能。

任务一　复兴号动车组基本构造

 思政素质目标

爱党、爱社会主义、爱祖国、爱人民、爱集体;具有精益求精的工匠精神,尊重劳动、热爱劳动;严格遵守规章制度和劳动纪律。

 能力目标

能对"复兴号"动车组构造有初步的认识。

 知识目标

了解"复兴号"动车组的技术提升,掌握"复兴号"动车组基本构造。

 相关知识

中国标准动车组的设计研制,遵循安全可靠、系列化、经济性、节能环保等原则,在方便运用、环保、节能、降低全寿命周期成本、进一步提高安全冗余等方面加大了创新力度,具有创新性、安全性、智能化、人性化、经济性等特点。中国标准动车组采用CR(中国铁路)代号,3种时速等级为CR400/300/200,持续时速为350 km、250 km、160 km。

一、复兴号动车组主要组成

复兴号动车组由车体、设备舱、转向架、高压牵引系统、辅助电气系统、供风及制动系统、网络控制系统、旅客信息系统、车内环境控制系统、给水及卫生系统、车内设施、驾驶设施、列车运行控制车载设备和其他装置系统组成。

1. 转向架

转向架是动车组的基本组成部件之一，是动车组的走行部。CR400BF 型为 8 辆编组，每辆车有 2 个转向架，分为动力转向架和拖车转向架。转向架固定轴距为 2 500 mm，最大轴重为 17 t，车轮直径为 920 mm/850 mm。动车转向架构造如图 4-1-1 所示。

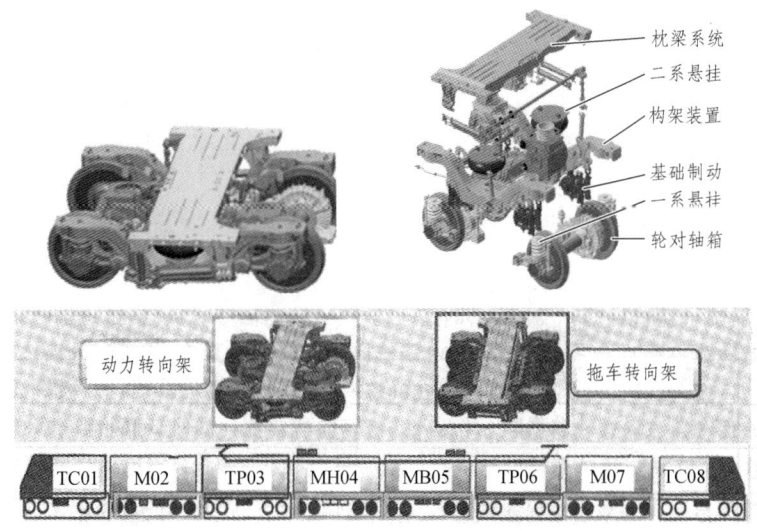

图 4-1-1　CR400BF 型转向架

2. 牵引系统

CR400BF 型牵引系统由两个牵引单元组成。两个牵引单元采用对称式设计，每个牵引单元由两个动车和两个拖车构成，主要设备包括牵引变压器、牵引变流器、牵引电机以及牵引部件所需要的冷却单元（见图 4-1-2）。

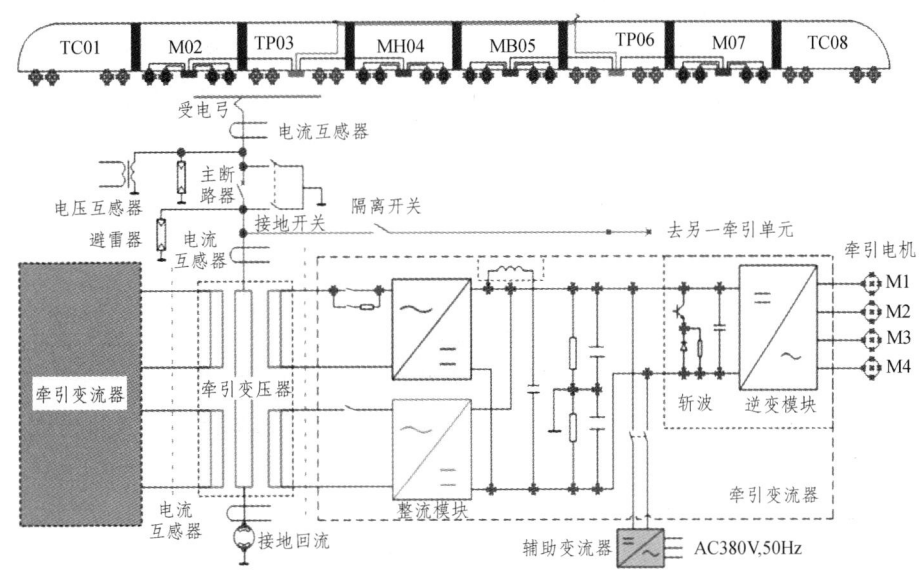

图 4-1-2　CR400BF 型动车组牵引系统设备布置

3. 辅助系统

辅助系统从牵引中间直流环节取电，由辅助变流器提供 3AC380 V，充电机及蓄电池提供 DC110 V，全部通过列车母线实现并网供电，主要由辅助变流器、充电机、蓄电池、应急逆变器、单向逆变器和外接电源插座组成，如图 4-1-3 所示。

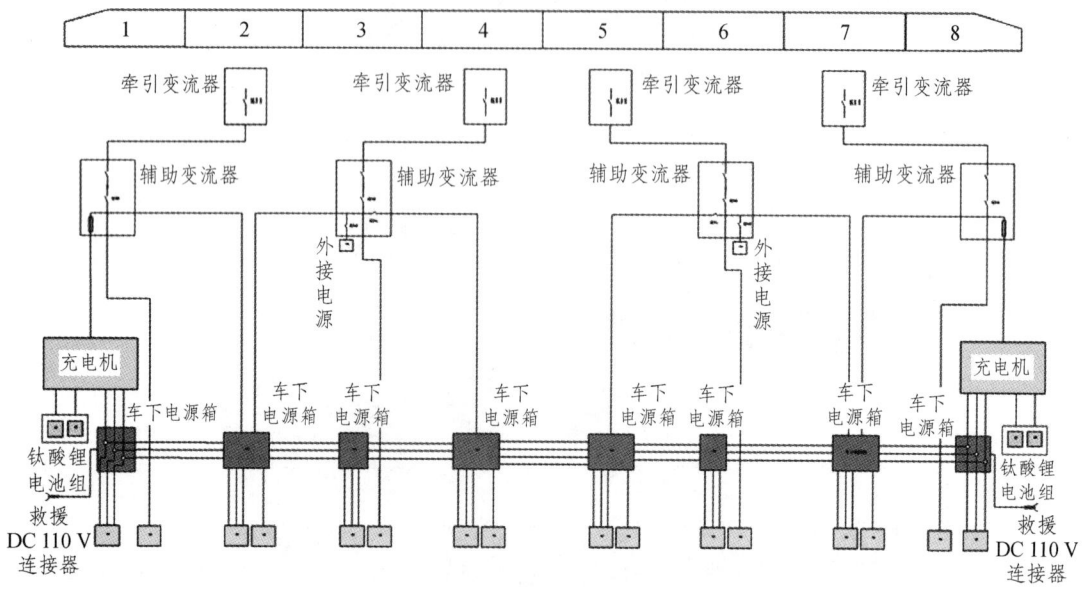

图 4-1-3　CR400BF 型动车组辅助系统

4. 制动系统

制动系统由直通电空制动系统、电制动、供风单元、辅助供风单元、BP 救援转换装置和基础制动装置等组成，具有常用制动、紧急制动 EB、紧急制动 UB、停放制动、保持制动、清洁制动、乘客紧急制动、制动力分级控制、撒砂、升弓供风、监测、诊断和故障记录、制动试验、回送和救援等功能，如图 4-1-4 所示。

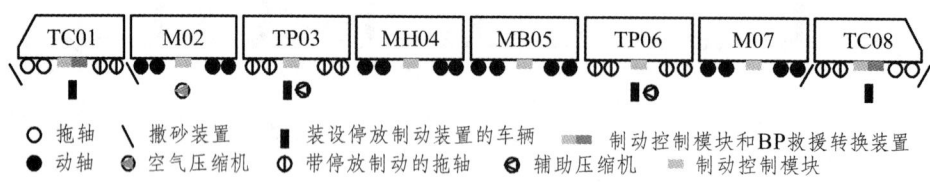

图 4-1-4　CR400BF 型动车组制动系统结构

5. 网络控制系统

列车网络控制系统主要实现整车的控制、监视、诊断及测试，从而保证列车安全可靠地运行，并为司机和机械师提供故障处理指南，为检修维护提供数据支持。列车网络控制系统在采用列车级 WTB 总线及车辆级 MVB 总线的两级 TCN 网络基础上，同时布设以太网，用于传输状态数据和故障数据。

6. 烟火报警系统

烟火报警系统由烟火主机及烟火探头等组成。烟火报警主机和中央控制单元之间通过

MVB 总线进行通信，客室、司机室、电气柜、厨房、卫生间及其他重点防火区域设置火灾探测器，各火灾探测器与本车厢烟火报警主机通过 CAN 总线进行通信。

7. 旅客信息系统

旅客信息系统主要由旅客信息显示、列车内部通信和广播通告、旅客音视频娱乐系统、车载无线系统和座位信息显示等组成。

设置千兆以太网总线和 UIC568 音频总线；实现旅客信息系统、娱乐系统、视频监控系统集成设计；实现公共广播、公共视频、内部通信、信息显示、音频服务、监控乘客区域、监控弓网状态、画面智能分析。旅客信息系统组成如图 4-1-5 所示。

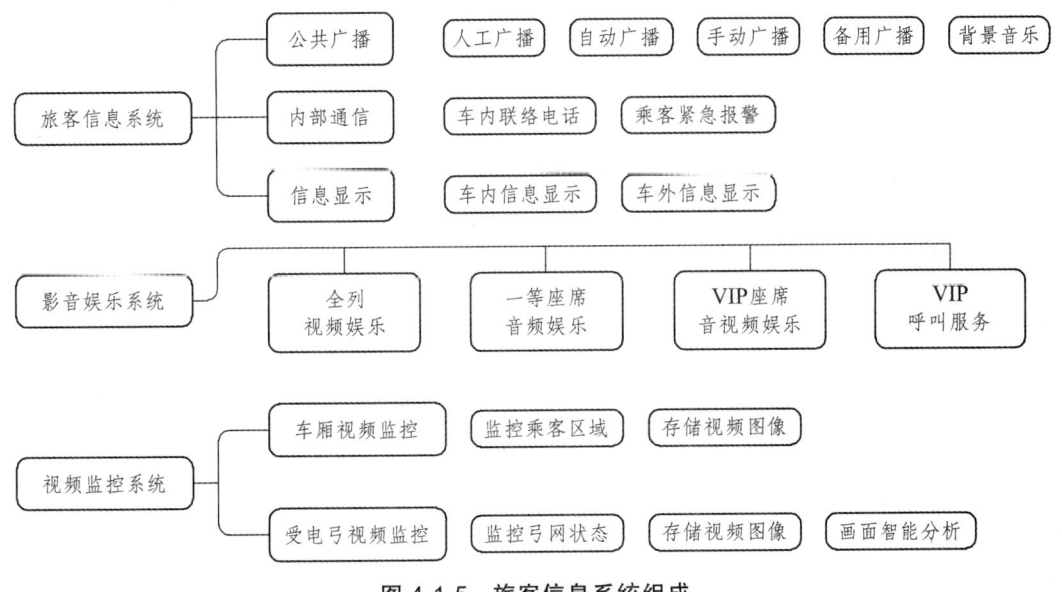

图 4-1-5　旅客信息系统组成

二、复兴号 CR400AF 系列动车组

复兴号中国标准动车组列车是为了适应中国高速铁路运营环境和条件，满足复杂多样、长距离、长时间、连续高速运行等需求，打造适合中国国情、路情（持续高速运行、长距离、开行密度较高、载客量较大、高寒、多雪、高原风沙、沿海湿热以及雾霾、柳絮等条件）的高速动车组。

1. CR400AF 型动车组

CR400AF 型动车组为最高运营速度 350 km/h 的动力分散式电动车组，最高持续运营速度为 350 km/h。CR400AF 型动车组在中国 350 km/h 速度等级客运专线（如京沪客运专线）上运营，并能在 200 km/h 速度等级及以上的客运专线上以 200 km/h 速度级正常运行。CR400AF 采用全新低阻力流线型头型和车体平顺化设计，车型线条看起来更优雅。

CR400AF 型动车组全列 8 辆编组，4 动 4 拖，车辆类型包括一等/商务座车、二等/商务座车、二等座车（1 辆设有残疾人设施、1 辆为餐座合造车）。8 辆编组全列定员共 576 席（其中商务座席 10 席、一等座席 28 席、二等座席 538 席）。CR400AF 型动车组如图 4-1-6 所示。

图 4-1-6　CR400AF 型动车组

2. CR400AF-A 型动车组

CR400AF-A 型动车组采用 8 动 8 拖配置,总长度超过 415 m,总定员 1 193 人,可满足时速 350 km 的运营要求。16 辆编组"复兴号"在 1 号车设有单独的"商务座车"车厢,全部为商务座布局,可为商务座旅客提供更舒适的乘车体验。

3. CR400AF-B 型动车组

CR400AF-B 型动车组长 439.8 m,在原有 16 辆长编组"复兴号"的基础上再增加一节车厢,使全列扩编至 17 辆编组。CR400AF-B 增加了一节拖车,位于原长编组 15 车和 00 车(头车)之间,编为 16 车。动力配置变为 8 动 9 拖(8M9T)。由于增加一节,列车长度比原长编组 CR400AF-A 增加了 25.65 m,总长达到了 439.8 m。

座位布局方面,原 15 车的一等座席改成二等座席。新增加的 16 车,设置为一等座席,全车增加了一节二等座车,定员比 CR400AF-A 型增加了 90 人,载客量为 1 283 人。CR400AF-B 型动车组列车设备设施如图 4-1-7 所示。

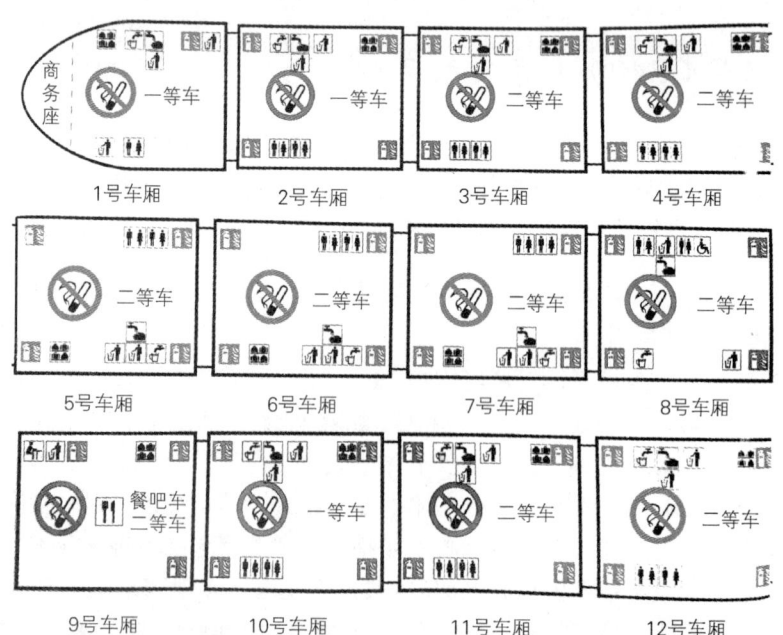

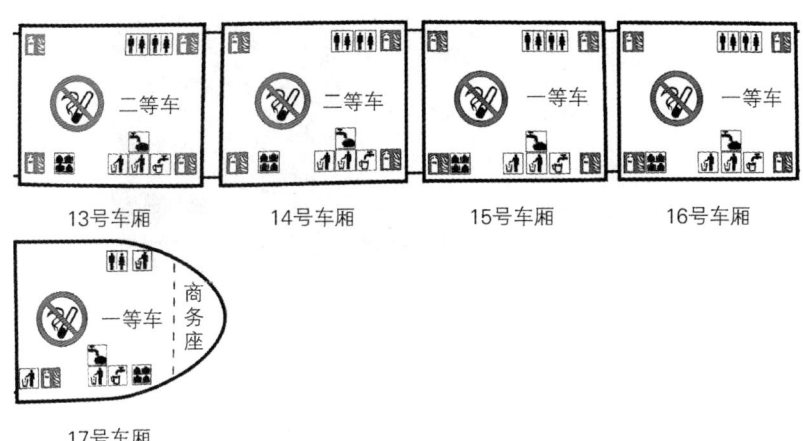

图 4-1-7　CR400AF-B 型动车组列车设备设施

4. CR400AF-C 型动车组

CR400AF-C 型动车组是 CR400BF 系列组第二款衍生车型，与 CR400AF 型一样采用 4 动 4 拖 8 辆编组。

5. CR400AF-G 型高寒型高速动车组

CR400AF-G 型高寒型高速动车组，是我国为东北、华北和西北三北地区冬季高寒地域专门研发的复兴号 CR400AF 型系列衍生型号。

CR400AF-G 型高寒型高速动车组，可在 –40 ℃ 高寒条件下正常运营，具有抗风、沙、雨、雪、雾、紫外线等恶劣天气的能力。该型号动车组的布局与复兴号 CR400AF 基本型布局一致，定员 576 人。

CR400AF-G 型高寒型高速动车组列车在车体结构、供风制动、供排水管路、车内结构及设施等多方面进行了优化改进。车下设备舱上边梁与底架边梁间、设备舱骨架间、动车组转向架等位置选用了能抗低温的铬钼合金螺栓、螺母。列车即便是在极寒天气下运行，螺栓、螺母也不会出现脆断情况。车下设备舱裙板与骨架底板、骨架间，底板与底板间活门四周，以及头罩开闭机构等位置，采用硅橡胶作为密封胶条材料，可以更好地防雪冰。另外，还针对高寒环境增加了夹钳防冻结功能。制动控制装置通过选用抗低温部件材料、优化润滑脂等手段，对列车制动控制装置进行了优化改进，保证了列车在低温情况下，具备良好的制动性能，列车上水管路由铜管优化为不易冻损的不锈钢管，管路外包裹上了防寒棉，配备辅助加热装置，供排水、排污管路伴热分区控制，避免了转向架附近区域，低温薄弱点产生冻结。司机室前舱、配电盘、车上线槽等容易产生冷凝水的区域，采用具有优异的隔热及疏水性能涂料喷涂，喷涂后涂层表面有许多"蜂窝状"孔隙，让冷凝水可以储存在孔隙中，避免冷凝水滴落，确保配电安全。列车采用低阻力流线型设计，平顺化门窗结构，全包外风挡，车顶高压设备、空调、天线等，采用沉入式安装结构，使整车气动性能优良，降低了列车运行能耗。列车受电弓区域采用六层复合隔声减振结构，这样的设计是为了减小声音的传递和辐射，降低列车内噪声。该型号列车增加了司机室登乘门，乘务人员不再通过旅客乘降车门进入司机室，在乘务员室和机械师室设置了电加热设备，改善了乘务人员的工作环境。CR400AF-G 高寒型高速动车组如图 4-1-8 所示。

图 4-1-8　CR400AF-G 高寒型高速动车组

三、复兴号 CR400BF 系列动车组

复兴号 CR400BF 动车组列车高度为 4 050 mm，宽度为 3 360 mm，二等座椅间距为 1 020 mm，一等座椅间距为 1 160 mm，与其他动车组列车相比，车内空间更大，座位空间更宽敞。

1. CR400BF 型动车组

CR400BF 型动车组头部玻璃凸、侧面比较平缓，车身底色纯白，头部是金色色带勾勒。全列 8 辆编组，分别为 1 辆商务一等合造车，6 辆二等座车（1 辆设有残疾人设施、1 辆为餐座合造车），全列定员共 576 席（其中商务座席 10 席、一等座席 28 席、二等座席 538 席）。CR400BF 型动车组如图 4-1-9 所示。

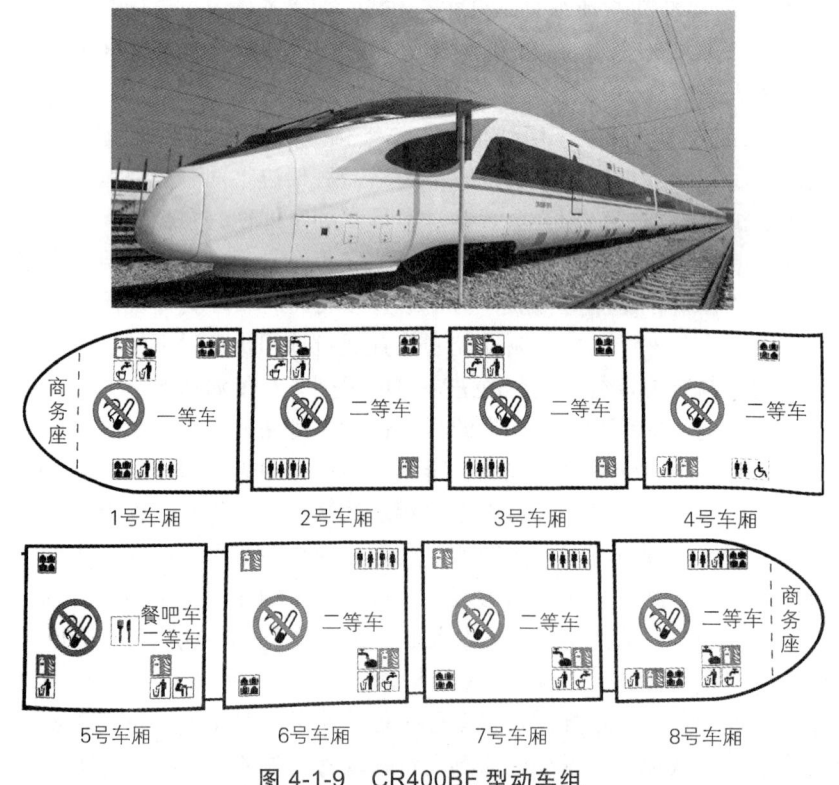

图 4-1-9　CR400BF 型动车组

2. CR400BF-A 型动车组

CR400BF-A 型动车组采用 8 动 8 拖配置,总长度超过 415 m,总定员 1 193 人,可满足时速 350 km 的运营要求。其照明系统可对车厢内的色温进行变换,灯光可在"冷光"与"暖光"之间平滑调节,为旅客打造更加舒适的车厢氛围。一等座的充电口位于扶手的前方,二等座的充电口位于坐垫下方。充电口不仅有两孔和三孔插座,还增加了 USB 接口。CR400BF-A 型动车组列车设备设施如图 4-1-10 所示。

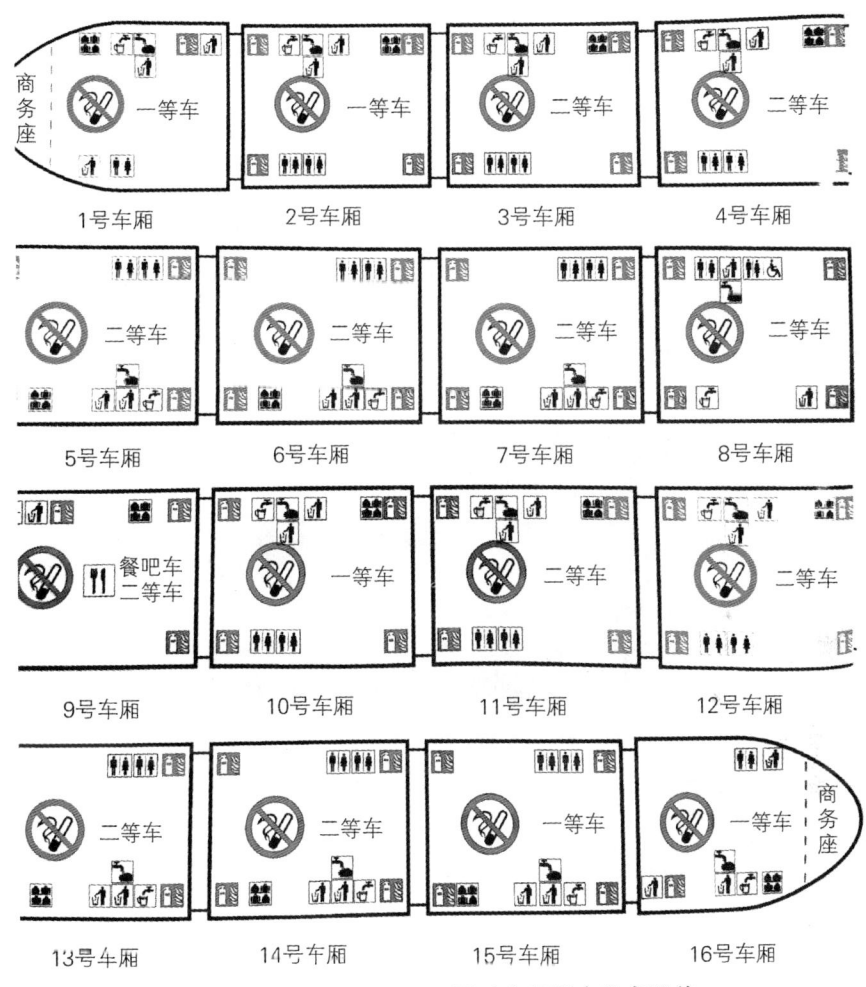

图 4-1-10　CR400BF-A 型动车组列车设备设施

3. CR400BF-B 型动车组

CR400BF-B 型动车组是 17 辆编组超长版"复兴号",车身长 439.8 m,可乘坐 1 283 人,2019 年投入京沪高铁运营。

4. CR400BF-C 型动车组

CR400BF-C 型动车组是 CR400BF 系列组的第三款衍生车,10 140 kW 的整车功率等与 CR400BF 相同,最高运营速度为 350 km/h;编组形式为 4 动+4 拖;列车总长 211.3 m;车体材质为铝合金。

5. CR400BF-G 型动车组

CR400BF-G 型动车组列车是在 CR400BF 型动车组的基础上，经过技术改进后，车体裙板的密封结构和保温功能的性能更好，"耐高寒、抗风沙"，可运行于东北、西北部等自然气候条件恶劣区域。

四、CR300AF 和 CR300BF 型动车组

1. CR300AF 型动车组

CR300AF 型动车组由中国中车旗下四方股份研制，列车为 8 辆编组，长约 209 m，标定时速 250 km/h。CR300AF 的动力配置为 4M4T（四动四拖），02/04/05/07 车为带牵引电机的动车，01/03/06/00 车为不带动力的拖车（头车控制车无动力），动力单元呈中心对称。

车头造型延续了 CR400AF 和 CRH2G 的部分设计思路，气动鸭翼的轮廓；涂装方面沿用了时速 350 km 级别动车的银色底色+红色飘带的配色，贯穿全车的红色飘带上扬，另一条飘带则贴合气动外形的轮廓而设。

CR300AF 型的座位分布与"时速 250 km 级别统型"相同，总定员为 613 人。CR300AF 型动车组如图 4-1-11 所示。

图 4-1-11　CR300AF 型动车组

2. CR300BF 型动车组

CR300BF 型动车组是中国标准动车组系列化产品之一，设计最高运营时速 250 km，列车总长 208.95 m，车体最大宽度 3.36 m，车辆最大高度 4.05 m，列车总重 431.3 t，车体材质为铝合金。涂装延续复兴号"金凤凰"的设计理念，两条金色飘带贯穿全车。车体采用结构隔声和减振设计，能有效降低列车行驶时的车内噪声和外部噪声。所以当列车主、被动结合压力保护系统，通过高压新风系统调整列车内部压力，列车通过隧道时，耳膜不适感将得到明显消除。每节车厢内设置了 4 个温度传感器，智能空调系统让车内温度更适宜。行李架过道边缘增加 250 个座位显示器，方便旅客查找核对本人座席。

CR300BF 型动车组全列采用 8 辆编组，总定员 613 人，其中一等座 48 个席位，二等座 565 个席位。车内二等二人座椅宽度为 991 mm，二等三人座椅宽度 1 480 mm，一等座椅宽度为 1 190 mm，乘坐舒适感更佳。

二等三人座椅的两个坐垫之间设置 2 个插座，每个插座面板集成 1 个三孔、1 个两孔、1 个 USB 口电源，旅客使用电子设备时更加方便。垃圾箱分为可回收垃圾箱和不可回收垃圾箱，更加注重车内环保。

车厢内的半球摄像机、通道区域的全景摄像机,可对车厢内区域进行实时监控。电茶炉采用先进的电磁式加热方式,并具备安全童锁功能,防止儿童烫伤。车内增加车载无线系统,每节车厢两端增加 2 个 Wi-Fi 天线,为旅客上网提供便利条件。

CR300BF 型动车组如图 4-1-12 所示。

图 4-1-12　CR300BF 型动车组

五、CR 系列动车组的编号

动车组技术配置代码以大写英文字母表示,用以区分同型号下不同编组、不同定员、不同车种、不同运用环境适应性和综合检测用途等不同技术配置的改进型产品。CR 系列动车组是以速度目标值命名的,其编号构成如图 4-1-13 所示。

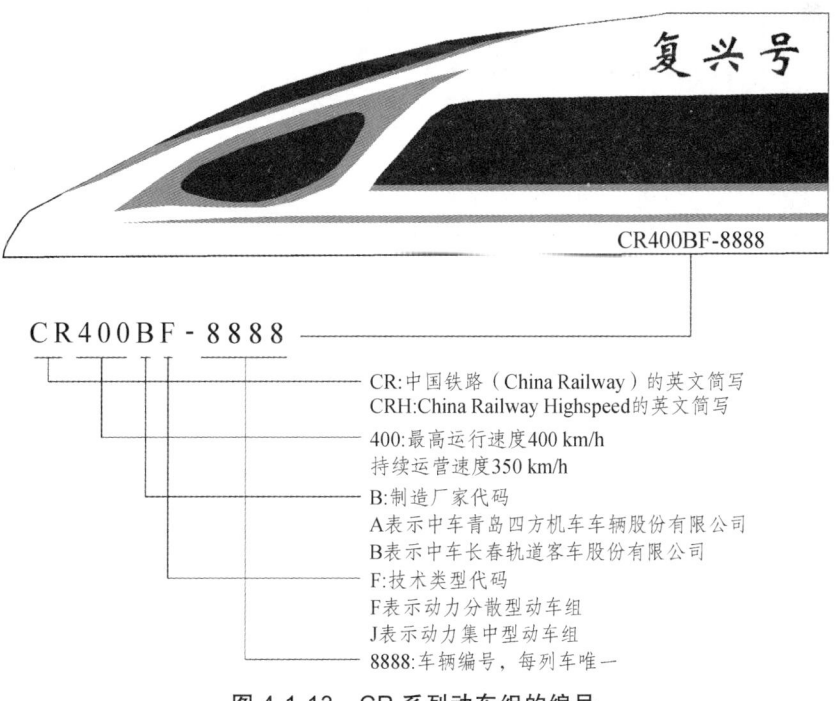

图 4-1-13　CR 系列动车组的编号

1. 速度目标值

速度目标值以动车组设计的最高运行速度目标值的 3 位阿拉伯数字表示。

400——设计最高运行速度目标值为 400 km/h。

300——设计最高运行速度目标值为 300 km/h。

200——设计最高运行速度目标值为 200 km/h。

2. 生产厂家

A——中车青岛四方机车车辆股份有限公司生产制造。

B——中车长春轨道客车股份有限公司生产制造。

3. 技术类型代码

F——动力分散型动车组。

J——动力集中型电力动车组。

N——动力集中型内热动车组。

任务训练

表 4-1-1　任务训练

实训项目	复兴号动车组基本构造认知
实训目标	1. 使学生结合实际，加深对复兴号动车组基本构造的认识与理解。 2. 培养学生复兴号动车组基本构造学习的兴趣。
实训内容及组织	由教师组织，学生自愿组成小组，每组 6~8 人，选择以下题目认知"复兴号"动车组基本构造。 1. 复兴号动车组基本构造认知。 2. 复兴号动车组系列认知。 3. 复兴号动车组的编号认知。
实训考核	1. 每组提交一份实训报告。 2. 各组进行汇报。 3. 教师根据各组的实训报告与课堂汇报进行评估

任务二　复兴号动车组列车设备与设施

思政素质目标

爱党、爱社会主义、爱祖国、爱人民、爱集体；具有精益求精的工匠精神，尊重劳动、热爱劳动；严格遵守规章制度和劳动纪律。

能力目标

能够正确使用复兴号动车组列车内设备与设施。

表 4-2-1　CR400AF 型动车组定员配置

车号	1	2	3	4	5	6	7	8
等级	商务/一等	二等	二等	二等	二等/餐车	二等	二等	商务/二等
定员/人	5/28	90	90	75	63	90	90	5/40

（二）车厢布置

1. 商务座车

（1）观光区。

1 号车及 8 号车端部靠近司机室部位各设置 1 个观光区。观光区主要设置了 6 个观光区边柜、3 个单人 VIP 座椅、1 个双人 VIP 座椅。观光区边柜互为对称，边柜设书报网兜，可放置报纸杂志。观光区的两排商务座椅为可旋转座椅，提升了商务座旅客乘车的舒适度和满意度。

（2）商务座椅。

功能 VIP 系列座椅使乘客能舒适乘车。使用现有根据人类环境改造学理论进行设计的座椅，乘客能获得舒适的座椅体验（见图 4-2-2）。

商务座椅的餐板安装在私密罩右边扶手上，餐板可收纳、折叠，左手扶手添置储物槽。操作面板（PCU）在私密罩右边内侧，PC 电源位于私密罩右前端盖板上方，即插即用（见图 4-2-3）。

图 4-2-2　商务车 VIP 座椅

图 4-2-3　商务座椅电源

2. 一等座客室

（1）一等车座椅。

一等车客室设"2+2"宽幅软座座椅；座椅间距设为 1 160 mm，座椅均采用可旋转 180°的结构，乘客总是可以面对车辆行进方向乘坐。座椅靠背可由个人手动控制 8°～30° 任意角度的调节和锁定，保证靠背的倾斜不会干扰到后面的活动空间。各座椅都设有供乘客使用的小桌。

座椅靠背带倾斜装置。座椅面料为绒头毛线颜色。另外，为了防止从坐垫和靠背的间隙往底座内掉落杂物，设有座椅罩（见图 4-2-4）。

知识目标

掌握复兴号动车组列车内设备与设施构成。

相关知识

复兴号中国标准动车组列车研制之前,各种型号的高速动车组列车技术指标、座席分布各不相同。当某款动车组临时更改车型,或者在运行过程中发生故障,启用热备动车组接续后续交路时,往往出现席位不匹配的情况,旅客不得不临时调整车厢号和席位号,这给高速铁路客运组织带来了比较大的影响。使用复兴号中国标准动车组后,席位统一,更换车型时组织旅客调整席位的概率大大降低。

一、CR400AF 型动车组

（一）基础设备

CR400AF 型动车组全列 8 辆编组,4 动 4 拖,车辆类型包括一等/商务座车、二等/商务座车、二等座车(1 辆设有残疾人设施、1 辆为餐座合造车)。8 辆编组全列定员共 576 席(其中商务座席 10 席、一等座席 28 席、二等座席 538 席)。CR400AF 型动车组列车设备设施如图 4-2-1 所示,各车厢定员配置如表 4-2-1 所示。

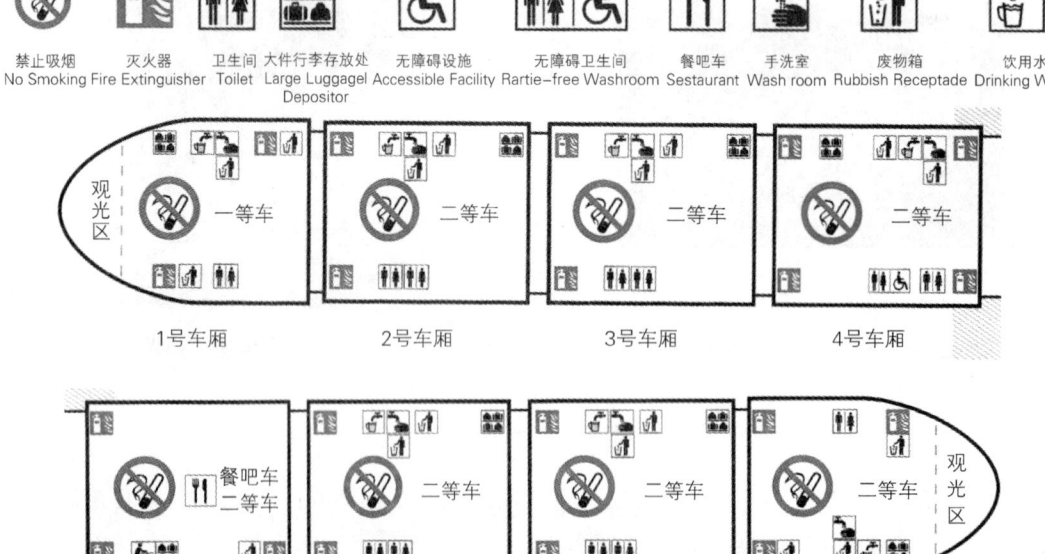

图 4-2-1　CR400AF 型动车组列车设备设施示意图

图 4-2-4　一等车座椅

（2）客室主要设施。

客室主要设施包括一等二人座椅、行李架；侧窗窗台设有放置饮料瓶的台面；侧墙设有衣帽钩、广播系统用扬声器、烟感、温度传感器等设施；车厢内两端内端墙设置信息显示器、车号显示器、禁烟标记、厕所有无人显示灯、紧急警报开关及内端门用光电传感器；车顶设 LED 照明灯带，应急灯安装在 2，3 位角及客室中部。

3. 二等座客室

（1）二等车座椅。

2~8 号车客室为二等客室，4 号车为带残疾人区域的二等客室。二等车客室设 "2+3" 软座座椅。座椅间距设为 1 020 mm。座椅均采用可旋转 180° 的结构，乘客总是可以面对车辆行进方向乘坐。座椅靠背可由个人手动控制 0°~24.5° 任意角度轻松调节和锁定，而且保证靠背的倾斜不会干扰到后面的活动空间。座椅靠背带倾斜装置。座椅面料为绒头毛线颜色。为了防止从坐垫和靠背的间隙往底座内掉落杂物，设有座椅罩（见图 4-2-5）。

图 4-2-5　二等车座椅

（2）客室主要设施。

客室主要设施包括二等二人座椅、二等三人座椅、行李架；各座椅都设有供乘客使用的小桌，且侧窗窗台设有放置饮料瓶的台面；侧墙设有衣帽钩、广播系统用扬声器、烟感、温度传感器等设施；车厢内两端内端墙设置信息显示器、车号显示器、禁烟标记、厕所有无人显示灯、紧急警报开关及内端门用光电传感器，端墙设置了小茶桌；车顶设 LED 照明灯带，应急灯安装在 2，3 位角及客室中部。

4. 二等座车/餐车合造车

CR400AF 型动车组餐车在 5 号车厢内，设有雅致的吧台，有多种食物、饮品等，供旅客选择，餐车不另设座位（见图 4-2-6）。

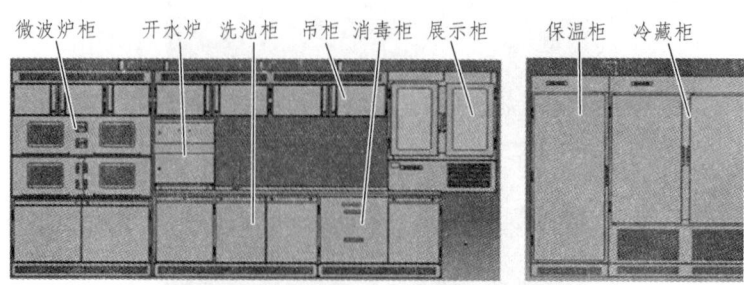

图 4-2-6　CR400AF 餐车示意图

CR400AF 型动车组餐车按要求设置功能及设备：采用冷热链为主，常温链补充的供餐模式，配置成熟产品的厨房设备。餐饮区域按供应快餐设置，满足用餐高峰 1.5 小时内 50% 定员用餐的需求。厨房内主要设置设备如表 4-2-2 所示。

表 4-2-2　CR400AF 型动车组餐车厨房内主要设置设备

序号	设备	配置数量	备　注
1	微波炉	4	松下-NE1756 商用微波炉，功率 2.78 kW
2	冷藏箱	1	容积：740 L；功率 0.86 kW；可放置 4 个（550 mm×400 mm×450 mm）储物箱
3	冷藏展示柜	1	容积：150 L；功率不大于 1 kW
4	保温箱	1	容积：大于 350 L；功率 1.8 kW；可放置 550 mm×400 mm×450 mm 储物箱
5	电开水炉	1	功率 4.5 kW，每小时产水量不小于 40 L
6	消毒柜	1	有效容积 100 L（595 mm×500 mm×638 mm），功率 1.2 kW
7	手推车	2	尺寸 300 mm×970 mm×630 mm
8	洗池	单洗	
9	备用插座	3	咖啡机用插座功率不大于 1.4 kW；收银机用功率不大于 0.5 kW；备用插座功率 0.5 kW

5. 乘务员室

乘务员室内设置办公桌和旋转座椅，办公桌设置有 4 个抽屉，最下层抽屉用于存放急救箱（见图 4-2-7）；办公桌下空处用于存放保险柜，上部设有供乘务员操作的紧急制动拉闸、电气设备柜；控制柜内设乘客信息操作屏、娱乐信息操作屏等。

6. 机械师室

机械师室内设置办公桌和旋转座椅，联络电话等。办公桌设置有 4 个抽屉，上部设有供机械师操作的电气设备柜，包括视频监控显示屏、网络系统（见图 4-2-8）。

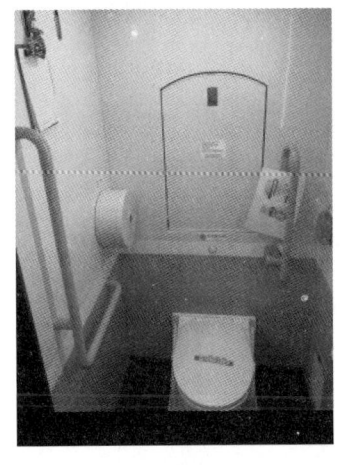
图 4-2-14　残疾人卫生间

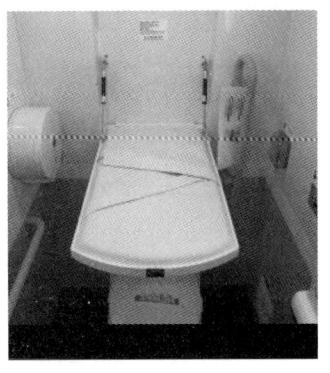
图 4-2-15　婴儿护理台

7. 电茶炉

电茶炉提供饮用热水。电茶炉由电源、加热、缺水指示灯、绿色出水按钮、红色解锁按钮、置杯格组成。使用时需按下红色解锁按钮 3 秒左右，待电茶炉解锁后按压绿色出水开关按至底部（起防烫伤作用）。缺水显示灯亮起时，表示水箱内缺水（见图 4-2-16）。

图 4-2-16　电茶炉

二、CR400BF 型动车组

CR400BF 型动车组时速 350 km，采取 8 辆编组，由 2 个"二动二拖"的牵引动力单元组成"4 动 4 拖"（4M4T）的结构。列车轮周牵引功率为 10 140 kW。

（一）编组及技术参数

CR400BF 型动车组由 TC01（一等 28+商务 5）、M02（二等 85）、TP03（二等 85）、MH04

（二等 75）、MB05（二等 63）、TP06（二等 85）、M07（二等 85）、TC08（二等 40+商务 5）组成。编组情况如图 4-1-1 所示。

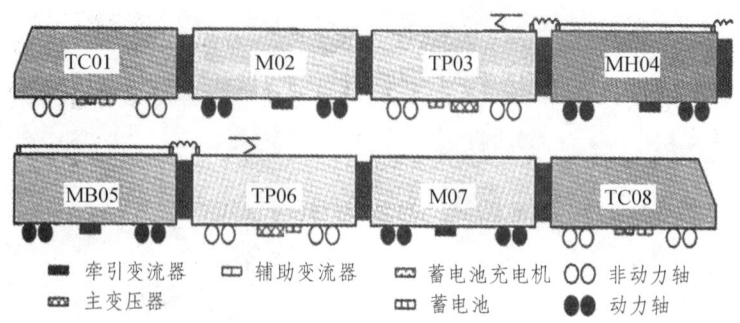

图 4-2-17　CR400BF 型动车组编组图

CR400BF 型动车组的技术参数如表 4-2-3 所示。

表 4-2-3　CR400BF 型动车组的技术参数

主要技术	参　　数	主要技术	参　　数
最高运行速度	350 km/h	地板面距轨面高度	1 260 mm
最高试验速度	385 km/h	受电弓落弓时高度	~4 500 mm
定员	556 人	轴重	≤170 kN
编组形式	4M4T	转向架中心距	17 800 mm
长度	~210 m	转向架轴距	2 500 mm
中间车体长度	25 000 mm	轮周牵引功率	10 140 kW
车辆间距	650 mm	0~200 km/h 平均加速度	≮0.4 m/s
车体宽度	3 360 mm	350 km/h 剩余加速度	≮0.05 m/s
车辆高度	4 050 mm		

（二）CR400BF 型动车组司机室设备设施

CR400BF 型动车组司机室为单人驾驶模式，司机操纵台设置在中央位置，是列车的主要操作设备。

司机室包括司机操纵台、司机台左/右柜、司机室脚踏、司机室和外部照明、司机室挡风玻璃、司机室墙顶板、司机室面板、司机室后墙、司机室遮阳帘、火警检测装置等设备。

1. 司机操纵台

司机操纵台主要包括仪表盘功能区和台面功能区。仪表盘功能区主要有各系统显示屏和仪表盘；台面功能区主要分为司控器、左操作区、左侧制动按钮区、中央操作区和右操作区。司机操纵台整体布置如图 4-2-18 所示。

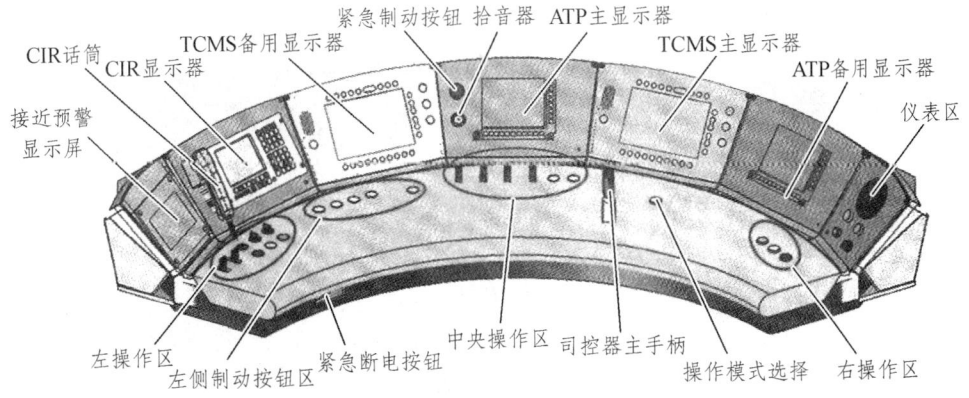

图 4-2-18　司机操纵台整体布置

左操作区和左侧制动按钮区布置如图 4-2-19 所示。

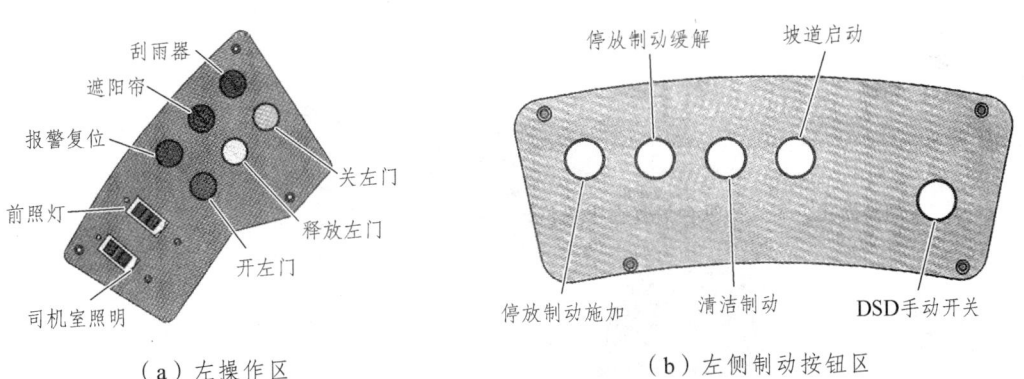

图 4-2-19　左操作区及左侧制动按钮区

中央操作区如图 4-2-20 所示。

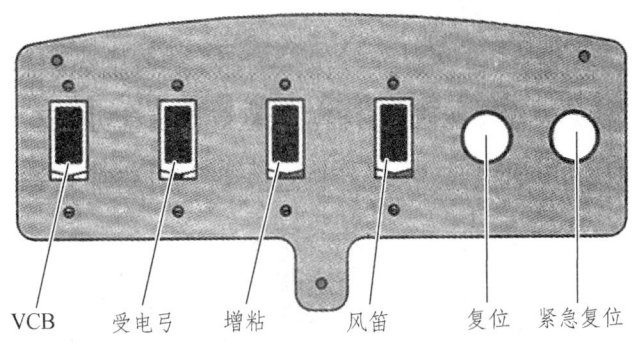

图 4-2-20　中央操作区

右操作区如图 4-2-21 所示。
仪表区如图 4-2-22 所示。

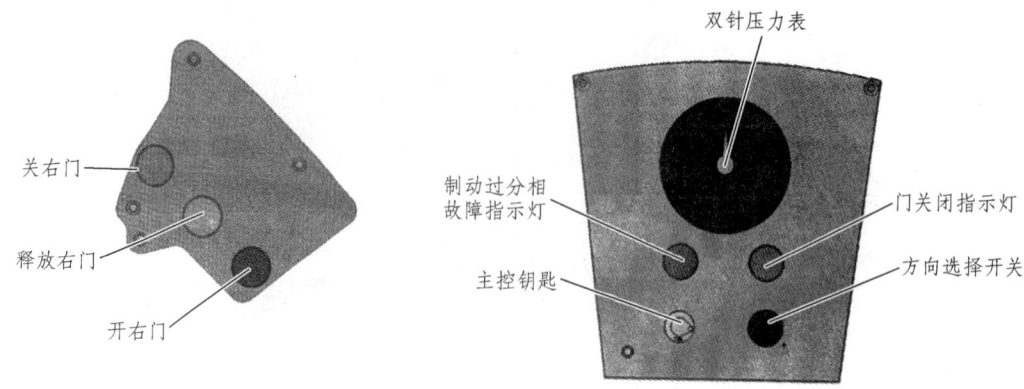

图 4-2-21 右操作区　　　　　图 4-2-22 仪表区

2. 司机台左柜

司机台左柜主要有数据下载端口、CIR 打印机、PIS 电话、辅助座椅和灭火器等，如图 4-2-23 所示。

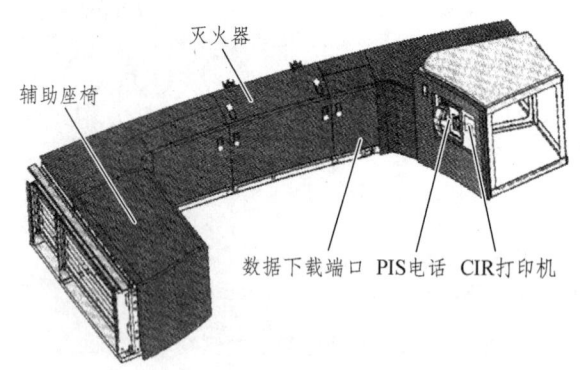

图 4-2-23 司机台左柜

3. 司机台右柜

司机台右柜主要有数据转储装置、220 V 插座、第二操作区和故障面板等，如图 4-2-24 和图 4-2-25 所示。

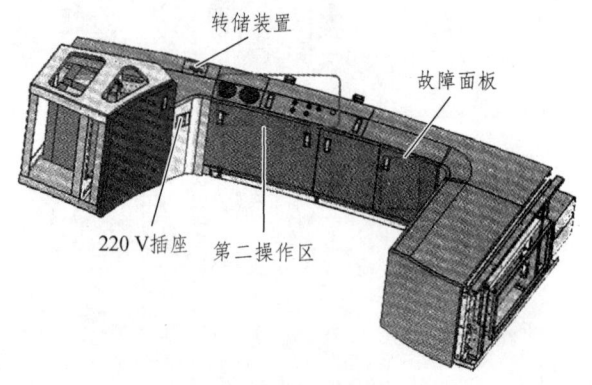

图 4-2-24 司机台右柜

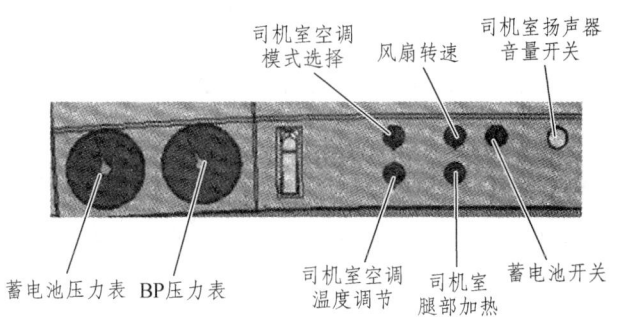

图 4-2-25　第二操作区

4．司机室脚踏

司机室脚踏包括司机 DSD 脚踏开关和风笛开关，如图 4-2-26 所示。

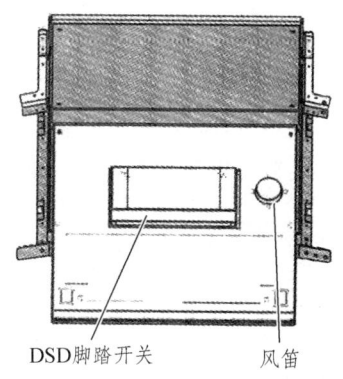

图 4-2-26　司机室脚踏

5．司机室和外部照明

司机室照明采用司机室顶板 6 组射灯；在司机室外车顶中部设前照灯 1 组；车头左右侧各设前照灯与标志灯组合 1 组和装饰灯 1 个。

6．司机室挡风玻璃

司机室挡风玻璃由多层玻璃和有机材料复合而成，外层玻璃进行化学钢化处理；为保证挡风玻璃受到冲击或出现破裂时具有足够的可见性，各层玻璃均不进行物理钢化处理，具有抗飞弹冲击、防飞溅、抗砾石、隔声、隔热等功能，内置电加热装置，防霜，防冻；最低环境温度下，满足动车组运行的瞭望要求，眩光不影响司机操作。

7．司机室墙顶板

司机室墙顶板符合车体流线型车头造型，主体材料采用 4 mm 玻璃钢制造，外露可见面喷涂亚光漆。

8．司机室面板

司机室面板结构紧凑，均布于司机台及左右柜上，采用硬质尼龙搭扣、销钉、压紧锁、快锁紧固件等结构，牢固可靠，能快速拆装。

9. 司机室后墙

司机室后墙主体采用雾化玻璃,门框采用铝型材镀铬,整体效果高档时尚,具有强烈的科技感。

10. 司机室遮阳帘

司机室遮阳帘置于司机室墙顶板内,外部仅露下部型材,遮阳帘由单一电机驱动,保证帘布运动的同步性,避免咬帘、卡滞等现象,帘布行程约 600 mm。

11. 火警检测装置

司机室顶板安装烟火报警探头,当检测到烟雾时,本车火灾报警主机向 CCU 发送火灾报警信号,同时司机室、机械师室网络显示屏发出声光报警。

(三)基础设施

CR400BF 型动车组全列 8 辆编组,分别为 1 辆商务一等合造车,6 辆二等座车(1 辆设有残疾人设施、1 辆为餐座合造车),全列定员共 576 席(其中商务座席 10 席、一等座席 28 席、二等座席 538 席)。CR400BF 型动车组列车设备设施如图 4-2-27 所示。

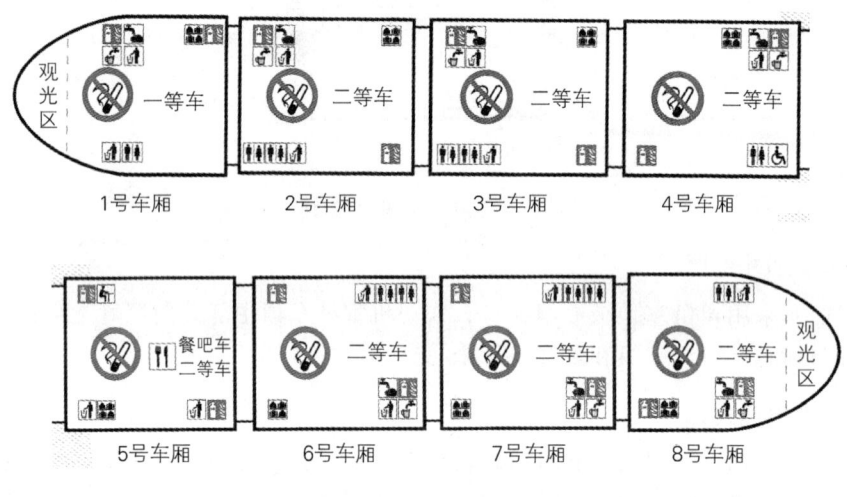

图 4-2-27 CR400BF 型动车组列车设备设施示意图

(四)车厢布置

1. 车门布置

全车共设 26 个侧门,其中头尾车和餐车设置 2 个侧门,其他中间车设置 4 个侧门,设置 18 个内端门和 14 个外端门,如图 4-2-28 所示。

2. 商务座车

列车商务座定员 10 人,车头、车尾各设 5 个座位。舱内宽敞明亮,色调温馨,航空头等舱级座椅,商务座可以 180° 平躺(见图 4-2-29)。

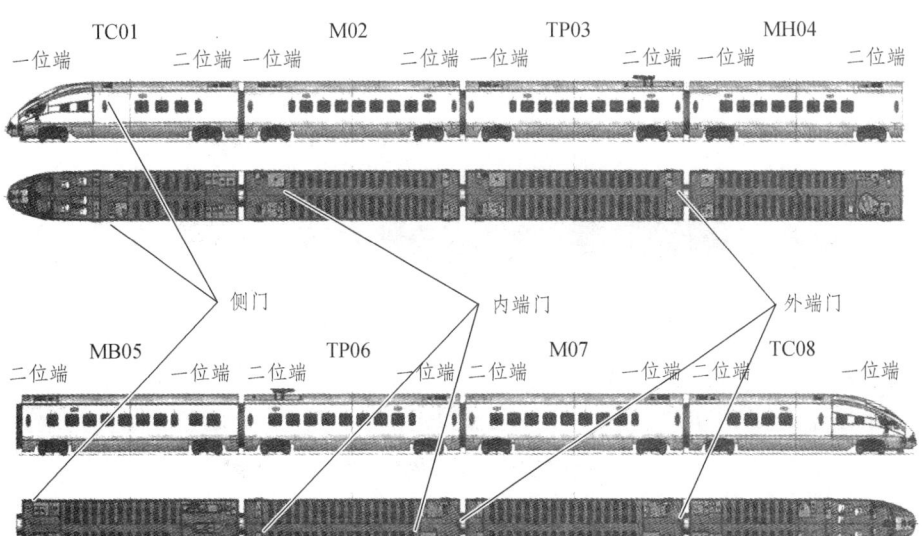

图 4-2-28 CR400BF 型动车组列车车门布置

图 4-2-29 商务座车

3. 一等座客室

一等座车位于 1 号车厢商务座区的后方。一等座采用"2+2"方式布置，一等座的插头位于扶手下（见图 4-2-30）。

图 4-2-30 一等座客室

4. 二等座客室

二等座为"2+3"布置,全列二等座定员538人(见图4-2-31)。二等坐的充电插座,位于坐垫下方。

图 4-2-31 二等座座椅

(五)服务设施

1. 给水卫生系统

给水卫生系统为旅客和乘务人员提供饮水、洗漱、卫生等服务功能,是动车组不可或缺的重要组成部分。

给水卫生系统主要包括净水箱、净水管路、卫生间模块、洗面间模块、集便系统、排污管路、污物箱、电开水炉、排水管路等。

全列设置6个容量400 L的净水箱、2个300 L的净水箱;设置5个蹲式卫生间模、7个座式卫生间模块、7个洗面间模块、1个拖布池、5容量600 L的污物箱、3容量400 L的污物箱;采用真空集便系统;排污管路缠伴热线并包裹防寒材;全列设置了7个电开水炉。动车组给水卫生系统如图4-2-32所示。

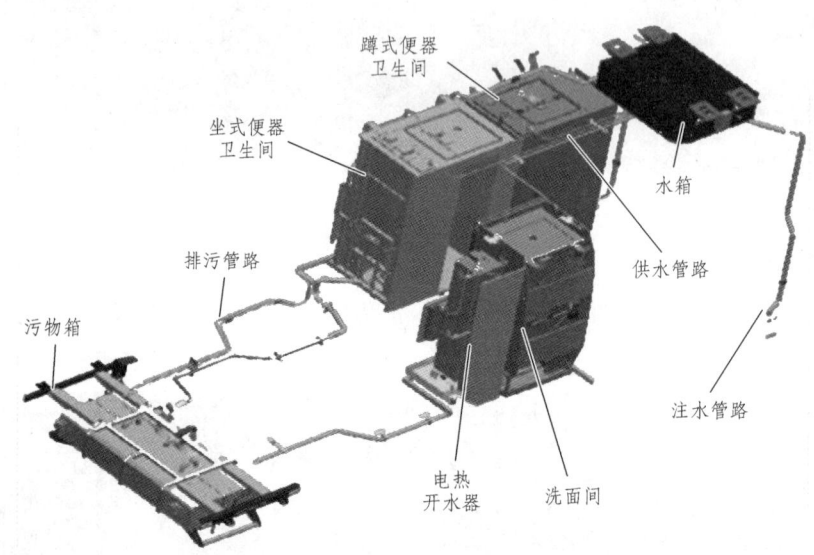

图 4-2-32 给水卫生系统

普通卫生间采用手动拉门,拉门滑道结构。门内部采用手动锁闭,外部使用统形四角RIC钥匙锁闭。

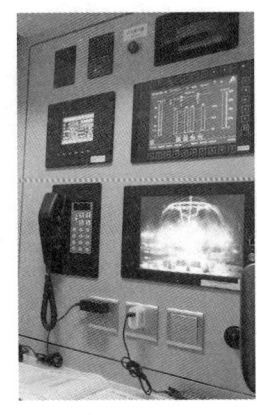

图 4-2-7 急救箱　　　　图 4-2-8 机械师室

(三) 服务设施

1. 照明系统

CR400AF 列车设有多种照明控制模式，可根据旅客需求提供不同的光线环境。车厢灯光会根据户外情况自动调节。走廊顶部的灯光，亮度高低、光线冷暖，均可自由调节。商务座的座位旁多了一个筒灯调节开关，旅客可根据自己的需求调节灯光亮度、色温。

1 车顶灯为环形顶灯（见图 4-2-9），3 车、5 车为圆形顶灯，行李架将 LED 灯融合到行李架设计中，使旅客在旅途过程中感受到灯效带来的不一样的舒适与温暖。

图 4-2-9 环形顶灯

2. 摄像监控设备设施

全列共 32 个监控摄像头，每节车的车门通过台设 1 台全景网络摄像机，客室内部设置 2 台半球网络摄像机，分别位于客室端部或距端部 1/3 处。1 车、8 车观光区各有 1 个摄像头，餐车有 1 个摄像头。摄像监控设备将实时画面传输至机械师室监控屏。

3. 行李架及大件行李存放处

行李架的宽度为 445 mm，高度为 1 700 mm。行李架部件主要由前后型材、托架、隔板、回风口型材以及下挡板组成，下挡板内部集成座位显示灯、扬声器、烟雾感应器、紧急控制按钮等功能电器（见图 4-2-10）。

每个车辆端部均设置大件行李存放处，大件行李存放处为开敞式结构，分为上下两层，中部设置了铝框架隔板，用于放置大件行李（见图 4-2-11）。

图 4-2-10　行李架　　　　　　　图 4-2-11　大件行李存放处

4. 席位指示灯

席位指示灯安装在行李架座位号 PC 板背面，为座位号提供背光源，座位号码牌采用电子屏。席位指示灯可在列车开出后接收来自中国铁路客票发售和预订系统（TRS）传来的席位占用信息。红灯表示该席位已经售出，黄灯表示该席位下一站售出，绿灯表示席位空闲。这样的设计大大方便了列车乘务员查验车票（见图 4-2-12）。

5. 残障人士专用区域

（1）轮椅用固定带。

4 车厢大件行李存放处专门设置了残障人士专用区，设置了轮椅用固定带，提升了残障人士乘车旅行安全系数（见图 4-2-13）。

 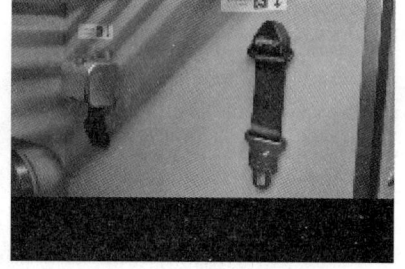

图 4-2-12　席位指示灯　　　　　　图 4-2-13　轮椅用固定带

（2）残疾人卫生间。

残疾人卫生间位于 4 车厢 2 位端（见图 4-2-14），其内设置了婴儿护理台、SOS 按钮等设备设施。婴儿护理台为嵌入式可折叠婴儿护理台（见图 4-2-15）。SOS 按钮为按压式结构，用于紧急情况下乘客报警。按下按钮时，会触发厕所门外侧顶部蜂鸣器鸣响，同时将报警信息传送到司机室和机械师室的 TCMS 显示器上，司乘人员针对实际情况采取相应措施。

6. 垃圾箱

全列共设置 28 个垃圾箱，其中大垃圾箱 8 个，洗面盆下 7 个，卫生间垃圾箱 12 个，餐车后厨设置 1 个。单个垃圾箱容积不小于 40 L，分别放置于每车端部以及首尾车的服务台下方，垃圾箱室内配置臭氧产生器，利用臭氧的强氧化作用对垃圾进行消毒及消除异味。

3. 车厢视频监控系统

车厢视频监控系统的主要硬件包括网络摄像机、车厢视频监控服务器、连接电缆。主要功能包括对车厢内公共区域监视、对采集的视频信息进行实时存储、具有使用外接授权终端设备进行单车厢预览、查询、回放及下载的功能。

CR400BF 型动车组列车服务设施如表 4-2-5 所示。

表 4-2-5　CR400BF 型动车组列车服务设施列表

序号	设施	1 车	2 车	3 车	4 车	5 车	6 车	7 车	8 车
1	座椅	28+5	85	85	75	63	85	85	40+5
2	卫生间	座	蹲、座	蹲、座	残座、蹲		蹲、座	蹲、座	座
3	洗面间	1	1	1	1		1	1	1
4	开水炉	1	1	1	1	1	1	1	1
5	商务车服务台	1							1
6	备品柜	3		1	1		6		3
7	乘务员专座	1			1	1			1
8	储藏柜	2			1				2
9	垃圾小车存放			1			1		
10	垃圾箱	2	2	2	2	2	2	2	2
11	洁具箱		1		1			1	
12	大件行李柜	2	1	1	1	1	1	1	2

 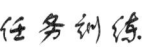

表 4-2-6　任务训练

实训项目	复兴号动车组列车内设备与设施使用训练
实训目标	1. 使学生结合实际，加深对复兴号动车组列车内设备与设施的认识与理解。 2. 培养学生复兴号动车组列车内设备与设施使用学习的兴趣
实训内容及组织	由教师组织，学生自愿组成小组，每组 6～8 人，选择以下题目进行复兴号动车组列车内设备与设施使用训练。 1. 复兴号动车组列车基础设备认知。 2. 复兴号动车组列车车厢设备使用。 3. 复兴号动车组列车服务设施使用
实训考核	1. 每组提交一份实训报告。 2. 各组进行汇报。 3. 教师根据各组的实训报告与课堂汇报进行评估

2. 旅客信息系统

旅客信息系统由旅客信息显示、列车内部通信和广播通告、旅客音视频娱乐系统、车载无线系统、座位信息显示几部分组成。设置千兆以太网总线和 UIC568 音频总线，实现旅客信息系统、娱乐系统、视频监控系统集成设计。实现功能包括公共广播、公共视频、内部通信、信息显示、音频服务、监控乘客区域、监控弓网状态、画面智能分析。

旅客信息系统主要设备明细及布置如表 4-2-4 所示。

表 4-2-4　旅客信息系统主要设备明细及布置

序号	名　称	车型								合计	安装位置
		1	2	3	4	5	6	7	8		
1	旅客信息系统控制器					1				1	PIS 柜
2	车厢控制器	1	1	1	1	1	1	1	1	8	PIS 柜
3	旅客信息系统操作屏					1				1	乘务员室
4	Ⅰ型车内联络电话	1				2			1	4	司机台、乘务室、机械师室
5	Ⅱ型车内联络电话		1	1	1		1	1		5	车厢内
6	乘客紧急对讲单元（主控器）	3	2	2	2	2	2	2	3	18	客室行李架侧墙处
7	乘客紧急报对讲单元（对讲面板）	3	2	2	2	2	2	2	3	18	客室乘客紧急制动手柄处
8	内部Ⅰ型扬声器	4	14	14	12	10	14	14	6	88	车厢内
9	内部Ⅱ型扬声器	10	7	7	7	9	7	7	10	64	车厢内
10	车外信息显示器	2	4	4	4	2	4	4	2	26	车厢两侧车门附近
11	车内信息显示器	3	2	2	2	2	2	2	3	18	车厢内端部两端圆头内
12	GSM/GPS 天线	0	0	0	0	1	0	0	0	1	车顶
13	FM 天线	0	0	0	0	1	0	0	0	1	车顶
14	娱乐系统控制器	0	0	0	0	1	0	0	0	1	PIS 柜
15	娱乐系统操作屏	0	0	0	0	1	0	0	0	1	乘务员室
16	音频分配单元	1	0	0	0	0	0	0	0	1	PIS 柜
17	间壁电视	6	4	4	3	3	4	4	6	34	车厢前后间壁
18	吊顶电视	1	2	2	2	1	2	2	1	13	车厢内天花板下
19	左座椅数字音频娱乐单元（AEU MMI LEFT）	14	0	0	0	0	0	0	0	14	一等座椅扶手区域
20	右座椅数字音频娱乐单元（AEU MMI RIGHT）	14	0	0	0	0	0	0	0	14	一等座椅扶手区域
21	VEU 显示器	5	0	0	0	0	0	0	5	10	VIP 座椅扶手区域
22	VEU 控制盒	5	0	0	0	0	0	0	5	10	VIP 座椅
23	VEU 接线盒	4	0	0	0	0	0	0	4	8	VIP 座椅
24	服务呼叫显示器	1	0	0	0	0	0	0	1	2	VIP 观光区
25	无线网络控制器	0	0	0	0	1	0	0	0	1	PIS 柜
26	车载无线服务器	0	0	0	0	1	0	0	0	1	PIS 柜
27	座位信息显示器	14	34	34	30	25	34	34	16	221	行李架过道边缘

任务三 复兴号智能动车组设备与设施

  思政素质目标

爱党、爱社会主义、爱祖国、爱人民、爱集体；具有精益求精的工匠精神，尊重劳动、热爱劳动；严格遵守规章制度和劳动纪律。

  能力目标

能正确使用复兴号智能动车组设备与设施。

  知识目标

掌握复兴号智能动车组设备与设施的特点。

  相关知识

复兴号中国标准动车组列车是为了适应中国高速铁路运营环境和条件，满足复杂多样、长距离、长时间、连续高速运行等需求，打造适合中国国情、路情（持续高速运行、长距离、开行密度较高、载客量较大、高寒、多雪、高原风沙、沿海湿热、雾霾、柳絮等条件）的高速动车组。

智能复兴号动车组型号为CR400BF-C；最高运营速度：350 km/h；编组形式：4动+4拖；列车总长：211.3 m；车体材质：铝合金。复兴号智能动车组的牵引能力大为增强，可适应30‰的坡道行车和停放，同时具备 –40 ℃高寒环境下的运行要求。

一、复兴号智能动车组关键技术

复兴号智能动车组与北斗导航系统相连，具备车站自动发车、区间自动运行、运行时间依计划自动调整、到达车站自动精确停车、车门自动控制等功能。

（一）智能化

利用智能传感技术、物联网、天线雷达、AI识别技术、二维码等多维度现代电子监测感知手段，进一步加深对动车组自身状态、环境状态、运行数据等不同层次、维度的状态监测，增加了列车自感知的广度和精度。通过对大数据的融合集成、存储管理、挖掘处理，同时利用智能化技术的定制化、集成化、流程化、一体化（四化），进一步优化控制策略，实现动车组自动驾驶、故障导向安全、突发及灾害应对、车辆运营秩序调度等业务过程中自诊断、自决策的可控性与可管理性。利用工业以太网、车地数据传输、图像识别、语音识别、信息显示、大数据、移动应用、身份验证、智能环境调节、多元化信息服务、在线支付等技术，实现动车组运行过程的可观测、可表达和可理解，提高系统的自适应性。利用多网融合、导航及定位、高速大容量数据传输等技术，实现车-车、车-地及车与其他交通方式的互联互通，实现自动及协同运行。

1. 智能行车

智能行车主要体现在复兴号智能动车组可实现自动启动、运行、停车、开门和站台屏蔽门自动联动，同时列车司机可以在司机室内监控自动驾驶系统的正常运行，一旦有故障发生就可以立即进行人工介入，从而确保整个列车的运行安全。

智能行车实现时速 350km 的有人值守自动驾驶，采用 CTCS-3+ATO 技术，将停车精度控制在 0.5 m 以内，自动速度控制功能精度在 2 km/h 以内，从而减轻司机 40% 的压力，大幅提高运行效率。列车通过车载传感器、雷达、天线等设备对环境信息（地理位置、线路信息等）和车辆状态进行采集与处理，并与动车组技术融合，同时在满足安全性、稳定性和舒适性的目的下进行算法预设，结合线路限速要求等进行决策判断，实现车站自动发车、区间自动运行、车站自动停车、车门自动打开、车门/站台门联动控制。

自动驾驶接口的关系如图 4-3-1 所示。

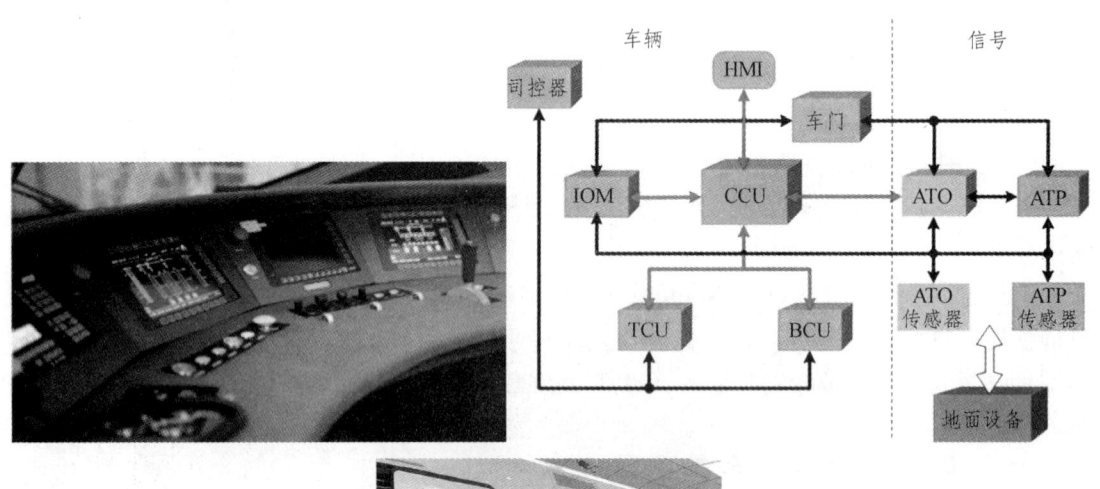

图 4-3-1 自动驾驶接口的关系

2. 智能服务

在智能服务方面，主要从 3 个方面进行智能化提升。

（1）智能环境调节。

利用智能环境感知调节技术，从温度调节、灯光智能调节、人机工程学、车内噪声控制、压力波调节、变色车窗、资源配置优化等方面实现旅客视觉、听觉、嗅觉、触觉等方面感官舒适度的提升。

压力波控制原理如图 4-3-2 所示。

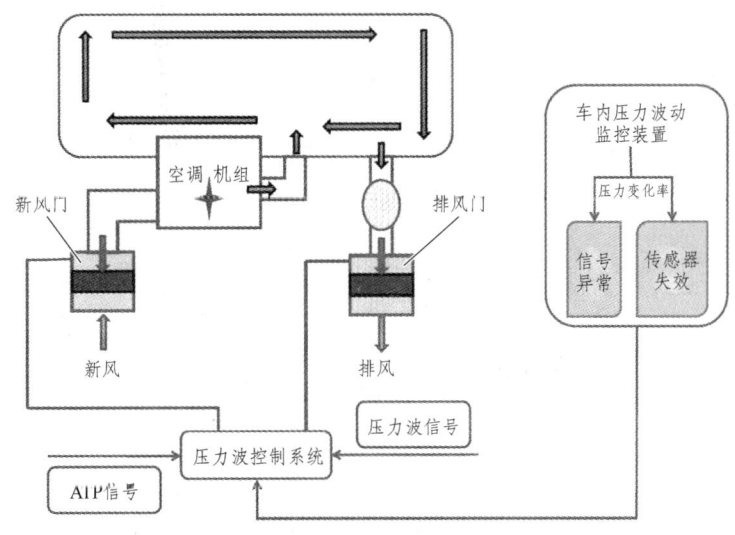

图 4-3-2　压力波控制原理

（2）智能信息推送。

智能动车组实现电视分屏显示，实现电子地图和旅游信息、行车信息（到站、离站、途中）直观推送；LCD 外显，座位号提示；车-地视频、语音信息回传等业务，提高信息服务的精准度及效率。

电视分屏显示如图 4-3-3 所示，LCD 外显如图 4-3-4 所示。

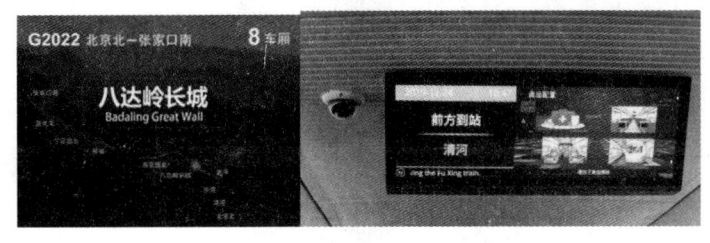 

图 4-3-3　电视分屏显示　　　　　　　　图 4-3-4　LCD 外显

（3）智能便民服务。

通过智能点餐、Wi-Fi 增值业务服务，为用户拓展无限乘车体验空间。

3. 智能运维

在智能运维方面，整车传感器数量增加 10%，监控点多达 2 718 个。综合自感知数据，结合动车组主机企业、运用部门、零部件供应商之间实现研发数据、试验数据、运维数据、检修数据、履历数据交互与共享。利用大数据技术、监测及分析技术、大容量车-地传输技术等为用户提供关键零部件的健康评估、故障状态预警预测、关键故障精确定位、检修建议策略高效推送、备品备件库存智能建议及更换提醒、列车健康状态及全面监控，提高车辆安全性和检修效率、降低维修成本，满足动车组全生命周期管理需求，实现列车服役性能由阈值管理向状态管理的提升。

车载 PHM 系统如图 4-3-5 所示。

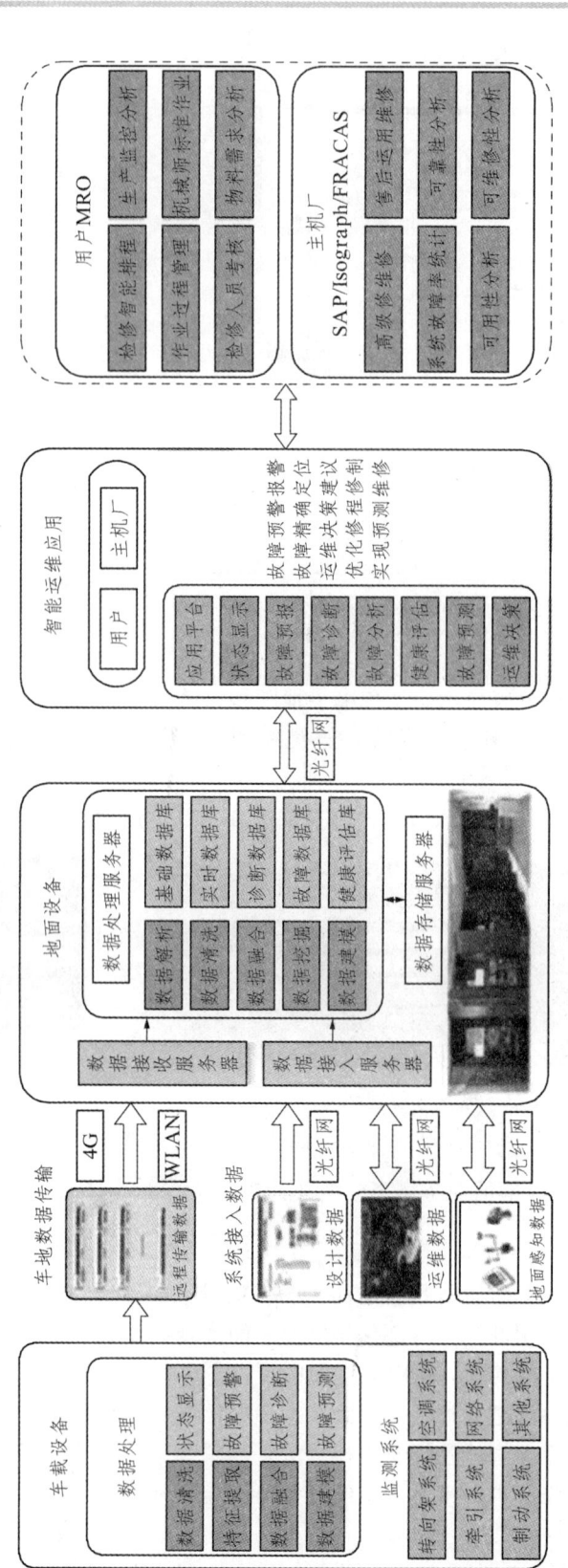

图 4-3-5 车载 PHM 系统

（二）安全可靠

在走行部增加 160 个振动、温度复合传感器，实现轴承、齿轮箱、牵引电机等零部件失效模式的精确判断，保证行车安全；车内采用视频组网设计，实时准确掌握车厢内旅客动态、环境状态，全面提高车内反恐、防暴能力。同时实现火灾与视频联动，进一步确保旅客行车安全。实现多监测系统集成，综合处理诊断、统一存储、显示、发送，完成由单部件、单车级安全监测到多系统、整车级、交互监测的提升。动车、拖车转向架新增传感器。

动车转向架如图 4-3-6 所示，拖车转向架如图 4-3-7 所示。

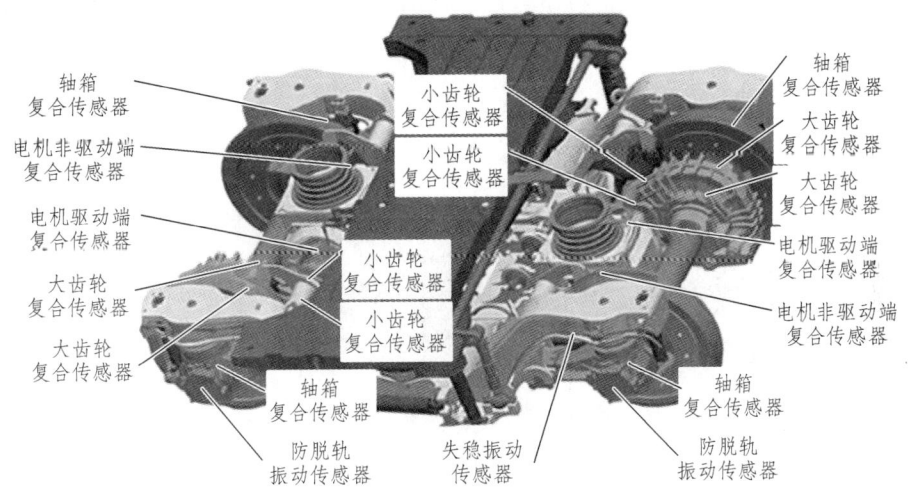

图 4-3-6　动车转向架

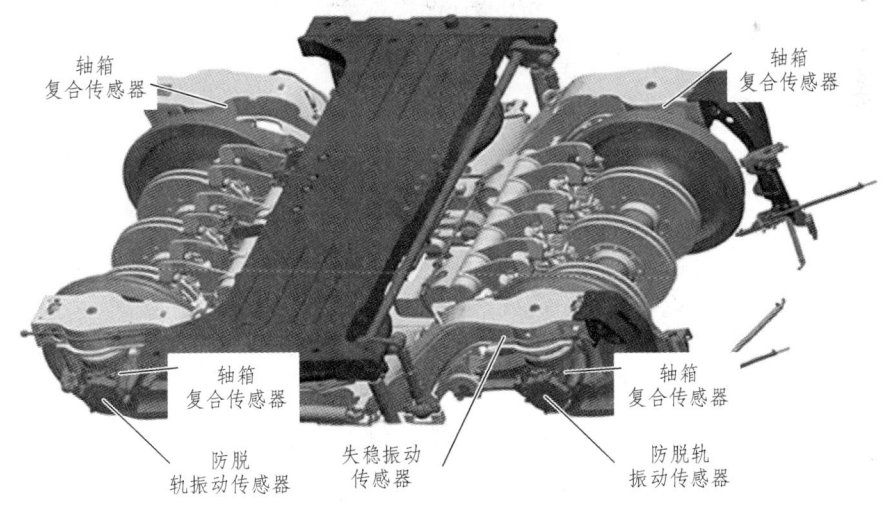

图 4-3-7　拖车转向架

（三）节能环保

通过低阻力流线型车头设计及空气动力学优化减小气动阻力，能耗相应降低 5%；通过轻量化设计，能耗相应降低 2%，整车综合节能约 7%；化工品、零部件选用环保材料，内装材料可回收率达 75%，其中可降解材料占比 50% 以上；通过优化结构、提升密封性能，车内外噪声总体指标降低 1~2 dB；采用灰水再利用技术，节约净水消耗，节水率超过 10%，减少污染排放。以京沪高铁为例，每年可节约用水 80 000L。

（四）运用适应性

采用经长期验证的 CRH380BG 型动车组成熟的高寒技术，适应 -40 ℃ 高寒运用环境；牵引、制动系统性能提升，适应 30‰ 坡道起动和安全停放，满足山区环境运用需求；新增动力电池系统，在高压发生供电故障时，以 30 km/h 速度能够走行 20 km，具备在京张高铁任何 1 个区间发生供电故障时应急走行至就近车站的能力。

二、车厢布置

复兴号智能动车组如图 4-3-8 所示。

图 4-3-8　复兴号智能动车组

1. 商务座席

1 号和 8 号车厢商务座配备了无线充电装置，支持无线充电功能的手机放上去可以立即进行充电，此外座椅还有加热和按摩等功能。座椅可进行 90°~180° 调整、360° 旋转，旅客可以利用座椅内侧的调节按钮自行调整；座椅扶手后方设有阅读灯；座椅扶手下设有小桌板。商务座席如图 4-3-9 所示。

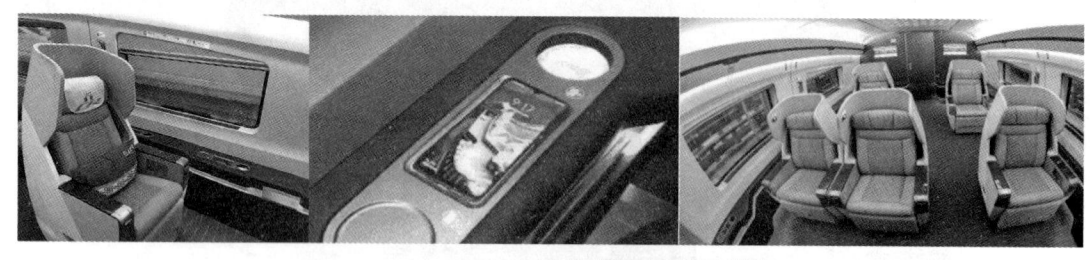

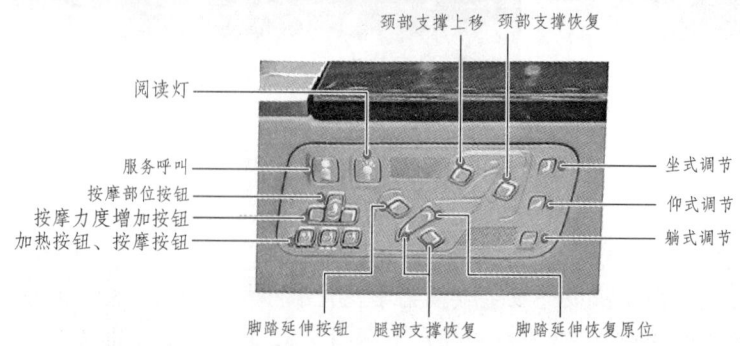

图 4-3-9　商务座席

2. 一等座席

1号车厢一等座头靠增加了包裹感，私密性更强，头枕可折叠，腰靠更加舒适。座椅设有靠背调节按钮，旅客可以利用座椅扶手内侧的调节按钮调整角度；前排座椅后方设有脚踏板；扶手上设有充电口，供电子设备充电。一等座席如图4-3-10所示。

图 4-3-10　一等座席

3. 二等座席

2至4、6至8号车厢为二等座席，座椅设有靠背调节按钮，旅客可以利用扶手上的调节按钮调整靠背角度；座椅下方的充电口设有两孔、三孔插座和USB接口；小桌板上印有"中国铁路"微信公众号、铁路12306 APP等二维码，方便旅客关注和下载。无障碍卫生间位于4号车厢，设有扶手、紧急呼叫按钮、婴儿护理台等设施。二等座席车厢如图4-3-11所示。

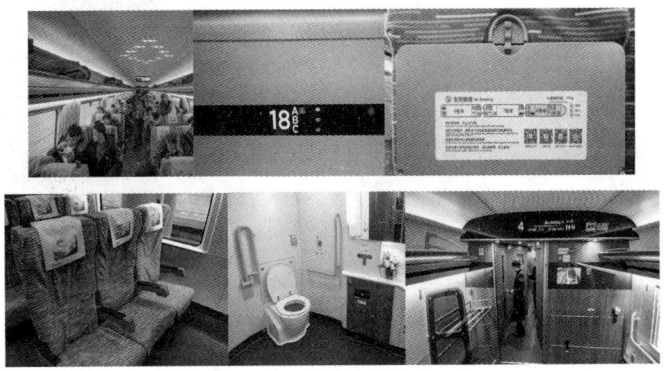

图 4-3-11　二等座席车厢

4. 多功能座席

5号车厢座椅采用滑道式安装，可快速拆装。工作台可进行推拉以增加使用面积，最大拉伸长度为80 cm，下方配有大功率多功能插座，方便各种电子设备快速充电。多功能座席如图4-3-12所示。

图 4-3-12　多功能座席

5. 吧　台

吧台采用开放式设计，车厢视觉通透，没有遮挡，餐台的顶端灯光还可以呈现五环图案。吧台如图 4-3-13 所示。

图 4-3-13　吧台

三、智能环境感知调节

复兴号智能动车组的车内灯光有智能调节功能：车内卫生间增加了自动感应功能，无人时自动关闭灯光；商务区可以实现通过光线感知，从而自动调节灯光的亮度。智能动车组的商务座调节面板如图 4-3-14 所示。

进入隧道，灯光会自动调亮，减少视觉冲击。观光音量、观光风量、观光照明、内温、外温等各项指标都会在车厢内的控制面板上显示。复兴号智能动车组的智能环境感知调节技术实现温度、灯光、车窗颜色等自动调节，使旅客的乘坐体验更加舒适。

每节车厢配备了大尺寸头顶显示屏，显示屏可以分屏显示多种内容，节目播放与行车提示信息互不干扰。

图 4-3-14　智能动车组的商务座调节面板

任务训练

表 4-3-1　任务训练

实训项目	复兴号智能动车组设备与设施使用训练
实训目标	1. 使学生结合实际，加深对复兴号智能动车组设备与设施的认识与理解。 2. 培养学生复兴号智能动车组设备与设施学习的兴趣
实训内容及组织	由教师组织，学生自愿组成小组，每组 6~8 人，选择以下题目进行复兴号智能动车组设备与设施使用训练。 1. 复兴号智能动车组智能化认知。 2. 复兴号智能动车组车厢设备与设施使用。 3. 复兴号智能动车组智能服务设备与设施使用
实训考核	1. 每组提交一份实训报告。 2. 各组进行汇报。 3. 教师根据各组的实训报告与课堂汇报进行评估

任务四　复兴号动车组列车应急安全设备与设施

　思政素质目标

爱党、爱社会主义、爱祖国、爱人民、爱集体；具有精益求精的工匠精神，尊重劳动、热爱劳动；严格遵守规章制度和劳动纪律。

　能力目标

能正确使用复兴号动车组列车应急安全设备与设施。

　知识目标

掌握复兴号动车组列车应急安全设备与设施的作用及使用方法。

　相关知识

复兴号动车组列车设置应急车窗、灭火器、紧急制动手柄、紧急解锁装置、逃生梯等应急安全设施。

一、复兴号动车组列车应急安全设施布置

1号和8号车应急安全设施布置如图4-4-1所示，2、3、6、7号车应急安全设施布置如图4-4-2所示，4号车应急安全设施布置如图4-4-3所示，5号车应急安全设施布置如图4-4-4所示。

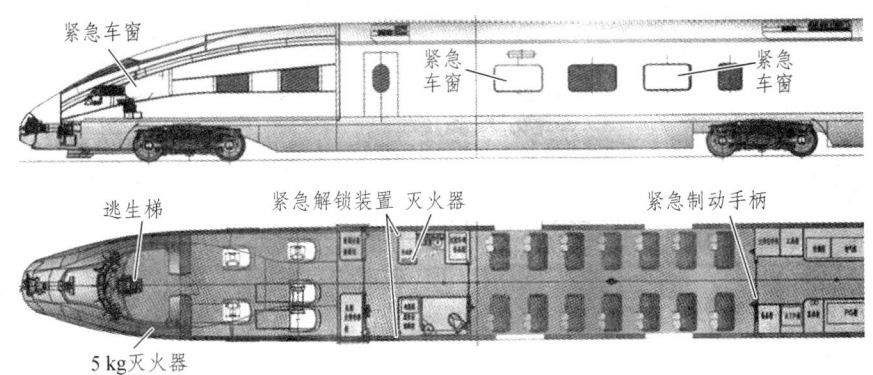

图4-4-1　1号和8号车应急安全设备设施

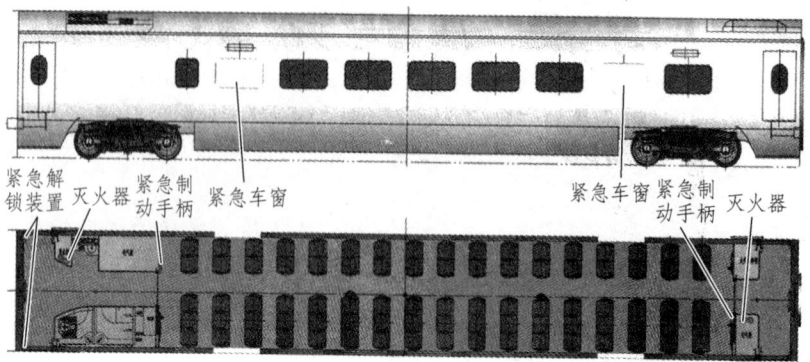

图 4-4-2　2、3、6、7 号车应急安全设备设施

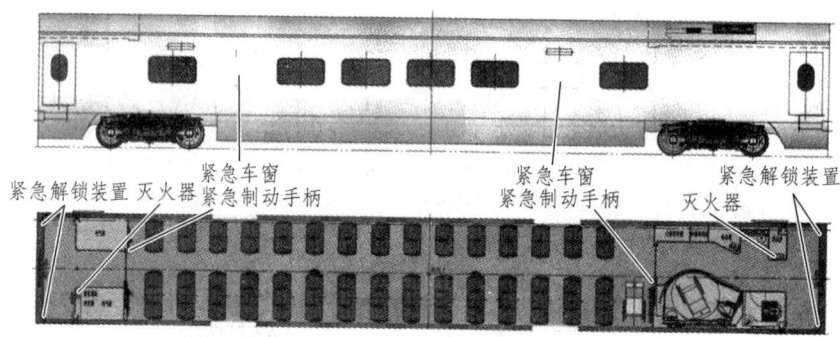

图 4-4-3　4 号车应急安全设备设施

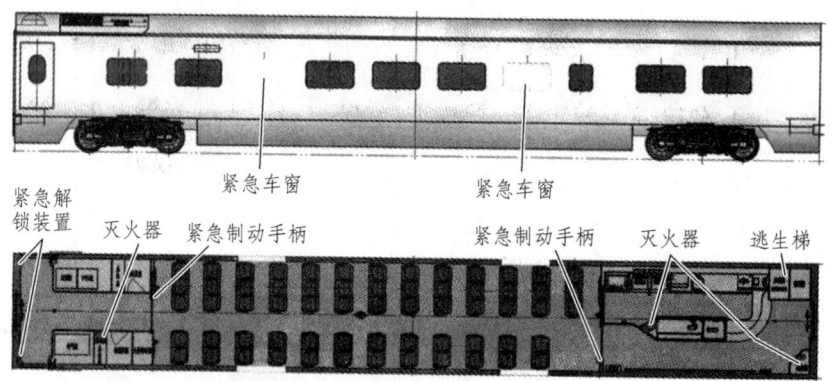

图 4-4-4　5 号车应急安全设备设施

二、灭火器

灭火器是指在内部压力下，将充装的灭火剂喷出，以扑灭火灾的灭火器材。按照充装灭火剂不同，可分为：水基型灭火器、干粉型灭火器、二氧化碳型灭火器、洁净气体型灭火器；按照驱动灭火器压力形式可分为：储气瓶式灭火器和储压式灭火器；按照灭火器移动方式可分为：手提式灭火器和推车式灭火器。

（一）配备位置和数量

在 1 号车（TC01）和 8 号车（TC08）司机室内放置一个 5 kg 的干粉灭火器；一位端和二位端走廊放置两个 2 kg 的灭火器，包括一个水性灭火器和一个干粉灭火器；其余各车在一位端和二位端走廊各放置两个 2 kg 灭火器，包括一个水性灭火器和一个干粉灭火器。

（二）适用范围和使用方法

1．干粉灭火器

充装的干粉灭火剂不同，适用场所也不同。碳酸氢钠和碳酸氢钾干粉灭火器适用于扑救易燃液体、可燃气体的初期火灾。磷酸铵盐干粉灭火器除可扑救上述物质的初期火灾外，还可扑救固体物质的初期火灾。干粉灭火器适用于扑救石油、石油产品、油器、有机溶剂和电气设备等火灾。

使用干粉灭火器时，取下灭火器，拔掉保险销，将喷嘴对准火源根部（带软管的灭火器，要紧握软管喷嘴）压下压把，快速推进，直至将火扑灭。

常见储压式手提灭火器（干粉、水基、二氧化碳）的构造如图 4-4-5 所示。

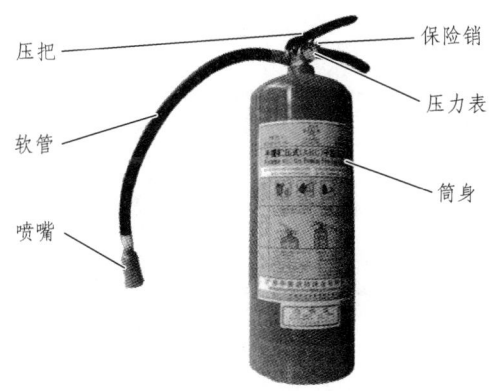

图 4-4-5　常见储压式手提灭火器的构造

2．手提式水雾灭火器

手提式水雾灭火器可扑灭 A 类（可燃固体）、B 类（可燃液体）、C 类（可燃气体）及一般电器火灾，有效期为 3 年。该灭火器具有抗 36 000 V 电压的特点，是现阶段比较适合铁路电气化区段的新型灭火器。

（三）注意事项

（1）扑灭电器火灾时，灭火距离不少于 1 m。

（2）灭火后处理现场时，必须切断电源。

（3）灭火时应顺风不宜逆风，要选择上风位置接近火点。

三、车内逃生设备

在1~8号车每个客室内四角各设1个紧急窗;餐车走廊设置1个紧急窗,每个司机室两侧各设置1个紧急窗;全列共计41个紧急窗。

(一)紧急逃生窗

紧急逃生窗分别在车厢的前后两边。窗户上部中间位置有一个大红点,在每扇紧急逃生窗的旁边配备了一把安全锤。如果车厢内发生了火灾,可以将安全锤的铅封拔下,取下安全锤,用力敲击紧急逃生窗红色圆圈提示位置。紧急逃生窗的玻璃有特殊涂料,可以避免玻璃被敲碎的时候四处溅射和尖角伤人,而且只会向车厢外侧方向倾倒碎裂。

(二)紧急破窗锤

全列紧急破窗锤共计41个。其中1车、8车各8个(司机室各2个),5车5个,其他2、3、4、6、7车厢各4个。在车内每个紧急窗旁边设有安全锤,并带有明显标识。紧急情况下,可用安全锤敲碎紧急窗的玻璃逃生。安全锤的使用分为三步:第一步,取下安全锤,用锤头敲击逃生玻璃红点至玻璃最外层;第二步,用力往外推玻璃;第三步,玻璃推落后从逃生窗有序逃脱。

紧急逃生窗和紧急破窗锤的位置如图4-4-6所示。

图4-4-6 紧急逃生窗和紧急破窗锤

四、紧急制动操作设施

为应对突发状况,在车辆内部设置了紧急制动操作设施,主要分为乘客紧急报警装置、乘务员室紧急制动拉闸、监控室(机械师室)紧急制动拉闸。

1. 乘客紧急报警装置

(1)乘客紧急报警装置由紧急制动拉闸手柄、话筒及扬声器3部分组成。

(2)乘客拉下紧急制动拉闸手柄,自动触发乘客紧急报警,对讲灯亮起时讲话,实现和司机的对讲通话。对讲由司机话筒端挂断复位或直接复位。当多个乘客紧急报警装置触发报警时,按照时间先后顺序排队等候,依次触发。

(3)拉下紧急制动拉闸手柄后,乘客紧急制动环路断开,触发全列车紧急制动。司机操纵台上设有乘客紧急制动报警复位按钮，司机可以操纵此按钮缓解紧急制动，使动车组继续行驶，以选择适当位置停车。乘客紧急报警装置如图 4-4-7 所示。

图 4-4-7　乘客紧急报警装置

2. 乘务员室紧急制动拉闸

在 5 号车乘务员室内设置紧急制动拉闸。紧急制动拉闸手柄被拉下后，乘客紧急制动环路断开，触发全列车紧急制动。

司机可以操纵司机台上的乘客紧急制动报警复位按钮缓解紧急制动，使动车组继续行驶，以选择适当位置停车。

当紧急制动拉闸手柄恢复后，乘客紧急制动环路重新建立，紧急制动指令取消。

乘务员室紧急制动拉闸如图 4-4-8 所示。

图 4-4-8　乘务员室紧急制动拉闸

3. 监控室（机械师室）紧急制动拉闸

在 5 号车监控室（机械师室）内设置紧急制动拉闸。

紧急制动拉闸手柄被拉下后，触发全列车紧急制动。紧急制动不能被司机旁路，只有在动车组停车后,通过复位紧急制动拉闸,主控司机室进行紧急制动复位操作后,才能缓解紧急制动。

监控室紧急制动拉闸如图 4-4-9 所示。

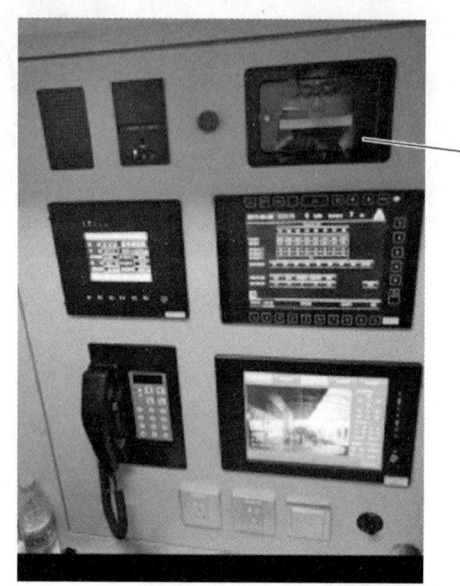

图 4-4-9 监控室紧急制动拉闸

五、应急设施的配置与使用

应急设备设施包括安全渡板 2 个(分别存放于 4、5 车厢车辆备品柜)、防护网 13 个(存放于 5 车厢车辆备品柜内,其中 12 个普通网,1 个宽网)、乘降梯 2 个(分别存放于 1、8 车厢车辆备品柜内)。

(一)侧门防护网

1. 侧门防护网的尺寸

侧门防护网(普通):外形尺寸 1 350 mm(高)× 640 mm(宽),网格尺寸 160 mm(高)× 190 mm(宽)。

侧门防护网(宽):外形尺寸 1 350 mm(高)× 740 mm(宽),网格尺寸 160 mm(高)× 190 mm(宽)。

2. 侧门防护网的安装与使用

安装侧门防护网时需保证编织网上的警示标识在车内看是正面(见图 4-4-10)。

使用时,从防护栏杆存放处取出防护栏杆,展开防护网,然后把防护栏杆立柱上两个卡箍上的拧紧螺栓用通用钥匙完全松开,把两个内盖板转动到与立柱平行,然后把卡子套在门口扶手杆上,立柱下端顶在地板面上,把可旋转的内盖板复原,使卡箍把门口扶手杆套住,然后用通用钥匙拧紧紧固螺栓。这样卡箍便可与扶手杆紧固在一起。采用同样的操作方法,把另一侧的立柱固定在扶手杆上,防护栏杆就安装完毕了。

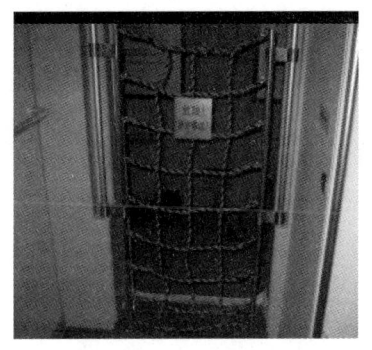

图 4-4-10　侧门防护网

用完需要拆卸时，先用通用钥匙松开立柱卡箍上的紧固螺栓，松开行程至少 5 mm，然后便可以转动内盖板，脱离门口扶手杆，这样立柱便可以从扶手杆上取下。取下两根扶手杆，把可旋转压板复位，拧紧紧固螺栓，防止旋转压板晃动，然后用立柱把防护网卷起、捆扎，放回存放处。

（二）紧急渡板的安装与使用

1. 使用前

备品室使用专用钥匙打开；为快速使用，拟救援下车的通过台不得聚集过多人员；由专业人员在车下指挥协助（需两名专业人员操作，其中一人在车下）。

2. 地面转移救援

渡板、防护绳和保护棒放置在备品室中，使用时打开备品室门即可取出，然后迅速转移到最近可开放的侧拉门门口处。

渡板转移到门口位置，在正门口将渡板展开。展开长度可根据野外条件，车内距离外部地板高度较高时需全部展开，展示时需锁定，展开长度约 2.5 m。把渡板伸出端朝向车外，将渡板伸出车外并支撑在地面上，形成适当的坡度；渡板与车辆搭接处必须将渡板挂钩卡在侧拉门门口滑槽内；把 4 根保护棒分别插入渡板两侧的插槽内，将带有穿绳环的一端向上；将防护绳带小卡环的一端依次穿过侧拉门立罩扶手、保护棒上端穿环，并卡在渡板前端环内；将防护绳带大卡环的一端锁紧在防护绳上，保持防护绳拉紧状态，渡板安置妥当后引导车上人员有序迅速转移下车。

六、防火隔断门

动车组内部门包括外端拉门、内端拉门和小间门。

外端拉门设置在车体端墙上，用于连通相邻车厢的门，分为电动外端拉门和手动外端拉门。

电动外端拉门具有隔离功能，在车门关闭位置操作门扇隔离锁，实现对车门的隔离，同时切断门系统的供电。电动外端拉门具有自复位功能，有火警信号或门系统断电情况下，打开的车门自动关闭。

外端拉门结构和材料具有耐火功能，可有效阻止火势蔓延。

1. 开门操作

通过门扇两侧的开门按钮开门，两个门上的任意一个按钮可打开同一车端的两个车门，延时 10 s 后自动关闭。

2. 手动电动转换操作

在门口正上方的门上中间位置内部，设置手动电动转换开关。车门打开后，从门上于车体的缝隙内深入手指便可操作该开关。

3. 外端拉门隔火操作

电动状态时，人员撤离后，可等待延时 10 s 自动关闭，或切换车门到手动状态手动关门。无电或处于手动状态时，直接手动拉动关闭到位即可。外端拉门操作如图 4-4-11 所示。

图 4-4-11　外端拉门操作

七、紧急开门装置

紧急开门分为车内紧急开门和车外紧急开门两种情况。每套车门在车内门口处设置内部紧急解锁装置，在车外侧墙上设置车外紧急解锁装置。

（一）车内紧急开门

（1）车辆有电时，机械师、乘务员首先操作四角锁芯从"红点"到"绿点"，或乘客需打破塑料保护罩按下内部的红色按钮，此时蜂鸣器鸣响，然后拉起红色的紧急解锁手柄。

（2）保持拉起状态：手动向外推门并打开车门。

（3）退出紧急解锁状态：把四角锁芯从"绿点"转到"红点"，或者复位乘客红色按钮，此时蜂鸣器停止鸣响。电控关门一次，车门恢复正常。

（4）车辆无电时：无须操作四角锁芯或乘客红色按钮，直接拉起红色手柄保持拉起状态，手动向外推门可打开车门。内部紧急解锁装置如图 4-4-12 所示。

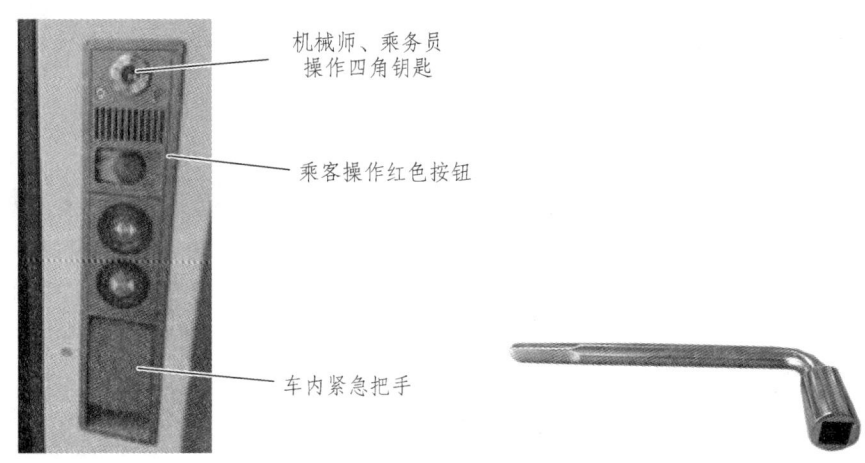

图 4-4-12　内部紧急解锁装置

（二）车外紧急开门

拉起车外白色手柄并保持拉起状态，手动拉门并打开。车外紧急解锁装置如图 4-4-13 所示。

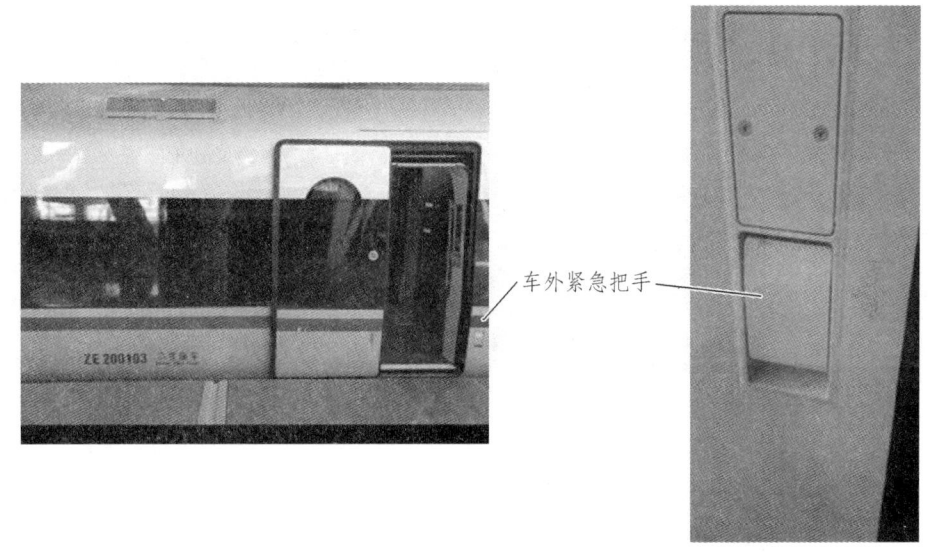

图 4-4-13　车外紧急解锁装置

（三）车门隔离操作

每套侧门都设有在客室内可操作的车门隔离装置，用通用四角钥匙操作。当该门出现故障功能不正常时可以将此门隔离掉而不影响其他门的正常动作。当隔离锁锁闭时，它将门设为一种非使用状态，在紧急情况下也无法打开车门。具体操作如下：手动关闭至完全锁闭后，从车内用四角钥匙操作门扇上的隔离锁，将车门可靠锁闭隔离。隔离到位与否不能以隔离锁拧不动为判断标准，需以隔离锁锁和可靠的插入锁口板为准，并且隔离到位时，隔离锁的指示标识（红点）才能出现在相应的观察窗。

八、烟火报警系统

烟火报警系统分布贯通整个列车，在司机室、乘务员室、厕所内、客室区、厨房区域车顶上设有探测器，在乘务员室设有控制单元和指示单元。

使用时机和方法：烟火报警主机通过电流环与终端装置通信，将每个感烟探头的状态发送给终端装置，起到报警和及时应对的作用。这些信息并在随车机械师室的显示屏上显示。

发生烟火报警时，随车机械师和列车长根据司机通知立即到报警车厢查实确认，查看指定车厢的客室、卫生间，随车机械师重点查看电气设备。若发生客室或设备火情，列车长或随车机械师应立即通知司机实施制动停车，并按规定处理；若确认因吸烟等非火情导致烟火报警时，由随车机械师处理。

烟雾报警器如图 4-4-14 所示。

图 4-4-14　烟雾报警器

CR400AF-B 型动车组应急备品存放位置及数量如表 4-4-1 所示。

表 4-4-1　CR400AF-B 型动车组应急备品存放位置及数量

品名	1	2	3	4	5	6	7	8	9	10	11	12	13	14	15	16	17	合计
车种	SW	ZY	ZE	ZE	ZE	ZE	ZE	ZE	ZEC	ZE	ZE	ZE	ZE	ZE	ZE	ZY	ZYS	
定员	17	60	90	90	90	90	90	75	48	90	90	90	90	90	90	60	33	1 283
应急梯	2															2		4
渡板				1				1	1				1					4
防护网				4				12	11				4					31
应急喇叭									1									1

任务训练

表 4-4-2　任务训练

实训项目	复兴号动车组列车应急安全设备与设施使用训练
实训目标	1. 使学生结合实际，加深对复兴号动车组列车应急安全设备与设施的认识与理解。 2. 培养学生复兴号动车组列车应急安全设备与设施学习的兴趣
实训内容及组织	由教师组织，学生自愿组成小组，每组 6～8 人，选择以下题目进行复兴号动车组列车应急安全设备与设施使用训练。 1. 灭火器及防火隔断门使用。 2. 紧急制动设施操作。 3. 应急设施的配置与使用。 4. 紧急开门装置操作
实训考核	1. 每组提交一份实训报告。 2. 各组进行汇报。 3. 教师根据各组的实训报告与课堂汇报进行评估

复习思考题

1. 复兴号标准动车组列车旅客信息系统主要包括哪些内容？
2. 复兴号标准动车组列车网络控制系统的主要作用是什么？
3. 复兴号标准动车组如何编号？
4. 复兴号系列动车组列车如何编组？
5. 复兴号动车组列车各车厢如何布置？
6. 复兴号动车组列车服务设施有哪些？
7. 简述复兴号智能动车组智能化技术。
8. 复兴号智能动车组车厢设备与设施有哪些特点？
9. 复兴号智能动车组智能服务设备与设施有哪些特点？
10. 复兴号标准动车组有哪些安全应急设备与设施？

项目五 高速铁路客运人员移动配置设备

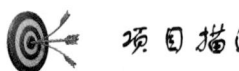 项目描述

高速铁路客运工作人员应该掌握移动配置设备的构成、功能和用途,能够正确操作。本项目主要介绍客运对讲设备和音视频记录仪,高速铁路站、车客运无线交互系统终端设备,电子客票移动检票设备和列车移动补票设备。通过本项目的学习,学生应掌握高速铁路客运工作人员移动配置设备的构成、功能和用途。

任务一 客运对讲设备和音视频记录仪

 思政素质目标

爱党、爱社会主义、爱祖国、爱人民、爱集体;具有精益求精的工匠精神,尊重劳动、热爱劳动;严格遵守规章制度和劳动纪律。

 能力目标

能正确使用对讲设备和音视频记录仪。

 知识目标

掌握对讲设备和音视频记录仪的构成、功能及使用方法。

 相关知识

高速铁路客运人员需配置具备录音功能的对讲设备和音视频记录仪,其他岗位按需配备,作用良好。

一、站、车客运移动对讲设备

站、车客运移动对讲设备已经成为客运工作中必不可少的通信工具。

(一)对讲机基本构造及用途

对讲机外观包括天线、顶键(编程键)、信道选择旋钮、电源开关/音量旋钮、状态指示灯、挂绳孔、PTT键、中间键(编程键)、左下键(编程键)、MIC-SP 插孔/数据端口、扬声

器、麦克风、皮带夹、锂电池等。对讲机的基本构造如图 5-1-1 所示。

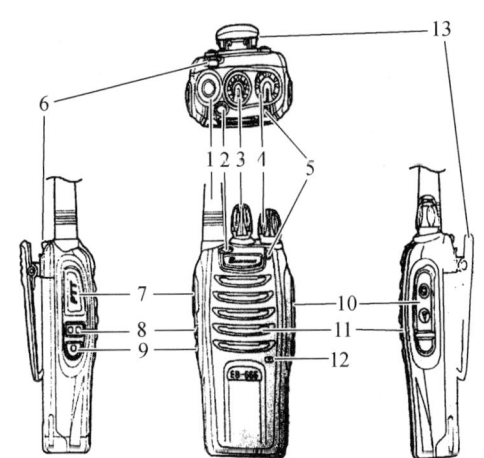

1—天线；2—顶键（编程键）；3—信道选择旋钮；4—电源开关/音量旋钮；5—状态指示灯；6—挂绳孔；7—PTT 键；8—中间键（编程键）；9—左下键（编程键）；10—MIC-SP 插孔/数据端口；11—扬声器；12—麦克风；13—皮带夹。

图 5-1-1 对讲机各部位示意图

1. 天　线

对讲机具有螺纹插头的天线，用于接受与发射信号。

2. 顶键（编程键）

该键出厂默认设置为特殊功能键。

3. 信道选择旋钮

通过旋转信道选择旋钮选择工作信道，在信道播报功能开启情形下，同时具有语音信道播报提示。

4. 电源开关/音量旋钮

电源开关/音量旋钮用于打开/关闭对讲机电源以及调节音量。

5. 状态指示灯

状态指示灯发射过程中红灯亮，接收到信号时绿灯亮。当电池电量不足时红灯闪烁，在扫描过程中绿灯闪烁。

6. 挂绳孔

挂绳孔用于系挂绳。

7. PTT 键

按下该键，讲机处于发射状态，使用者开始发话，松开则恢复到接收状态。

8. 中间键（编程键）

该键出厂默认设置为电量管理键。

9. 左下键（编程键）

该键出厂默认设置为通话管理键。

10. MIC-SP 插孔/数据端口

MIC-SP 插孔/数据端口用于连接耳机或编程线。

11. 扬声器

扬声器用于输出声音。

12. 麦克风

麦克风用于输入声音。

13. 皮带夹

可用皮带夹将对讲机身夹在皮带上，便于携带。

（二）对讲机基本操作

1. 开机与关机

按顺时针方向转动电源开关/音量旋钮，听到"嘟"声音提示和"咔嗒"声，表示接通对讲机电源；按逆时针方向转动电源开关/音量按钮，听到"咔嗒"声表示已关闭对讲机电源。

2. 调节音量

按顺时针方向转动电源开关/音量按钮，接通对讲机电源后，继续转动该旋钮可调节音量。可以在监听状态下监听背景噪声，然后调节音量。

3. 选择信道

直接通过调节信道选择旋钮选择 1～16 的任意工作信道。信道选择可对应参照信道旋钮底部的数字以及符号标识，同时可以依据语音信道播报提示进行操作。

4. 呼 叫

需要进行呼叫时，在按住"PTT"键的同时用正常的声调对着麦克风讲话。操作人员需保持麦克风距离嘴唇约 5 cm。按下 PTT 开关时，状态指示灯发出红光，表示开始发射。如果状态指示灯红光闪烁，则表示电池电量不足。如果电池不足以维持本机正常工作时，则不能发射。

5. 接 收

接收时，操作人员需放开"PTT"键进入接收状态。当操作人员正在使用的信道被呼叫时，便可以听到对方的送话音。如果呼叫信号较弱，并且用户给对讲机设定了较高静噪电平（需核对），操作人员可能无法听到该呼叫。

（三）录音管理

1. 设备功能

可录音手持电台具备所有频道实时录音功能，能储存 60 小时的录音内容。满 60 小时后，新录音内容自动覆盖前 60 小时录音内容。

2. 录音管理

现场工作人员班前必须确认手持电台的录音功能良好，班中作业时必须保持录音状态，严禁现场工作人员私自下载录音内容，进行个人留存、移交他人或在网络、媒体发布等行为。

（四）设备维护

1. 日常维护

无线对讲机是具有优良设计和工艺的产品，为维护机器正常使用，需要注意以下事项：

（1）保持干燥：雨水、湿气和各种液体或水分都可能腐蚀电子线路。
（2）不要扔放、敲打或震动无线对讲机，否则会损坏对讲机内部电路板及精密结构。
（3）不要直接提住天线或外置麦克风。
（4）更换天线时，只能使用配套的或经认可的天线。若使用未经认可的天线或改装附件，会损坏无线对讲机。
（5）用不起毛的布拭擦对讲机上的灰尘、污渍，防止接触不良。
（6）对讲机不使用时，须将附件插孔盖盖上。
（7）对讲机长期使用时，按键、控制旋钮和机壳很容易变脏，可以使用中性洗涤剂（不要使用强腐蚀性化学药剂）和湿布进行清洗。

2. 常见问题及解决方法

对讲机使用过程中的常见问题及解决办法如表 5-1-1 所示。

表 5-1-1　常见问题及解决办法

问　题	解决方法
没有电源	电池可能已耗尽，须进行再充电或更换已充电电池
电池电力在充电后持续时间不长	电池的寿命已到，须更换电池
不能与组内的其他成员对话	确认所使用的频率和随路信令是否与组内其他成员相同，组内的其他成员可能离得太远，确认是否在其他对讲机的有效范围之内
信道中出现其他（非组员）的声音	须改变信令，这时务必改变组内所有对讲机的相应设置
发射讲话无声音或对方听的声音小	确认音量旋钮是否已转到最大；检测话筒是否损坏
噪声常开	组内其他成员可能离得太远，不能接收到对方呼叫，须靠近组员后再打开对讲机重试

二、音视频记录仪

高速铁路客运人员工作时佩戴的音视频记录仪可以规范并监督客运人员的作业标准，同时在处理突发事件时也可以全程收集影像资料，为后续工作提供有效证据（见图 5-1-2）。

图 5-1-2 音视频记录仪

(一) 音视频记录仪基本构造

客运音视频记录仪蕴含了多项最新的定位和视音频处理技术,使用该设备可进行现场定位,实时记录,收集证据,规范作业,真实记录作业过程,保证作业更加标准。音视频记录仪由录像键、镜头和与之配套的充电宝、存储卡、供电线等相关设备组成。音视频记录仪的基本构造如图 5-1-3 所示。

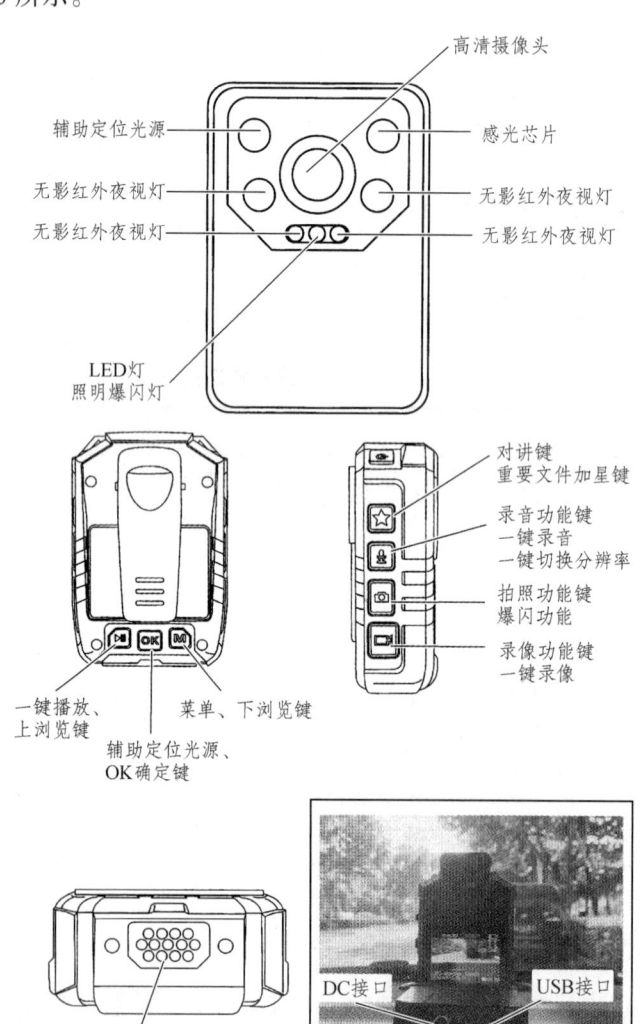

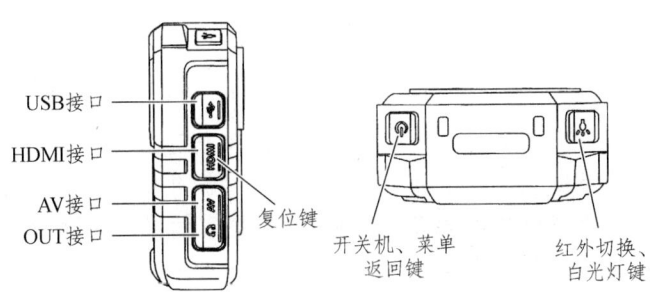

图 5-1-3　音视频记录仪的基本构造

（二）音视频记录仪基本操作

1. 快速操作

按"开关"键开机，进入待机画面，按"录音功能"键开始录音，按"拍照"键拍摄照片，按"摄像"键进行录像。在夜间按"红外夜视灯"键开启无影红外夜视灯。短按"一键播放"键可快速回放浏览最后一个操作记录的音视频文件。短按"OK 确认"键，分别进入视频、照片、录音文件夹中选择音视频资料并选择确认后播放。短按"菜单"键可对机器功能及参数进行设置。在操作过程中按"开关机"键可返回上一界面。

2. 开　机

按住"开关机"键 2 秒后，提示音响，绿色待机指示灯亮，屏幕进入实时监控待机状态。

3. 录　音

在实时监控待机状态下，短按"录音功能"键，机身震动，黄色录音指示灯闪烁，即开始录音，再次按下"录音功能"键停止录音，机身震动，黄色录像指示灯熄灭，录音已保存。

4. 一键录音

在机器关机时，长按"录音功能"键（约 4 秒），机器会开机录音。

5. 一键切换视频分辨率

在机器待机状态下，长按"录音功能"键（约 4 秒），机器会自动切换高清和标清两种分辨率。

6. 拍　照

在实时监控待机状态，短按"拍照功能"键，即拍摄并保存照片；在待机状态下长按"拍照功能"键（约 4 秒），开启 LED 白光灯爆闪功能，白光灯会按照一定的频率闪烁。

7. 录　像

在实时监控待机状态，短按"录像功能"键，机身震动，语音提示"现场作业，录像开始"，红色录像指示灯闪烁，即开始录像，再次按下"录像功能"键停止录像，机身震动，红色录像指示灯熄灭，录像结束并已保存。

（三）车站客运作业日常使用

（1）音视频记录仪仅作为客运作业使用。所有持有音视频记录仪的人员，必须严格自觉遵守相关法律法规及有关规章制度，严禁移作他用，禁止非法使用。

（2）配发音视频记录仪的客运人员，从作业开始到作业结束必须按规定随身佩戴设备，交接班时对音视频记录仪进行开机试验（包括开机状态、信号、电量、配件、储存卡等），确保设备正常使用。如发现问题及时登记在交接本上，由业务室负责联系客运科维修或更换。

（3）音视频记录仪用于录制客运作业标准质量、乘降组织过程、站车交接、安全防护等关键作业环节以及突发情况处置等过程。

（4）检票口人员按照每趟列车运行情况，对检票口客运作业进行巡视摄录，如遇到突发情况，需提前开启客运摄录仪进行摄录。

（四）动车组列车客运乘务音视频记录仪管理

（1）旅客列车按照以下原则配发：旅客列车（指导车长、本务车长、值班员、安全员）按照一人一机配备客运音视频记录仪，其他岗位由使用单位按需配备。

（2）客运音视频记录仪本着"谁使用，谁管理，谁负责"的管理原则，由设备使用车队负责管理。

（3）遇有下列情况，必须使用客运音视频记录仪进行录制。

① 如遇有旅客人身伤害、遗失物品、站车交接、普速列车途中交接班、列车运行途中发生设备设施故障、采集旅客旁证资料、现场典型事件及突发情况等必须进行全过程录制。

② 其他情况需使用音视频记录仪时，由各设备使用车队按照现场实际情况自行确定。

客运音视频记录仪应在本趟作业结束后将必须录制的影像资料导出并交车队保存。其中，现场典型事件长期保存；旅客人身伤害保存时间不少于5年；遗失物品等关键作业环节保存时间不少于1年；突发情况处置过程等情况保存时间不少于1年，必要时长期保存。

任务训练

表 5-1-2　任务训练

实训项目	客运对讲设备和音视频记录仪使用训练
实训目标	1. 使学生结合实际，加深对客运对讲设备和音视频摄录仪设备设施的认识与理解。 2. 培养学生使用客运对讲设备和音视频摄录仪学习的兴趣
实训内容及组织	由教师组织，学生自愿组成小组，每组6~8人，选择以下题目使用客运对讲设备和音视频摄录仪设备。 1. 客运对讲设备使用。 2. 车站客运音视频记录仪使用。 3. 动车组列车客运音视频记录仪使用
实训考核	1. 每组提交一份实训报告。 2. 各组进行汇报。 3. 教师根据各组的实训报告与课堂汇报进行评估

任务二　高速铁路站、车客运无线交互系统终端设备

 思政素质目标

爱党、爱社会主义、爱祖国、爱人民、爱集体；具有精益求精的工匠精神，尊重劳动、热爱劳动；严格遵守规章制度和劳动纪律。

 能力目标

能够正确使用高速铁路站、车客运无线交互系统终端设备。

 知识目标

掌握高速铁路站、车客运无线交互系统终端设备的功能及使用方法。

 相关知识

列车便携式移动终端通过公用无线网（非公众网）经由信息交互平台，向客票信息发布服务器发送查询请求信息，客票信息发布服务器收到查询请求信息后，从客票系统获取该次列车席位等相关信息并反馈到列车便携式移动终端。

一、站、车客运无线交互系统概述

铁路站、车客运无线交互系统由列车便携式移动终端和地面设备组成。列车便携式移动终端配备双模无线通信手持终端，可以在 GSM 及 GSM-R 网络间切换；地面设备由在国铁集团和铁科院设置的客票信息发布服务器、与 GSM 和 GSM-R 网络互联的信息交互平台 GPRS 接口服务器、路由器及防火墙等设备组成，客票信息发布服务器与既有客票信息系统互联。

为确保客票等信息系统的安全，GPRS 接口服务器通过路由器，采用专线方式与中国移动的 GPRS 连接，与 GSM-R 的 GPRS 连接；GPRS 接口服务器通过客票安全系统及防火墙与信息发布服务器与国铁集团客票中心数据库连接。

列车从车站开出后，地面系统负责从客票系统获取乘车人数通知单、列车席位等相关信息，并通过无线传输，发送给指定的移动终端设备，列车长可通过无线终端机接收座位的出售情况，从而大大提高了列车席位的查询效率。同时，此系统还可杜绝两站重复出售同一席位的问题。除了客票信息外，站、车客运无线交互系统终端机还设定了验票程序。

二、硬件设备构成及使用

手持终端设备支持 GSM/GSM-R 无线网络，支持 GPRS 数据通信；运行于 Android 4.0 及以上版本的操作系统；显示屏为触摸屏，尺寸为 4.3 英寸（10.922 cm）以上；运行内存为 1GB 以上；可扩展存储空间为 4GB 以上；配备 500 万及以上像素摄像头等组件。

三、软件使用

（一）软件安装

下载"客运站车.apk"安装包；卸载手机 SD 卡，装载到读卡器上，连接电脑在 SD 卡根目录下新建"客运站车"文件夹，将安装包拷贝到"客运站车"文件夹下；卸载读卡器上的 SD 卡装载到手机上；操作手机系统，在手机 SD 卡里找到安装包并点击进行安装，安装完成后手机屏幕上将出现如图 5-2-1 所示图标。

图 5-2-1　软件安装及程序启动界面

（二）程序启动

启动程序前，请安装 SD 卡、专用的 GSM 或 GSM-R 卡，并确认本设备、SD 卡、GSM-R 卡信息已经注册。

当上述条件满足后，点击"客运站车无线交互系统"图标，程序将启动。如果遇到系统权限提示，请选择始终允许（存储数据，读取本机信息等）。

程序启动成功后进入登录界面。登录后，进行相关功能操作。需要注意的是，首次进入 APP 时，可先点击系统设置，查看手机信息，根据本机信息进行注册，设置 APN、服务器信息，并查看系统软件信息。

（三）APP 相关功能及使用

手持终端软件的操作流程如下：

1. 登乘与退乘

第一步：点击"客运站车无线交互系统"→"登乘"。

第二步："数据下载"。

第三步：在"业务功能"板块中的"主功能区"进行"席位统计""席位管理""信息查询"和"业务操作"的操作。

第四步：到站后在"我的"中进行"退乘"操作。

其他功能为辅助功能。

（1）列车员登乘。

使用系统功能前，我们需要进行系统登乘，选择登乘日期，输入车次即可进行最便捷的登乘。

选择"列车员"，点击车次，可手动输入车次，小写字母会自动转换为大写，即输入 g 将显示 G。

车次旁边的按钮，为历史车次选择按钮，点开即可选择曾经登乘过的车次。登录界面如图 5-2-2 所示。选择列车员：不提供客管功能使用。

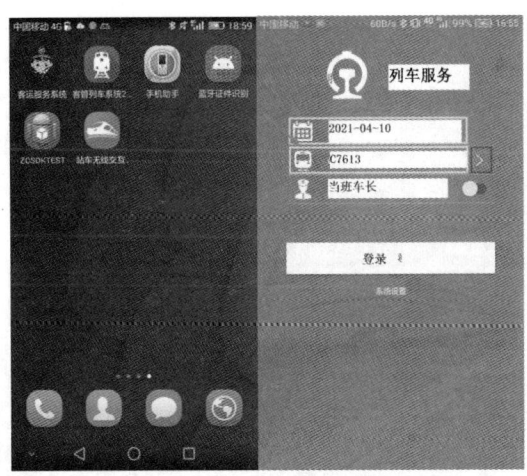

图 5-2-2　登录界面

（2）列车长登乘。

选择登乘日期、输入车次，选择担当路局、客运段，输入车长姓名（中文），电话号码（11 位），然后点击登乘按钮即可进行登乘。

车长登乘时，选择"职务"，即选择"列车长"。选择列车长可同时进行客管模块的登乘，客管登乘成功后即可使用客管相关功能。

登乘过的用户，在下方可看到显示的姓名，点击即可快速填充登乘信息，检查后即可快速登乘。列车长登乘界面如图 5-2-3 所示。

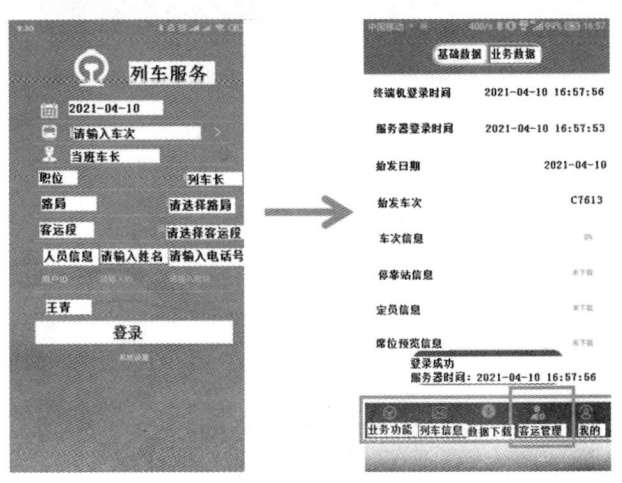

图 5-2-3　列车长登乘界面

登乘后还可以点击更换车长,进行车长更换。

(3)客管登乘。

选择登乘日期、输入车次,选择担当路局、客运段,输入车长姓名(中文),电话号码(11位),职务选择"列车长",输入客管的用户名、密码(可选),点击登录按钮即可进行登乘。

当职务选择"列车长"时,可选择站车客管同时登乘,即填写所有相关信息。

也可先登乘站车,之后在客管模块进行客管模块的登乘。客管登乘界面如图5-2-4所示。

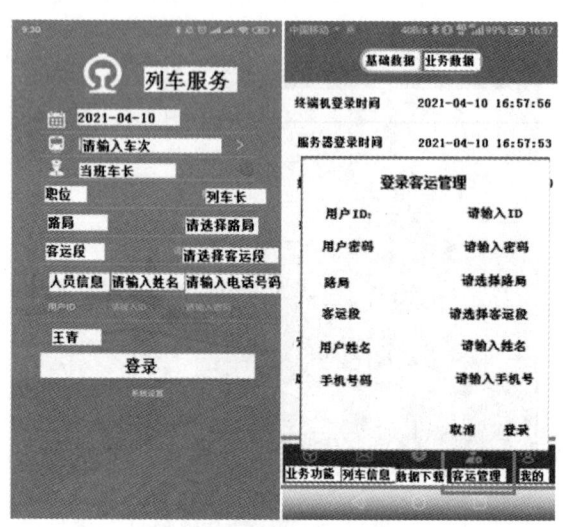

图 5-2-4　客管登乘界面

(4)退乘。

在"我的"页面点击信息栏(提示点击退乘),将弹出退乘确认页面,点击确定后即可进行退乘操作。也可在"业务功能"页面的快捷按钮区,点击快捷键"退乘"进行退乘操作。

退乘操作如图5-2-5所示。

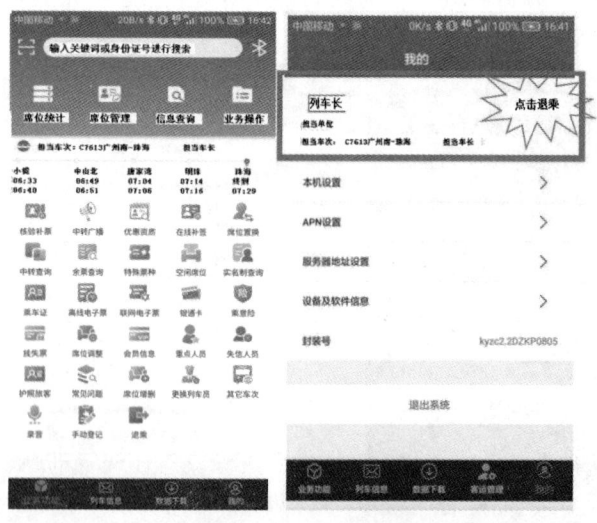

图 5-2-5　退乘操作

2. 数据下载界面

（1）登录成功后，将自动开始下载基础数据，及当前时间内的业务数据。

（2）可以通过点击标题栏中"基础数据""业务数据"按钮查看下载状况，或者直接划动页面切换查看。数据下载操作如图 5-2-6 所示。

图 5-2-6　数据下载

如果点击未完成的下载数据项，可以进行手动下载数据，弹出提示框。登乘后如果本机时间和服务器时间不一致时，点击"调整本机时间"按钮，进行时间设置。

3. 业务功能界面

点击底部"业务功能"按钮，显示业务功能。

（1）标题栏。

① 二维码扫描。

扫描蓝牙证件识别器二维码，连接该蓝牙证件识别器，进行证件识读操作。

② 搜索。

点击"搜索"，进入搜索界面，未输入内容时，显示功能建议。用户可点击功能建议下方具体功能按钮，进行相关操作。

输入功能名称，拼音及拼音缩写、乘车人姓名、身份证号（可输入完整身份证号或身份证后数 4 位以上进行查询）、手机号等关键词进行查询，将查出对应结果，点击查询结果将跳转相应功能。

搜索功能将保留搜索历史，点击搜索历史可快速重新搜索，点击"清除历史记录"按钮，将清除历史搜索记录。

③ 蓝牙。

弹出一个小的功能列表，目前包含蓝牙证件识别器、蓝牙补票机，选择后连接相应设备，进行业务操作。连接蓝牙设备后，图标下方显示已连接设备类型（补票机或证件识别）（见图 5-2-7）。

（2）主功能区。

主功能区包括席位统计、席位管理、信息查询和业务操作。

① 席位统计。

席位统计可查看"通知单""车内人数""密度表"的信息，如图 5-2-8 所示，可点击右上角快捷跳转"席位管理"功能。

图 5-2-7　蓝牙设备

图 5-2-8　席位统计

② 席位管理。

席位管理可查看"车厢定员""席别定员"的信息。可点击右上角按钮快捷跳转"席位统计"功能。车厢定员可点击数据行跳转对应车厢信息（可进行"登记""查看"等操作）。信息在查看状态下，可点击查看具体席位对应的车票信息，如图 5-2-9 所示。注：空闲席位不能登记，可切换到查看状态查看席位分段使用情况。

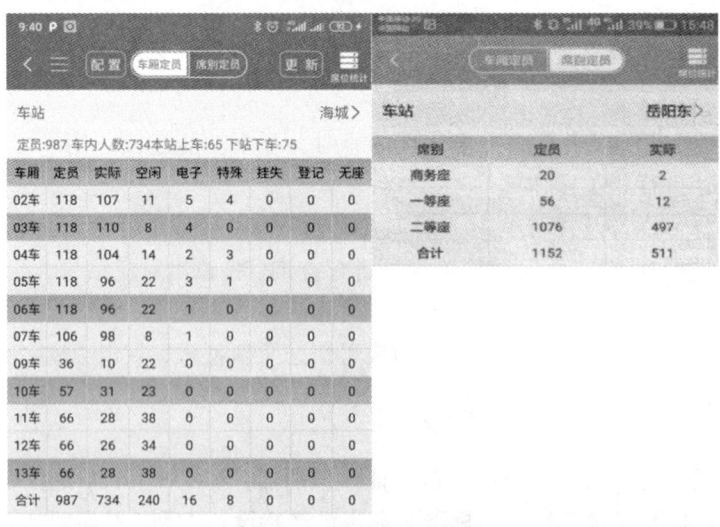

图 5-2-9　车厢定员

③ 信息查询。

信息查询可点击信息查询的具体条目：包含"余票查询""中铁银通卡查询""席位置换查询""联网电子票查询""乘车证查询""实名制查询""保险查询""中转查询""会员信息查询""重点人员查询"，如图 5-2-10 所示。

图 5-2-10　信息查询

④ 业务操作。

业务操作点击业务操作的具体条目，包含"车票补签""客运记录-挂失票""客运记录-席位调整""客运记录-空调故障"，如图 5-2-11 所示。

图 5-2-11　业务操作

（3）停靠站信息区。

① 首行显示担当车次信息和担当车长信息。

② 当停靠站信息正确下载后，将按站显示停靠站信息。过站显示为灰色；当前站带小

箭头；未过站为蓝色。首站显示发车时间，终到站显示到站时间，其他站自上而下显示到站时间和发车时间。

③ 正确下载席位数据后，点击停靠站将显示当前站乘降信息。

上下车总人数及按车厢显示上下车人数（首站只显示上车人数，末站只显示下车人数），其他站显示上下车人数，如图5-2-12所示。

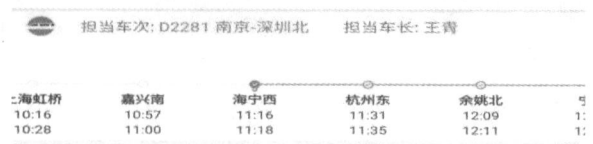

图 5-2-12　停靠站信息

（4）快捷按键区。

① 点击快捷按钮可直接跳转相应功能。

② 可对快捷键进行"编辑"，快捷键上限为15个。

长按快捷键区域将弹出提示框"是否对快捷键进行编辑"，或者当快捷键按钮少于15个时，将在最末位显示一个"定制"按钮，点击也可跳转编辑快捷键按钮，如图5-2-13所示。

点击当前栏目中每个带红色删除按钮的项目可删除快捷键，拖动项目可变换项目的位置。

点击可选栏目中每个带蓝色添加按钮的项目，可将选中项目添加至当前栏目中。

点击右上角"保存"按钮，保存修改后的快捷键。

4. 列车信息

（1）停靠站信息下载完成后，将显示停靠站信息列表，表格可缩放进行查看。

（2）点击右上角"编辑"按钮进行车次调整，可根据选项调整时间，如图5-2-14所示。

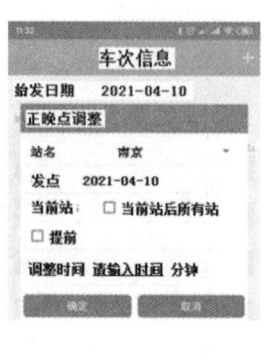

图 5-2-13　快捷按键　　　　　　　　图 5-2-14　列车信息

5. 我的信息区

我的信息区包含APP个人信息以及退出、退乘、系统设置等操作。

（1）信息区。

① 显示担当车长及其担当单位和担当车次信息。

② 点击此区域，将弹出用户退乘对话框，点击"确定"，执行退乘并退出到登录界面。
（2）操作区。
系统设置区域。点击可进行相应的设置。
（3）退出。
点击"退出"按钮后将退出APP，会保持登乘状态不变，如图5-2-15所示。

图 5-2-15　我的信息区操作

 任务训练

表 5-2-1　任务训练

实训项目	高速铁路站、车客运无线交互系统终端设备使用训练
实训目标	1. 使学生结合实际，加深对高速铁路站、车客运无线交互系统终端设备的认识与理解。 2. 培养学生高速铁路站、车客运无线交互系统终端设备学习的兴趣
实训内容及组织	由教师组织，学生自愿组成小组，每组6~8人，选择以下题目进行高速铁路站、车客运无线交互系统终端设备使用训练。 1. 高速铁路站、车客运无线交互系统终端设备软件安装。 2. 高速铁路站、车客运无线交互系统终端设备登乘操作。 3. 高速铁路站、车客运无线交互系统终端业务功能操作
实训考核	1. 每组提交一份实训报告。 2. 各组进行汇报。 3. 教师根据各组的实训报告与课堂汇报进行评估

任务三　电子客票移动检票设备和列车移动补票设备

思政素质目标

爱党、爱社会主义、爱祖国、爱人民、爱集体；具有精益求精的工匠精神，尊重劳动、热爱劳动；严格遵守规章制度和劳动纪律。

能力目标

能正确使用移动检票设备和补票设备。

知识目标

掌握移动检票设备和补票设备的构造及使用要求。

相关知识

一、铁路客运便携式移动检票终端

铁路客运便携式移动检票终端的主要配置包括存储模块（ROM、RAM）、处理器模块、摄像头模块、信息屏、内置电池模块、GPS 模块、通信接口模块（SIM 卡、蓝牙、Wi-Fi）耳机支持、身份证件、中铁银通卡二合一识读模块和二维码扫描枪模块。铁路客运便携式移动检票终端如图 5-3-1 所示。

图 5-3-1　铁路客运便携式移动检票终端

（一）设备功能

1. 车票二维码识读

车票二维码、电子票乘车二维码识读功能符合下列要求：具备动态扫描功能，可连续扫描；具有感应扫描模式而无须外接传感器；支持扫描识别手机屏幕上的客票二维码。

2. 二合一读卡模块

（1）支持第二代居民身份证、港澳台居民居住证、外国人永久居留证识读，能读取含证件有效期在内的身份证存储信息。

（2）支持中铁银通卡读写操作。

（3）支持符合 ISO/IEC 7816 标准的 PSAM 卡。

3. 移动网络通信

（1）无线通信应支持 2G/3G/4G 网络。

（2）支持 GSM/TDS/WCDMA/CDMA/TD-LTE/FDD-LTE/WLAN 无线网络，支持铁路 G 网，支持 GPRS 数据通信。

（3）支持 SIM 卡模式接入铁路客票，双卡双待。

4. 信息显示

有信息显示屏，显示工作人员移动办公所需的相关信息。

5. 触摸操作

有触摸操作屏，工作人员通过触摸操作实现相关业务操作。

6. 图像浏览

（1）能够浏览 JPEG、PNG、GIF、BMP 等主流格式的图像文件。

（2）支持图像的预览、放大缩小等功能。

（3）支持图像的批量选择、删除。

（4）支持图像的裁剪、标记、旋转等编辑功能。

7. 音频播放

能够播放 PCM、AAC、AAC+、MP3、AMR、WAV 等主流格式的音频文件。

8. 视频播放

能够播放 MPEG、MPG、AVI、MOV、ASF、WMV、NAVI、3GP、Real Video、MKV、FLV、RMVB 等主流格式的视频文件。

9. 定　位

具备支持 GPS 定位功能的模块，实现对设备的定位。

10. 蓝牙模块

支持蓝牙讯通，可通过蓝牙连接外设，如蓝牙打印机。

11. 操作系统升级

设备操作系统支持 OTA 升级。

（二）安装应用程序操作

1. 安装应用程序

zhanche.apk 为站车服务 APP，JYPDnew2.1.apk 为移动检票 APP。将 2 个文件拷贝入设备中，设备操作系统是 android 6.0，直接运行安装。安装应用程序如图 5-3-2 所示。

图 5-3-2　安装应用程序

2. 网络设置

插入 4G 网卡之后的网络设置，选择网络（中国移动网）进入手机的设置中选择"无线和网络""SIM 卡管理"，把数据连接打开并选择相应的网络。网络设置中新增一个 APN 节点。进入手机设置中选择"无线和网络""移动网络""接入点名称（APN）"，点击右上角菜单键。采用中国移动的 GSM 网络时，"名称"设为"kyzc_gsm"，"APN"设为"CMIOTTDBKYZC"，保存即可。

网络设置如图 5-3-3 所示。

图 5-3-3　网络设置

3. 站车无线服务设置

点击客运站车平台→设置-服务器地址设置→选择 GSM 二中心，进入"设置""服务器地址设置""开始设置"。

点击检票图标的应用，点击右下角设置菜单，用户名密码检票操作时会统一下发。IP:198.218.8.243（固定填写），端口号：8299（固定填写），电报码：填写对应站的电报码（以白马井为例 BFQ），节点码：填写对应站所对应的节点（以海南环岛为例）。站车无线服务设置如图 5-3-4 所示。

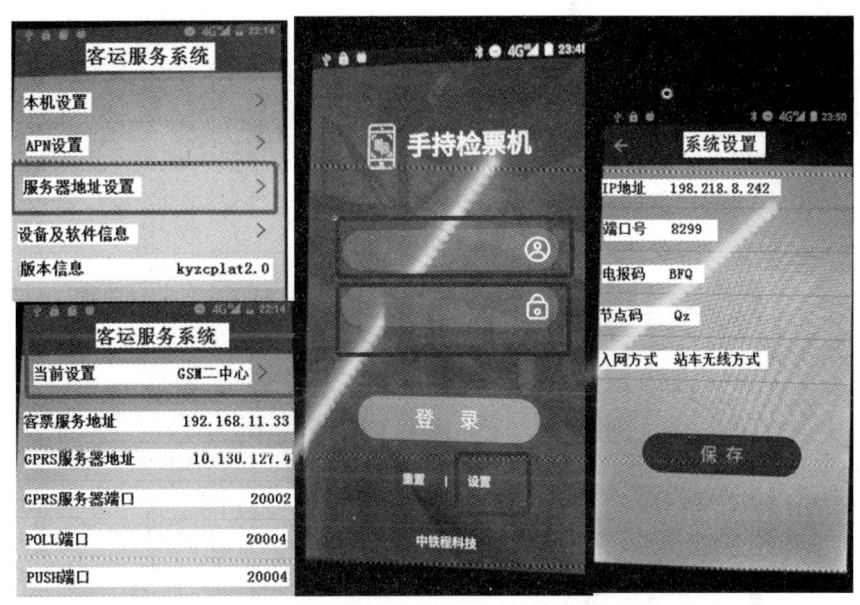

图 5-3-4　站车无线服务设置

（三）手持检票机操作

1. 登　录

点击手持检票机 APP，对设置进行配置，然后点击保存。正确配置保存之后 APP 会自动重启，并且出现站车通信服务登程成功提示。配置之后根据下发的用户名和密码登录。登录界面如图 5-3-5 所示。

图 5-3-5　手持检票机登录界面

开始检票可以使用身份证读卡器、手输证件号、扫码检票。电子票查询可以通过证件读卡器、手输证件号进行查询电子票。登录的用户会进行锁定，所以在用完了 APP 之后一定要退出登录。

2. 开始检票操作

点击"开始检票"→默认进站检（进出站检票可以显示近一个小时内的检票计划）→开始检票的时候颜色会变绿色→可以单一勾选和多个勾选并点击下面的蓝色开始检票按钮。在计划刷新过程中初始化进入时可以下拉刷新一次，受网速限制会加载不同，不要多次连续刷新，否则会让 APP 崩溃。点击进入后会显示如图 5-3-6 所示样式，加载过程需要时间让硬件设备初始化，加载完成之后可以刷身份证和手动输入进行证件获取。二维码读取页面加载和身份证相同。

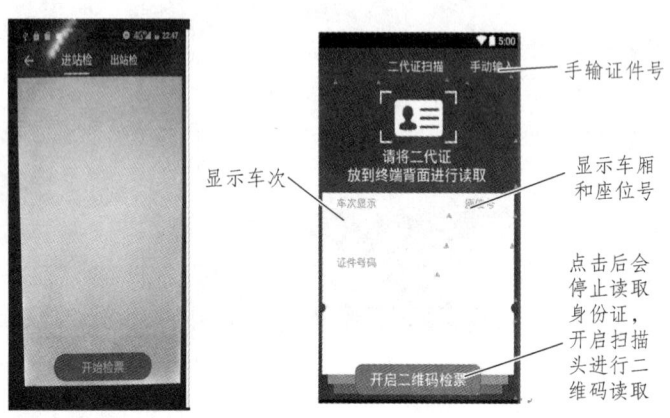

图 5-3-6　开始检票操作

3. 电子票查询操作

电子票查询可以实现证件读取和手动输入两种模式。查出的票状态即为票在系统中的真实状态。处于扫描二维码、读身份证模式、电子票查询模式下，读卡器和扫描头会持续耗电，所以在不使用时尽可能返回计划查询或者主页面。电子票查询操作如图 5-3-7 所示。

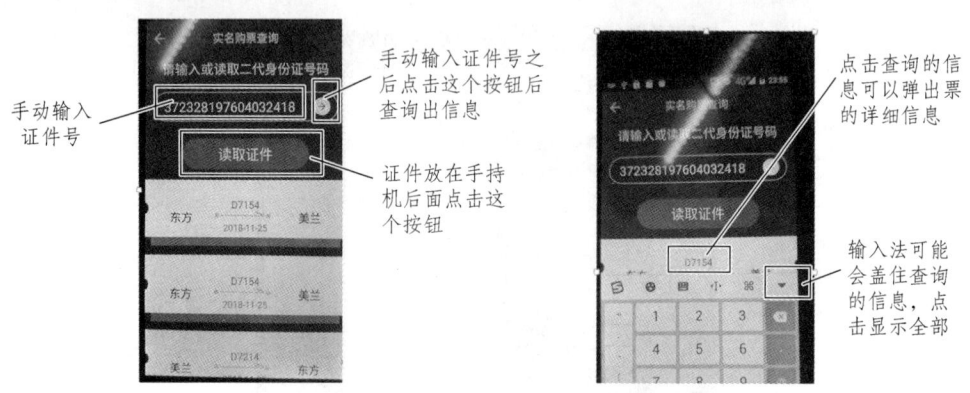

图 5-3-7　电子票查询操作

二、列车移动补票机

列车移动补票机是旅客列车上配备的主要补票设备，能够处理各种情况下的票务手续。

（一）移动补票机设备使用管理

1. 电池的使用

（1）第一次使用补票机时，电池必须充满电。电池初次充电时，需在补票机上连续充电12小时以上。

（2）日常电池最少充3小时以上。

（3）使用电池时遵照"耗尽→充满"原则，避免电量显示不准。由于未正确使用或长期闲置不使用，补票机电池可能出现显示电量与实际电量不符的现象，此时可通过一至三次"耗尽→充满"操作来恢复正确的电量显示。

（4）电池充电期间，AC充电器上的LED指示器显示红光；当充电到电池容量的80%时，显示绿光；当电池充满或断开充电器连接时，LED熄灭。

2. 移动补票机管理

（1）领取交接。

① 始发前1~1.5小时，列车长（单乘时列车长派人）陪同列车值班员到收入地面接收站领取补票机，与领取票据同步进行。

② 检查、确认补票机电量是否充足，电量显示是否达到100%。

③ 检查补票机内存储车次、班组信息等参数是否正确，发现错误，立即更正，并加以确认。

④ 检查补票机机内日期、时钟是否正确，若发现日期、时钟与实际不符，应立即更正，并加以确认。

⑤ 检查补票机内是否有残余存根，若有存根记录立即清除，并加以确认。

⑥ 检查完好无误后，签字确认。

（2）使用管理。

① 使用前再次检查、确认出乘日期、车次、时间，检验机内参数设置是否正确。

② 装好票卷，确认票号，保证补票机内票号与票纸上票号一致。

③ 途中交接补票机与票据交接一并进行，由交者在《票据进款交接班簿》记事栏记载。正常情况只记载补票机号码和电量。

④ 接者确认接收的补票机号码无误后，按"补票作业前准备"流程确认补票机状态，检查参数、核对票号。

⑤ 确认无误后，签字接收补票机，开始正常作业。有疑问时，退回交者进行校正，无法校正的，将现状补充记载于交接簿。停止使用，交接簿记明，锁入金柜，启用备机或手工票。

⑥ 补票机按票据要求保管。折返站停留超过2小时、备用机不用时段，均须锁入金柜保管，其余时间不得人机分离。

⑦ 列车移动补票机暂停补票作业时应退出主界面。

（3）终到交接。

① 一趟乘务终了，列车长（单乘时列车长派人）陪同列车值班员，于列车终到后2小时内到收入科地面值班室交验补票机，未使用的备机也必须同时交验。出乘过程中的异常情

况说明一并递交。填写收入科地面值班室的补票机交接簿。

② 收入地面值班人员验看补票机状态，下载补票数据信息，与交款收据核对无误后，打印车移报告。对于补票机设备损坏等异常情况，要初步判断状况和原因。

3. 移动补票机身份卡的管理

（1）配置两张身份卡的分别由两人单独持有，不得一人持两张卡。

（2）如需调整票号时需由两名持卡人同时确认有效。

（3）补票作业时，身份卡必须从补票机内取出，不得带卡作业，因带卡作业造成的误打车票及身份卡损坏，由责任人自行赔偿，并纳入考核。

（二）列车移动补票机系统启动

点击程序图标启动系统。启动后要核对基础信息：单位，SD卡，版本号，设备号，系统时间，存根条数等信息。列车移动补票机的构造如图5-3-8所示。

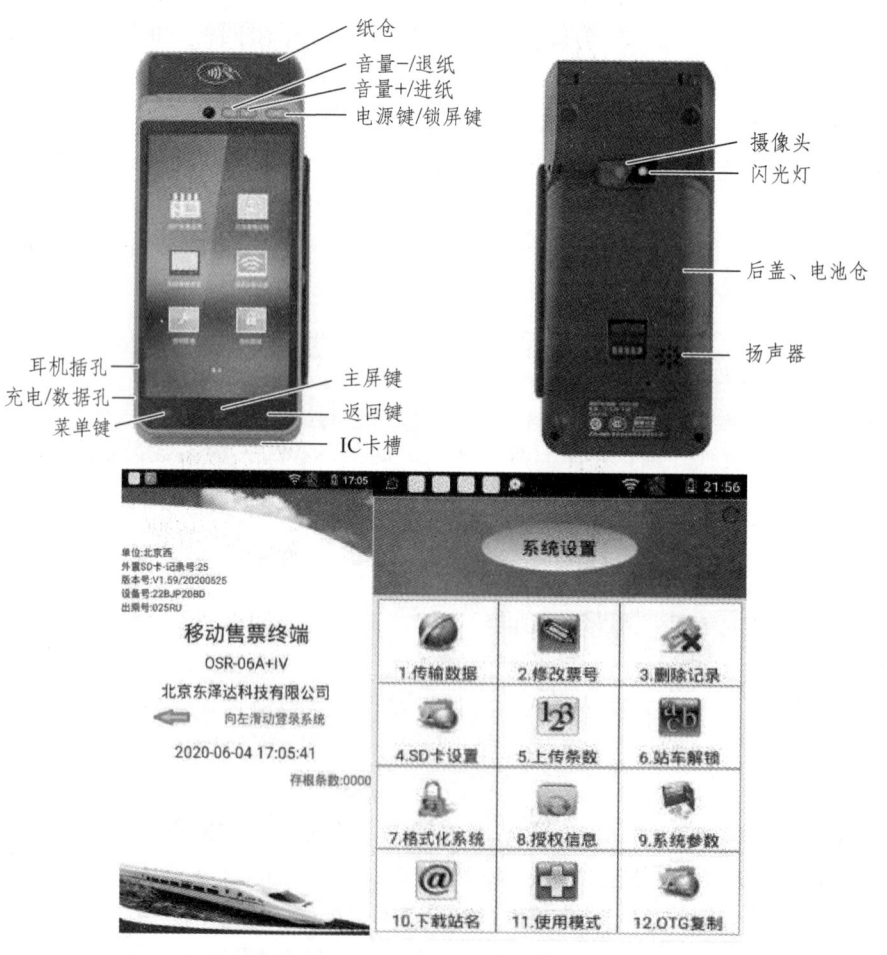

图 5-3-8　列车移动补票机的构造

1. 设备号

每台机器固定分配一个设备号，作为在客票网的唯一标识。此设备号需要在客票网注册，否则无法使用联网功能。设备号的规则为：2+区域码+站段代码+机器码。此设备号也用于支付宝与微信系统的设备码，生成支付二维码。

2. 存根条数

补票员出乘前需要核对存根条数，必须是 0000 方可正常使用，否则需要联系地面管理人员进行处理。这里的数字代表本机上的存根条数，也就是打票的张数。出乘前如果不归零，结账时存根肯定错误，导致票款不符。

3. 系统时间

出乘前应检查本机系统时间是否存在较大误差，如果存在需要联系地面管理人员进行纠正。误差范围建议控制在 10 分钟之内。

4. SD 卡

如果本机装载了外置 SD 卡，存根备份文件、地面电脑传输的车次文件自动存储在外置 SD 卡。如未装外置 SD 卡或者外卡损坏，将自动使用内置 SD 卡。建议使用外置 SD 卡，以防止机器发生故障导致存根数据无法读取。

5. 版本号

版本号指本版程序的发布日期。

（三）列车移动补票机登录

列车移动补票机登录包括 IC 卡登录和工号登录两种方式。

1. IC 卡登录

补票员使用 IC 卡登录系统时输入账号（机器可以自动识别账号）和密码登录系统。此种方式需要预先给补票员发放一张 IC 卡。IC 卡由地面系统认证设置后才能使用，IC 卡中记录了补票员的工号、班组、权限、有效期等信息。

2. 工号登录

补票员使用地面系统分配的工号登录系统，输入账号和密码登录系统。此种方式需要借助地面系统，预先生成工号并下传到本机。列车移动补票机登录如图 5-3-9 所示。

图 5-3-9　列车移动补票机登录

（四）补票操作

1. 主界面补票操作

在主界面选择"补票操作"（以正常补票为例，其他事由操作相同，只是选择的具体项目不同）。界面显示当前系统的票号，补票员需要核实是否正确。票号格式根据各地的要求自行设置成 7 位或 8 位。

需要修改票号按"修改"键。如果是地面系统设置的输入票号，会弹出输入框，直接输入即可。

确认无误后点击"下一步"，当前车次是现在正在使用的车次。这里的车次是地面系统预先下载进来的，车班不可改变。出乘日期是本车次始发站的开车日期。主界面补票操作如图 5-3-10 所示。

图 5-3-10　主界面补票操作

2. 正常补票流程操作

选择继续使用当前车次进行正常补票流程操作。

（1）补票类型。

根据列车上的不同情况划分为 10 种补票类型（见图 5-3-11）。

图 5-3-11　补票类型

（2）正常票补票操作。

① 选择票种。

选择正常票后进入界面：根据旅客的实际情况选择旅客上车的起始站（见图 5-3-12）。

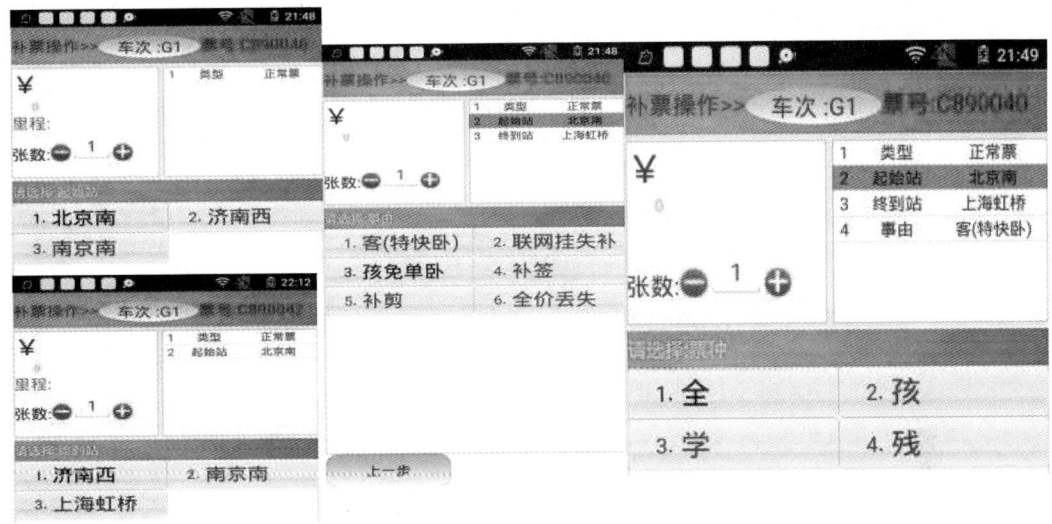

图 5-3-12　选择票种

客（特快卧）为正常无票旅客；孩免单卧为 1.2 米以下儿童单独使用卧铺；补签为提前乘车未办理改签。

根据实际情况进行选择：全价票、小孩票、学生票、残军票。

② 选择座别。

进入座别选择界面，座别信息是地面系统根据实际情况预先设定好的，根据实际情况选择即可，如选择二等座，选择座别后屏幕上显示票价里程等信息。选择座别如图 5-3-13 所示。

图 5-3-13　选择座别

③ 票面预览。

选择张数点击"下一步"按钮，可预览整个票面信息，与旅客核对所选信息后，输入车厢号、座位号，不输默认为无座。选择证件类型，输入证件号。有原票的根据要求输入原票号。联网取席位：从客票网查询是否有空余席位，有，客票网返回车厢席位号；没有，则提示相关信息。票面预览如图 5-3-14 所示。

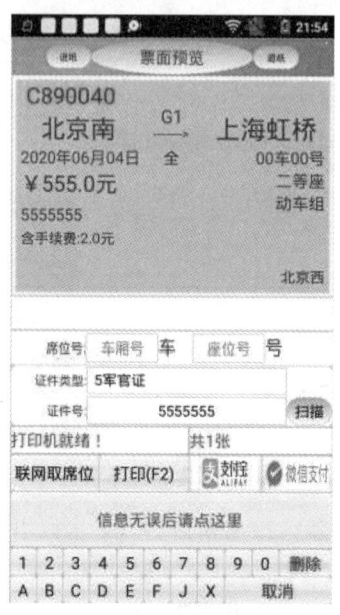

图 5-3-14　票面预览

④ 支付票款。

微信支付时显示微信支付码，旅客扫码支付票款。支付宝支付时显示支付宝支付码，旅客扫码支付票款。同时支持微信与支付宝，二维码界面可以滑动切换微信、支付宝。支付票款如图 5-3-15 所示。现金支付时跟微信、支付宝一样，多一步提示。

图 5-3-15　支付票款

⑤ 打印车票。

点击二维码界面"打印车票",车票标记相关支付方式。旅客持电子客票,在列车上要求越站或越席时,在有运输能力的情况下应予以办理。越站补票的微信支付如图 5-3-16 所示。

图 5-3-16 微信支付越站补票

 任务训练

表 5-3-1 任务训练

实训项目	电子客票移动查验设备和补票设备使用训练
实训目标	1. 使学生结合实际,加深对电子客票移动查验设备和补票设备的认识与理解。 2. 培养学生电子客票移动查验设备和补票设备学习的兴趣
实训内容及组织	由教师组织,学生自愿组成小组,每组 6~8 人,选择以下题目进行电子客票移动查验设备和补票设备使用训练。 1. 使用铁路客运移动检票终端查验电子客票。 2. 使用移动补票机正常补票
实训考核	1. 每组提交一份实训报告。 2. 各组进行汇报。 3. 教师根据各组的实训报告与课堂汇报进行评估

复习思考题

1. 简述高速铁路客运人员移动对讲设备的构造。

2. 如何操作移动对讲设备？
3. 客运音视频记录仪设备的构造。
4. 高速铁路站、车什么情况下使用客运音视频记录仪设备？
5. 简述高速铁路站、车客运无线交互系统终端设备的组成。
6. 简述高速铁路站、车客运无线交互系统终端设备的操作方法。
7. 简述电子客票移动查验设备的操作方法。
8. 简述移动补票机设备的操作方法。

项目六 高速铁路客运服务信息系统

项目描述

信息化是现代化的基础,没有信息化就没有高速铁路的现代化。高速铁路客运服务领域信息化建设已覆盖售票、营销、自动售检票、候车、列车服务等出行全流程。本项目主要介绍高速铁路客票系统、客运营销辅助决策系统、铁路旅客服务系统、铁路客户服务中心系统和铁路客运管理信息系统。通过本项目的学习,学生应掌握运用高速铁路客运服务信息系统为旅客服务的基本技能。

任务一 高速铁路车站旅客服务信息系统

思政素质目标

爱党、爱社会主义、爱祖国、爱人民、爱集体;具有精益求精的工匠精神,尊重劳动、热爱劳动;严格遵守规章制度和劳动纪律。

能力目标

能正确使用高速铁路车站旅客服务系统。

知识目标

掌握高速铁路车站旅客服务系统的设置地点及使用方法。

相关知识

铁路旅客服务系统作为铁路客运服务的窗口,针对查询、订票、进站、候车、乘车、出站等环节,为旅客提供出行全流程的信息服务,并为客运工作人员提供业务服务支撑。旅客服务系统实现业务流程和应用服务的灵活组织编排、业务数据的动态负载均衡;自动接入调度和售票信息,实现自动调图、客运计划自动调整;基于语音识别技术、智能视频分析技术,实现高速铁路客运作业的智能校对和便捷操作;基于人工智能学习算法,实现旅服平台辅助决策应用;基于物联网技术,实现外声场广播模拟信号的实时监测与闭环管理;基于故障日志自动分析,实现旅服集成平台远程故障自诊断。

旅客服务信息系统采用国铁集团、铁路局、车站三级架构,设置旅客服务信息系统集成管理平台。集成管理平台具有对客运广播、综合显示、信息查询等集中管控功能。

一、旅客服务信息系统集成管理平台

铁路旅客服务系统集成管理平台（简称"旅服平台"）向工作人员和旅客提供综合的生产服务和旅客服务。旅服平台自动接入调度、客票等外部信息，以到发管理为核心，综合集成广播管理、导向管理、设备管理、接口管理、综合指挥和系统管理等旅客服务子系统，具有深度集成、智能控制、信息共享、集中管控和分散布局等特点。

（一）铁路旅客服务系统集成管理平台功能概述

旅服平台涵盖基础操作、路局配置、到发管理、广播管理、导向管理、设备管理、接口管理、综合指挥和系统管理9个功能模块。其中，基础操作、到发管理、广播管理、导向管理等模块主要负责车站业务方面的管理；路局配置、设备管理、接口管理、综合指挥和系统管理主要负责车站设备和平台系统层面的管理。

客运站操作人员将车站的列车到发数据通过业务模板生成适用于本站客运服务的客运计划，由旅服平台根据客运计划中的到发时刻和各种人工触发信号自动执行相关的广播、导向、检票等业务。对于列车晚点、股道变更、候车室变更、检票口变更等特殊情况，可采取自动配置或人工干预的方法，在手动模式下执行相关作业，以确保客运站生产作业的正常顺利进行。

旅服平台架构如图6-1-1所示。

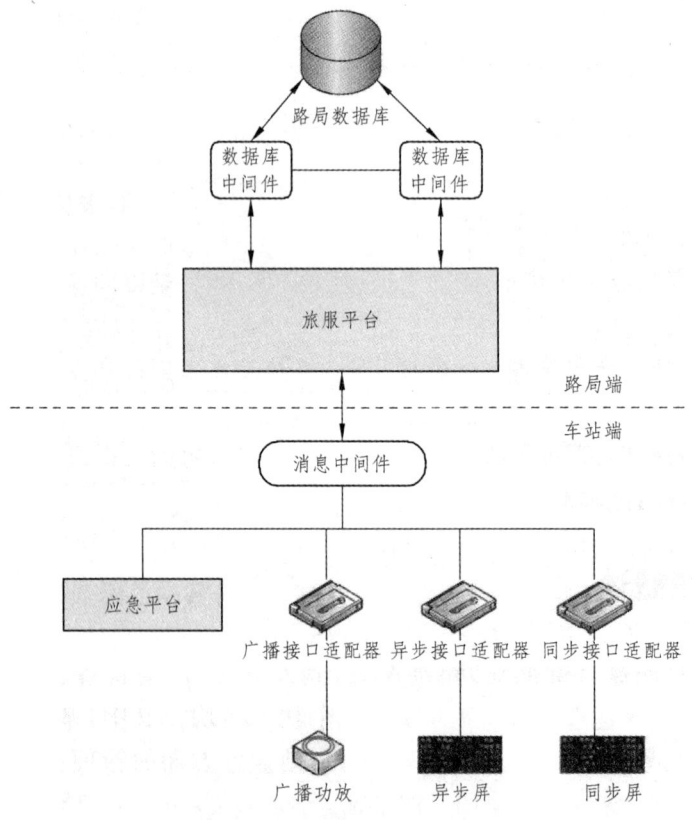

图 6-1-1　旅服平台总体架构

客运站管理人员可以通过旅服平台直观地了解各项客运业务的执行情况,迅速获取相关的客运业务统计数据,进一步调整相关的客运业务组织安排;可以借助旅服平台的监控功能,随时了解站内的公共秩序情况,做到及早发现问题尽早排除隐患。

(二)铁路旅客服务系统集成管理平台基本操作

1. 登 录

操作员在电脑桌面上双击图标启动系统后,自动进入登录页面(见图 6-1-2)。

图 6-1-2 登录界面

操作员在用户名文本框输入用户名,在密码文本框输入个人密码,单击"登录"按钮,系统将进行登录;若输入错误的用户名或密码,弹出确定提示框,单击"确定"按钮,重新输入;若取消登录,单击"取消"按钮。

2. 主界面

主界面是旅服平台的主要工作界面,主要模块包括基本操作、路局操作、到发管理、广播管理、导向管理、设备管理、信息管理、综合指挥、系统管理等。

系统名显示区显示系统名称"铁路旅客服务系统集成管理平台";时间显示区显示系统当前时间;线名显示区显示系统操作的线名称;站名显示区显示系统操作的站名称;导航栏显示区显示平台相关模块功能的选择区域;登录用户显示区显示当前用户信息;辅助功能显示区包含监听、显示日志、音量调节、锁屏管理。

3. 弹出窗口

旅服平台允许操作员将当前操作的窗口页面弹出,在多个显示屏上显示。

打开导向管理-异步屏管理主界面,如图 6-1-3 所示。

单击"基础操作"显示下拉菜单,单击"弹出窗口",弹出当前操作界面。拖动窗口标题栏,移动窗口的位置。

图 6-1-3　导向管理-异步屏管理主界面

4. 修改密码

用户登录后可以修改密码。单击"基础操作"显示下拉菜单，单击"修改密码"，弹出重置密码界面。在"原始密码"文本框中输入旧密码，在"新密码"文本框中输入新密码，在"再次输入密码"文本框中再次重复输入新密码。单击"确定"按钮，完成操作。单击"取消"按钮，重置密码。

5. 退出系统

单击"基础操作"显示下拉菜单，单击"退出系统"，可退出旅服平台，关闭系统。

（三）到发管理操作

到发管理是旅服平台的核心。所有与调度和客运业务相关的操作、管理功能都在到发管理中完成和执行，对外将 TRS/TDMS 信息有效接入，依据图定到发计划模板生成动态客运计划，依据不同的客运命令对动态客运计划进行修订与管理；对内将广播、导向等系统的业务和管理内容集成在一起，根据列车到发情况，对导向、广播等子系统进行相应客运计划的手动、自动下发。

客运组织配置可以增加、删除、修改车次的检票口、候车室信息。

1. 候车室检票口配置

（1）增加候车室检票口操作。

在站到发配置界面调度配置信息区选择任一车次，单击客运组织信息配置区左侧检票口候车室配置区的"增加"按钮，弹出添加检票口界面（见图 6-1-4）。

在"检票口"下拉菜单中选择一个检票口，候车室自动生成，单击"保存"按钮，弹出确定提示框，单击"确定"按钮，完成操作。

（2）修改候车室检票口配置操作。

在站到发配置界面调度配置信息区选择一条需要修改的车次，在客运组织信息配置区左侧，检票口候车室配置区选择需要修改的候车室检票口信息，单击"修改"按钮，弹出修改检票口界面。

在"检票口"下拉菜单中选择一个检票口，候车室自动生成，单击"保存"按钮，弹出确定提示框，单击"确定"按钮，完成操作。

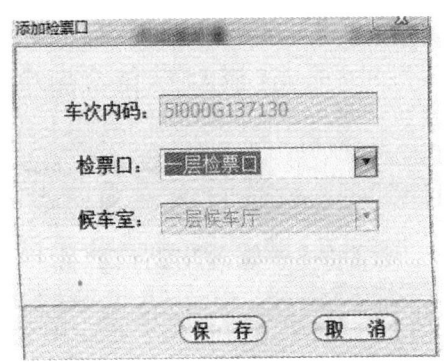

图 6-1-4 增加检票口界面

2. 出站口配置

（1）增加出站口操作。

在站到发配置界面调度配置信息区单击选择任一车次，单击客运组织信息配置区右侧出站口配置中的"增加"按钮，弹出添加出站口界面。

车次内码自动生成，在"出站口"下拉菜单中选择出站口，单击"保存"按钮，弹出确定提示框。单击"确定"按钮，完成操作。

（2）修改出站口操作。

在站到发配置界面调度配置信息区选择一条需要修改的车次，在客运组织信息配置区右侧出站口配置中选择需要修改的出站口信息，单击"修改"按钮，弹出修改出站口界面（见图 6-1-5）。

图 6-1-5 修改出站口界面

二、高速铁路旅客服务信息系统结构及功能

（一）旅客服务信息系统结构

旅客服务系统的设置旨在体现以人为本的理念，在旅客出行前、进站、候车、乘车、换乘、出站等各环节上提供全方位的信息服务，通过引导、揭示、广播、监控、查询、求助、时钟、应急、投诉、寄存、残障旅客服务和延伸服务等多种服务手段，形成统一的旅客服务平台。旅客服务系统总体上为旅客服务中心系统和车站系统两级架构。设置若干个旅客服务中心系统，实现服务策略的定制和车站服务状况的监控，从运营调度系统和 CTC 获取运行图

信息，按照客运服务的需求进行整理后，下载到所辖各车站。车站后台设置小型管理系统，实现对服务设备设施状态的设置和临时服务信息的调整。集成管理平台把分离的各个系统按照统一的接口标准集成到集成管理平台，提供综合业务操作，实现信息共享和功能联动。

旅客服务系统的结构如图 6-1-6 所示。

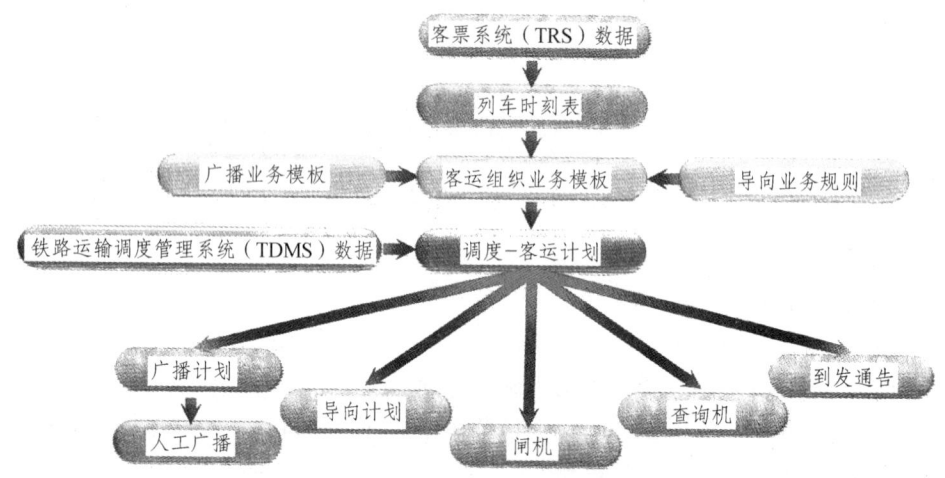

图 6-1-6　旅客服务系统的结构

旅客服务系统主要包括综合显示子系统、广播子系统、视频监视子系统、时钟系统、求助系统、寄存子系统、互联网服务子系统。

（二）车站客运广播系统

车站客运广播系统为车站旅客提供购票、进站、候车、乘车、出站等服务广播，为车站客运服务人员提供业务广播。车站的广播系统主要用于语音广播，基本由业务广播和消防广播两部分组成。正常情况下进行业务广播，向站内的旅客提供信息，实时地进行业务、宣传、临时、紧急、背景音乐、资讯广播等；出现火灾等紧急情况时进行消防广播。

1. 广播方式

车站广播系统的广播方式包括人工广播和自动广播（含半自动），可提供中文普通话、英语等多种语言。最具代表性的技术是：数字化、网络化技术；语音合成技术；环噪补偿技术。

2. 广播系统的组成

（1）监控室。

监控室包括系统管理服务器、语音合成服务器、维护管理终端、液晶显示器、语音采集卡。

（2）音源。

音源包括话筒、数字调协器、双卡录放机、DVD、内通电话接口。

（3）软件。

软件包括 IP 音频/控制编码压缩软件、语音库压缩编码软件、系统服务器热备份控制软件、TTS 模块。

其他设备还包括 IP 应急广播控制装置、自动联网控制接口、网络监听终端、监听音箱、时序电源控制器、稳压电源。

广播系统结构如图 6-1-7 所示。

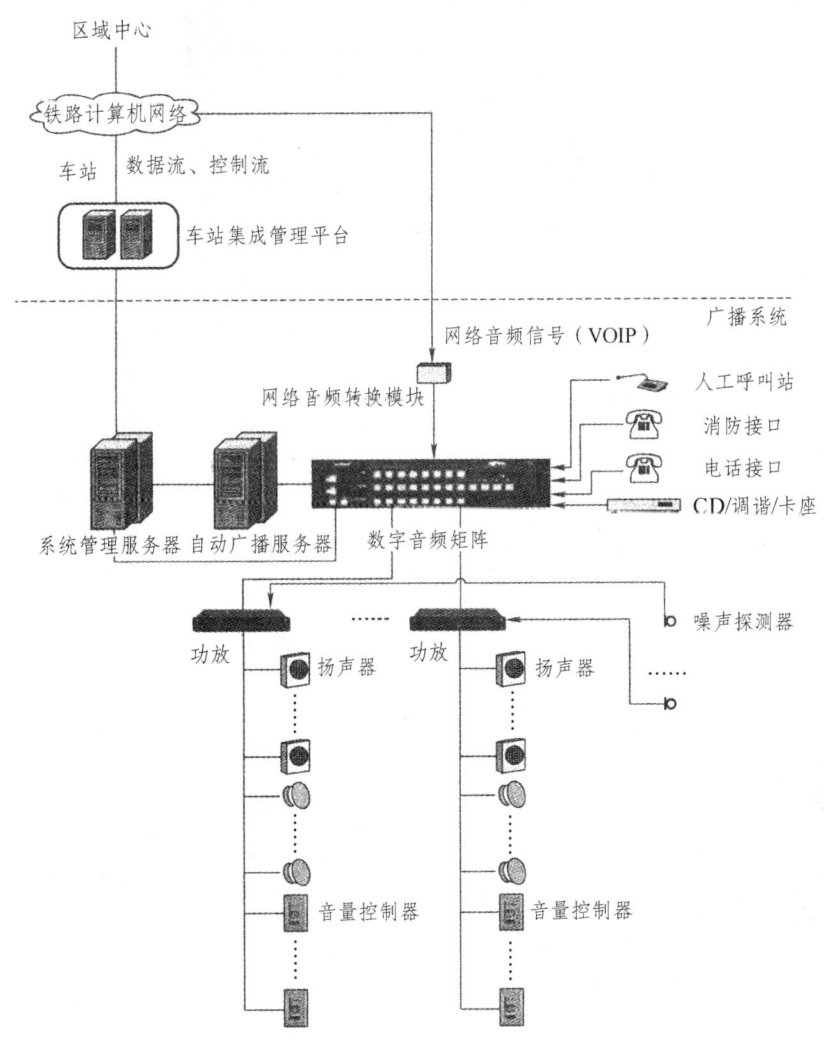

图 6-1-7　广播系统结构

3. 车站客运广播系统设置位置

车站广场、售票区、进站集散厅、候车区、站台、通道、出站集散厅、办公区、商业区等单独设置广播分区；大型及以上车站候车区、站台、售票区等广播分区设置不少于 2 个广播回路；中小型车站候车区、站台广播分区设置不少于 2 个广播回路；同一广播分区的相邻扬声器接入不同广播回路。

（三）车站综合显示系统

车站综合显示系统为旅客提供引导及资讯信息，为车站客运服务人员提供生产信息。系统包括控制器、综合显示终端等设备。综合显示终端包括 LED 显示屏、LCD 显示屏、计算机终端等（见图 6-1-8）。

图 6-1-8 车站综合显示系统

为车站客运服务人员提供信息服务的综合显示终端设置在车站站长室、客运主任室、售票室、检票室、补票室、客运值班室、公安值班室、上水工室、问询台或车站综合服务台、等处。综合显示终端设置地点及主要显示信息如表 6-1-1 所示。

表 6-1-1 综合显示终端设置地点及主要显示信息

名称	设置地点	主要显示信息
候车资讯屏	候车区、售票区	车次、始发站、终到站、开车时间、状态、公告信息等
售票窗口屏	售票窗口上方	售票窗口工作状态及编号等
票额屏	售票区	车次、始发站、终到站、开车时间、票额、当前时间、提示等
进站大屏	进站集散厅	车次、始发站、终到站、开车时间、状态、候车区、检票口等
候车引导屏	候车区入口等处	车次、始发站、终到站、开车时间、状态等
进站检票屏	进站检票口	车次、终到站、开车时间、站台、状态等
进站通道屏	进站地道或天桥通向站台处	车次、始发站、终到站、站台、开车时间、编组等
站台屏	站台	车次、始发站、终到站、开车时间或到达时间、编组、提示等
出站通道屏	站台通向出站地道或天桥处	车次、始发站、终到站、站台、到达时间、编组、提示等
出站大屏	出站口	车次、始发站、到达时间、站台、状态等

（四）车站视频监控系统

车站视频监控系统对车站的客运服务作业以及站前广场、检票口、安检区、售票区、候车区、扶梯、垂直电梯、通道、站台、办公区等场所进行视频采集，提供实时图像。

车站视频监控系统具有视频采集、视频处理、视频存储、视频回放、视频分发/转发、视频显示等功能。视频监控如图 6-1-9 所示。

(a)定焦摄像机　　　　（b)室外快球摄像机　　　　（c)室内快球摄像机

(d)半球摄像机　　　　（e)飞碟摄像机　　　　（f)数字摄像机

图 6-1-9　视频监控

视频前端采集设备采用高清数字摄像机。设置地点、监视区域如表 6-1-2 所示。

表 6-1-2　视频前端采集设备设置要求

设置地点	监视区域	设置地点	监视区域
进站集散厅入口	站前广场	检票口	检票口
售票区	售票区内	验证验票口	验证验票口
售票区进、出口	售票区进、出口	安检区	安检仪、安检门前后区域
售票室	售票室内	候车区	候车区
临时身份证制证室	制证窗口	卫生间	卫生间门口
票据库及进款室	票据库及进款室	车站内旅客用地道及天桥	地道及天桥内
补票室	补票室	重要旅客、车辆通道	通道内
进站集散厅	进站集散厅	办公区域出入口及走廊	办公区域出入口及走廊
电梯厅	电梯厅	站台	站台全部区域
出站集散厅	出站集散厅	客运楼梯、扶梯、电梯	客运楼梯、扶梯的上、下端，电梯出入口区域
进、出站口	进、出站口		

（五）车站时钟系统

车站时钟系统是一项特殊的重要信息服务设备，它既是铁路运输安全前提条件之一，也是旅客准时合理地安排个人事务的依据。车站时钟系统为车站旅客及客运服务人员等提供统一的标准时间信息。

车站在售票区、进站集散厅、候车区、站台、出站集散厅及其他明显的位置，设置同步的时钟，采用指针式或数字式子钟。为旅客提供时间保障，方便旅客及时了解准确的时间，合理安排自己的事务。

高速铁路时钟系统的构成均采用车站授时时钟、子钟、管理终端系统架构，采用子母钟校时和网络校时方案，利用旅服系统局域网实现系统设备之间的网络连接和数据交换。

时钟系统的结构如图 6-1-10 所示。

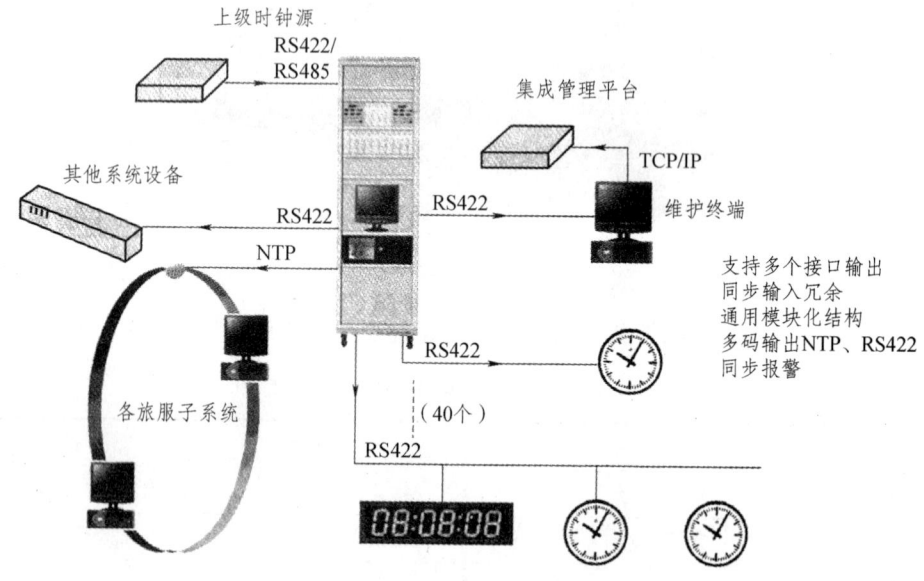

图 6-1-10　时钟系统的结构

（六）车站信息查询系统

车站信息查询系统向旅客提供列车车次、到发时间、余票及相关公告等信息查询服务。车站信息查询系统通过铁路局级、车站级集成管理平台获取信息。设置自助查询终端、人工查询终端。自助查询终端采用触摸屏终端，设置在售票区、候车区等处。人工查询终端采用计算机终端，设置在问询处、车站综合服务台等处。

1. 查询车站概况

查询车站平面分布、服务设施、机构职能、服务热线等基础信息。

2. 查询客运常识

查询购票常识、安全常识、退票常识等。

3. 查询旅游信息

查询市区交通、宾馆信息、旅游信息、站前公交线路及地铁信息。

4. 查询到发时刻

通过集成平台接口查询列车到发信息，包括列车车次、到站时间、停靠站台、发车时间、候车地点。查询设备及界面如图 6-1-11 所示。

5. 查询停站、点

查询列车沿线经过的停靠站、到站时间、发车时间、停留时间。

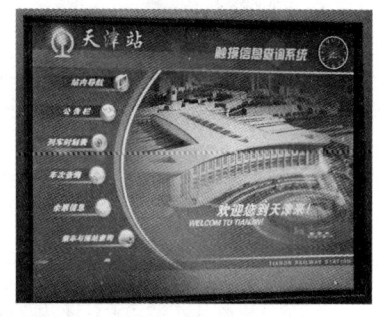

图 6-1-11　查询设备及界面

（七）车站求助系统

车站求助系统为售票区、进站集散厅、候车区、站台、出站集散厅等处的旅客提供求助呼叫服务。现场求助设备设置在售票区、进站集散厅、候车区、站台、出站集散厅等处。车站求助系统可与车站视频监控系统联动。

应急求助设备是为了处理站内突发的紧急事件，维护站内良好的秩序而设置的设备与设施，包括应急电话、应急售票窗、医药箱、应急中心、救助电话、信息终端、失物招领处、求助台、服务台等。

1. 求助主机

求助主机包括 AlphaCom E 系列交换机、监控系统接口、集成系统接口、录音接口、维护软件 AlphaPro。

2. 值班分机

内通终端 7072 广播型终端。

3. 求助按钮

抗破坏型子终端 7030。

4. 管理软件

Alpha Vision 终端管理软件。

求助系统的结构如图 6-1-12 所示。

5. 求助按钮

求助按钮采取嵌入式安装，防尘、防水，有一个抗破坏按钮，通过软件设置，求助按钮固定指向求助分机。求助按钮具有自动接听功能，当其他用户呼入时，自动接通呼叫，岗位上工作人员无须任何操作，在对方挂机时，求助按钮自动挂机。求助按钮如图 6-1-13 所示。

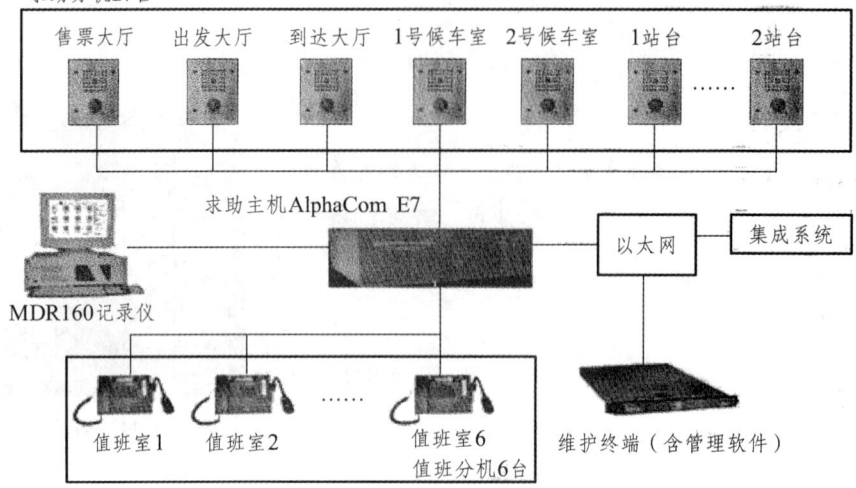

图 6-1-12　求助系统的结构

图 6-1-13　求助按钮

 任务训练

表 6-1-3　任务训练

实训项目	高速铁路旅客服务信息系统设备设施认知
实训目标	1. 使学生结合实际，加深对高速铁路旅客服务信息系统的认识与理解。 2. 培养学生使用高速铁路旅客服务信息系统学习的兴趣
实训内容及组织	由教师组织，学生自愿组成小组，每组 6~8 人，选择以下题目认知高速铁路旅客服务信息系统。 1. 铁路旅客服务系统集成管理平台设备认知。 2. 车站综合显示系统设备认知。 3. 车站信息查询系统设备认知
实训考核	1. 每组提交一份实训报告。 2. 各组进行汇报。 3. 教师根据各组的实训报告与课堂汇报进行评估

任务二　铁路客户服务中心系统

思政素质目标

爱党、爱社会主义、爱祖国、爱人民、爱集体；具有精益求精的工匠精神，尊重劳动、热爱劳动；严格遵守规章制度和劳动纪律。

能力目标

能正确应用铁路客户服务中心系统和高速铁路客票系统。

知识目标

掌握铁路客户服务中心系统的职责和功能；掌握高速铁路客票系统的架构和功能。

相关知识

一、铁路客户服务中心系统

铁路互联网服务系统以满足旅客的需求为出发点，在高度信息安全保障的基础上，在客户与铁路服务者之间建立沟通和互动渠道。以互联网接入方式，在旅客旅行的各环节中为其提供全方位的查询、咨询、订票、投诉等服务。铁路通过互联网开展宣传、信息发布、市场调查等业务。该系统的主要功能包括电子商务、信息/应用、旅行计划制订、娱乐、延伸服务、业务宣传、个性化功能、多通道访问、服务功能、系统管理等（见图6-2-1）。

图6-2-1　铁路客户服务中心网站

（一）铁路客户服务中心的主要职责

（1）负责受理电话、互联网、信件投诉，以及社会监督机构、上级单位和政府部门转来的投诉。

（2）组织客运站段及运输服务相关单位做好调查处理并反馈结果。

（3）汇总、分析本铁路运输企业管辖范围内的旅客投诉情况，提出改进意见和建议。

（4）定期与基层单位开展客服业务及人员培训交流，征求意见，编制、汇总典型投诉案例，并组织开展客服人员业务培训。

（5）受理职工对旅客投诉处理的申诉。

（二）客户服务中心的服务职能

铁路客户服务中心是一个综合性的语音服务平台，坚持以客户服务为核心，深入了解旅客心理，维持良好的客户关系，结合电话营销，信息处理，服务质量管理，切实有效地为旅客提供服务。

1. 以服务旅客为核心

为旅客提供优质服务是铁路客户服务中心的主要工作内容，"客户满意"是铁路客户服务中心所有工作的最重要目标。准确解答旅客提出的有关客运业务的各类问题，认真聆听旅客在乘车后提出的意见建议，正确对待旅客投诉，及时解决旅客乘车过程中遇到的困难，这些都是完成"旅客满意"这一重要目标需要具备的先决条件。

2. 重视客户关系管理

客户服务应以和旅客建立一个长期而稳定的关系，保证铁路的持续发展为目标，而不是注重短期利益。为此，铁路开展了"铁路畅行"常旅客会员服务，建立了一个长期的会员关系，采用积分兑换车票的营销形式来吸引客源。

3. 电话营销

通过电话、短信、电子邮件、信函、互联网等多种形式与客户有效沟通，了解和发现旅客需求，更好地为旅客提供合适的产品或服务。

4. 信息处理

为掌握铁路客运经营管理的情况和旅客需求，有效改进铁路营销策划、客户服务和内部管理，对客户服务相关信息（如旅客咨询、投诉、表扬、业务办理信息、旅客行为信息、旅客购票渠道偏好、反馈建议、应急求助等）定期汇总和分析，及时、准确地总结铁路部门在运营管理中的经验和存在的问题，并建立信息收集、反馈职能，强化相关部门协调，最终为铁路的正确决策提供依据。

5. 服务质量管理

铁路客户服务中心是铁路服务质量管理的重要部门，服务质量管理过程应从建立详细的服务规范与流程开始，在服务过程中应按照监控规范实施过程控制与监督，最后对服务效果进行跟踪分析与改进，提升服务质量。

目前，客户服务中心的核心业务是业务咨询、投诉受理、求助服务、失物招领、综合资讯、客货营销、多元经营等服务功能。

（三）客户服务中心服务的流程

1. 铁路客户服务中心服务的受理形式

铁路客户服务中心是通过旅客拨打电话12306，登录"htt://www.12306.cn"网站或铁路

12306APP办理相关服务事项，如图6-2-2所示。旅客可以使用铁路12306微信公众号办理相关服务事项，如图6-2-3所示，也可以通过其他方式进行投诉与建议。

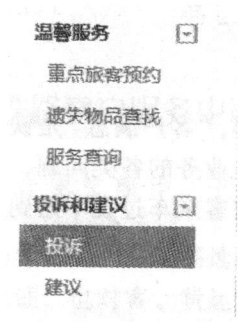
图6-2-2　12306网站服务界面

图6-2-3　12306微信公众号服务界面

（四）客户服务中心受理流程

客户通过拨打铁路客户服务中心电话12306，首先进入语音导航模式，根据自身需求选择需要的服务。若选择人工服务则转接人工台，由客户服务员为客户进行语音服务。

1. 语音客户服务中心系统架构

12306语音客服中心平台是基于计算机与电话集成（CTI）技术，结合电话、短消息、微信、Email、IP电话、可视电话、手机APP、传真等多种接入方式，充分利用通信网和计算机网的最新技术，并与企业信息系统连为一体的综合性信息服务系统。

2. 语音客户服务中心系统功能

语音客户服务中心界面的正上方是电话功能，按"接听"接入客户电话服务，在下方显示工单信息，按"挂断"结束服务；左上方显示客服人员姓名、工号等信息；右上边显示收到新邮件，点邮件在左边显示邮件内容，右边编辑回复邮件，按"发送"可发送回复邮件；微博、微信、在线客服和短信的格式一样，只是在左上部显示具体的对话方式，如屏幕显示"微信"，左边是对方发的信息，右边是回答信息，如微信中包含语音，可按"发声"健。左下角显示视频信息，可以对视频进行放大或缩小，可通过选择左边的菜单执行相应功能；右下方显示客户的信息（包括用户相片，信息来源客户关系系统），客服人员可以根据客户的位置、状态以及最近接受的服务等信息，更准确和快速地满足客户服务需求。

系统功能有自助语音、智能排队、座席分配、话务控制、视频控制、智能路由、智能机器人、消息管理、工单管理、班务管理、统计分析、质量管理、绩效管理、培训考试、现场监控、资源调度、权限管理、组织机构、工号管理、日志管理等。对语音来说，先调"自助语音"自动处理语音求助，如果需要人工服务，则按"智能排队"规则，在CTI排队，由"呼叫控制服务器"负责按"座席分配"规则建立和管理呼叫的连接，将求助分给人工座席。人工可以依据"话务控制"和"视频控制"规则，为求助人员服务，也可以按"技能路由或智能路由规则"转到其他座席。如果是多媒体求助信息，经CTI排队后，由"多媒体控制服务器"按"座席分配"规则将求助分给人工座席，可调用"智能机器人"引导人工解决问题，或通过"消息管理"进行对话。所有的语音、多媒体服务都形成工单，如业务咨询、投诉等工单，通过工单流转解答客户问题；班长或质检员通过工单检查或者监听来检查客服过程的质量；通过工单自动统计客服人员的工作量，进行客服人员的绩效考核；工单在铁路内部流转，且流转到铁路高层管理人员，如果遇到客服人员难以解决的问题，在铁路内部研究后，再通过 PDS 回复用户。在客服中心按班次作业，按工号管理，根据繁忙程度对服务资源进行调度。

语音服务流程如图 6-2-4 所示。

客户服务员服务流程如图 6-2-5 所示。

（五）客户服务中心服务业务类型

1. 解答咨询

准确解答客户提出的与客运相关的各类问题，如铁路常识、12306 购票问题、实名制注册等，并根据咨询问题类型，定期汇总、分析客户最关注的问题，及时上报，提出改进工作建议。

2. 应急求助

利用网络平台及资源优势，对遇到突发疾病、重点旅客、遗失物品等存在现实困难的旅客提供应急求助，成为旅客出行的依赖和保障，还可以解决通过拨打 12306 电话的客户账户的手机号解绑和手机核验验证等问题。

3. 受理投诉与表扬

及时受理各类客户投诉问题，将问题记录成涉诉受理工单，并传达到相关单位，同时对问题进行调查、追踪、督促相关单位尽快处理。待问题处理好之后对旅客进行回访，并根据投诉问题类型，定期汇总、分析各个工作环节的服务漏洞和薄弱点，对暴露出的突出、重点问题，及时通报和警示全路职工，发挥客户服务职能，提升服务质量。对客户的表扬信息进行登记、转发，成为客户表达心意的桥梁，成为铁路职工在服务工作中的表率。

4. 电话营销

通过电话营销的方式，为旅客介绍高铁订餐服务、高铁快件服务、团体票服务及各类最新发布的营销信息，想旅客之所想，急旅客之所急。

5. 反馈建议

对旅客提出的各类意见和建议，分类汇总，去伪存真，真正将旅客的需求放在第一位，将旅客提出的合理意见纳入服务过程中。对旅客定期回访，通过与旅客的互动，以及采纳旅客意见与建议行为，表明铁路对社会公众的态度，同时也热情地接受社会各界的监督。

二、高速铁路客票系统

铁路客票系统已建成覆盖全国的超大型售票网络，拥有窗口、代售点、自动售票机、电话等多个售票渠道。铁路客票系统包含车站服务、互联网/手机售票、电话订票、电子支付前置、列车服务、票务管理、客户关系管理、监控子系统、订餐服务，以及交易服务集成平台和数据共享集成平台，为旅客出行提供了方便。面向海量数据存储和超大规模并发交易

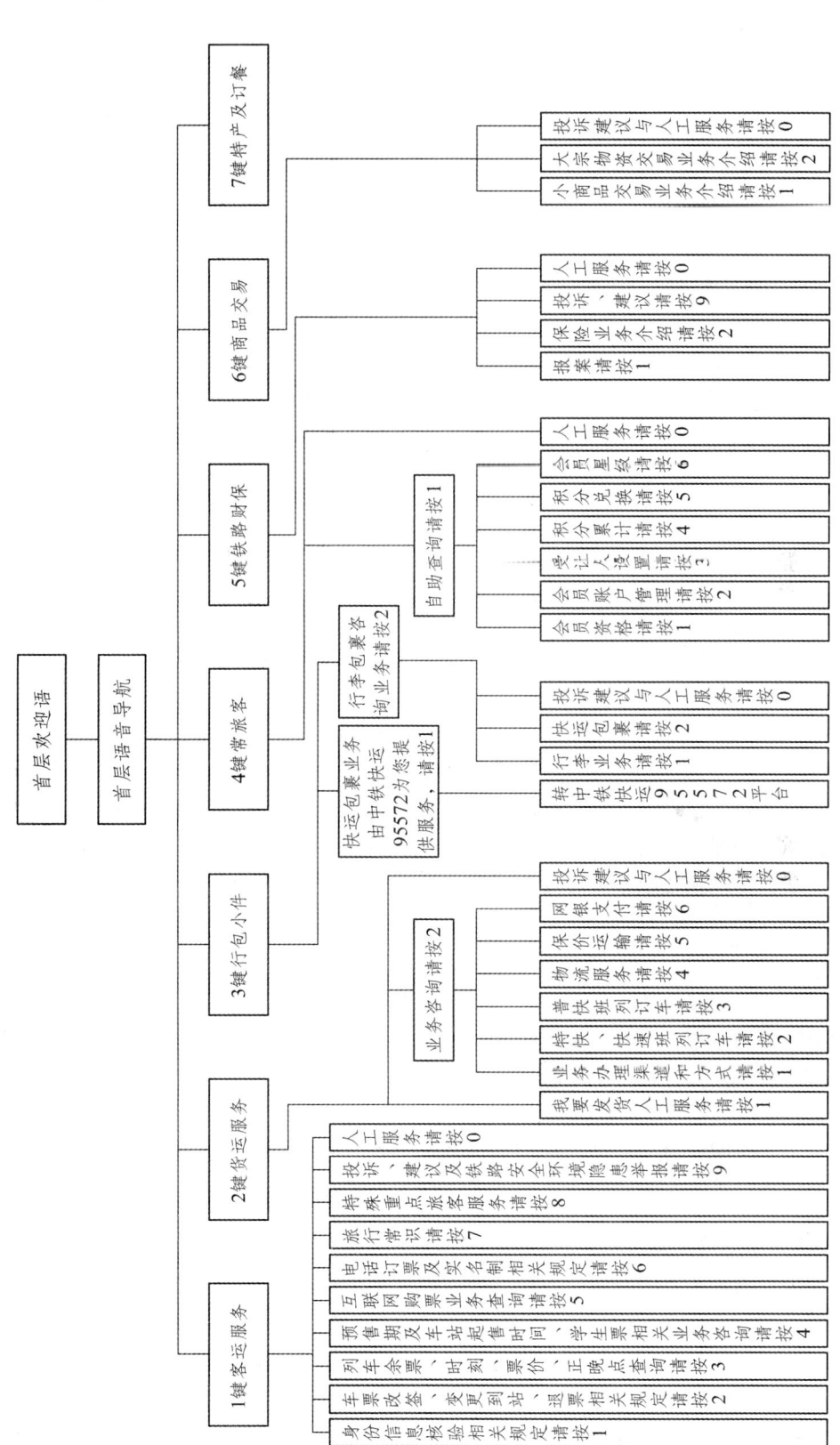

图 6-2-4 语音服务流程

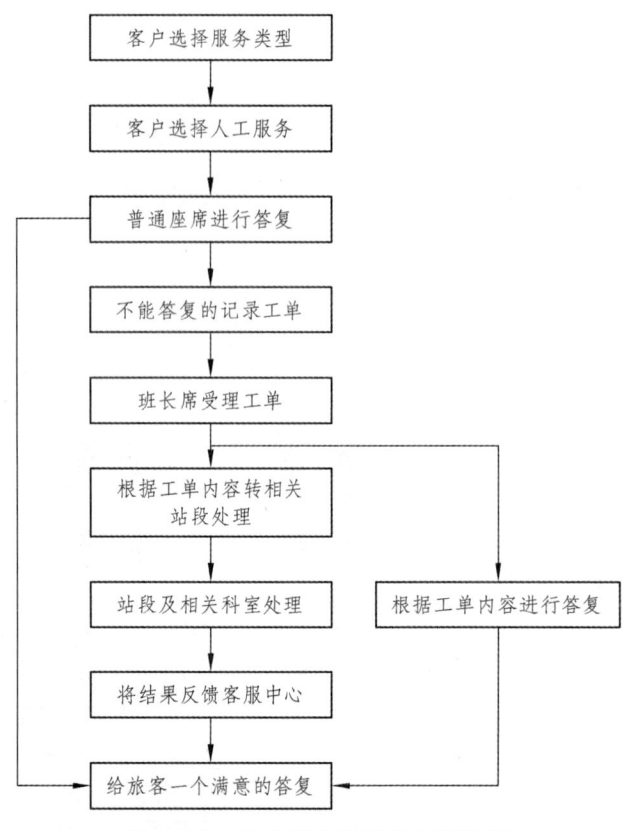

图 6-2-5 客户服务员服务受理流程

的应用需求,铁路客票系统广泛地采用了移动互联网、云计算平台、内存数据库及弹性计算架构等新技术,并在车票实名制、电子支付、票额预分、席位选择、通退通签等领域深入研究、持续创新,不断强化服务和运维效率,提升服务品质。

(一)高速铁路客票系统的架构

高速铁路客票系统,通过票务专网与售票终端相连接,完成席位集中管理、交易实施处理、基础数据维护、销售策略实施、统计、收入管理等票务系统核心功能,通过强有力的安全保障措施,确保其安全稳定不间断运行。在车站及相关机构设置票务管理监控终端,完成日常业务管理,车站检票以自动检票为主。高速铁路客票系统按中国国家铁路集团有限公司、铁路局、车站三级配置设备。高速铁路客票系统涵盖了数据管理、票额管理、售票管理、售票业务、应急售票等一系列组织环节。高速铁路客票系统的架构如图 6-2-6 所示。

1. 中国国家铁路集团有限公司

中国国家铁路集团有限公司负责定义动车组列车票价计算母表、车底标号、路网基础数据、计价方式,负责跨局动车组列车车底配备、客运发送量、客座率等相关数据的汇总统计,分析和规划路网列车开行方案,负责确定高铁列车售票的相关数据管理。互联网售票系统、银行系统、铁路站车交互系统、公安系统、清算系统等以中国国家铁路集团有限公司为接入点接入客票系统。

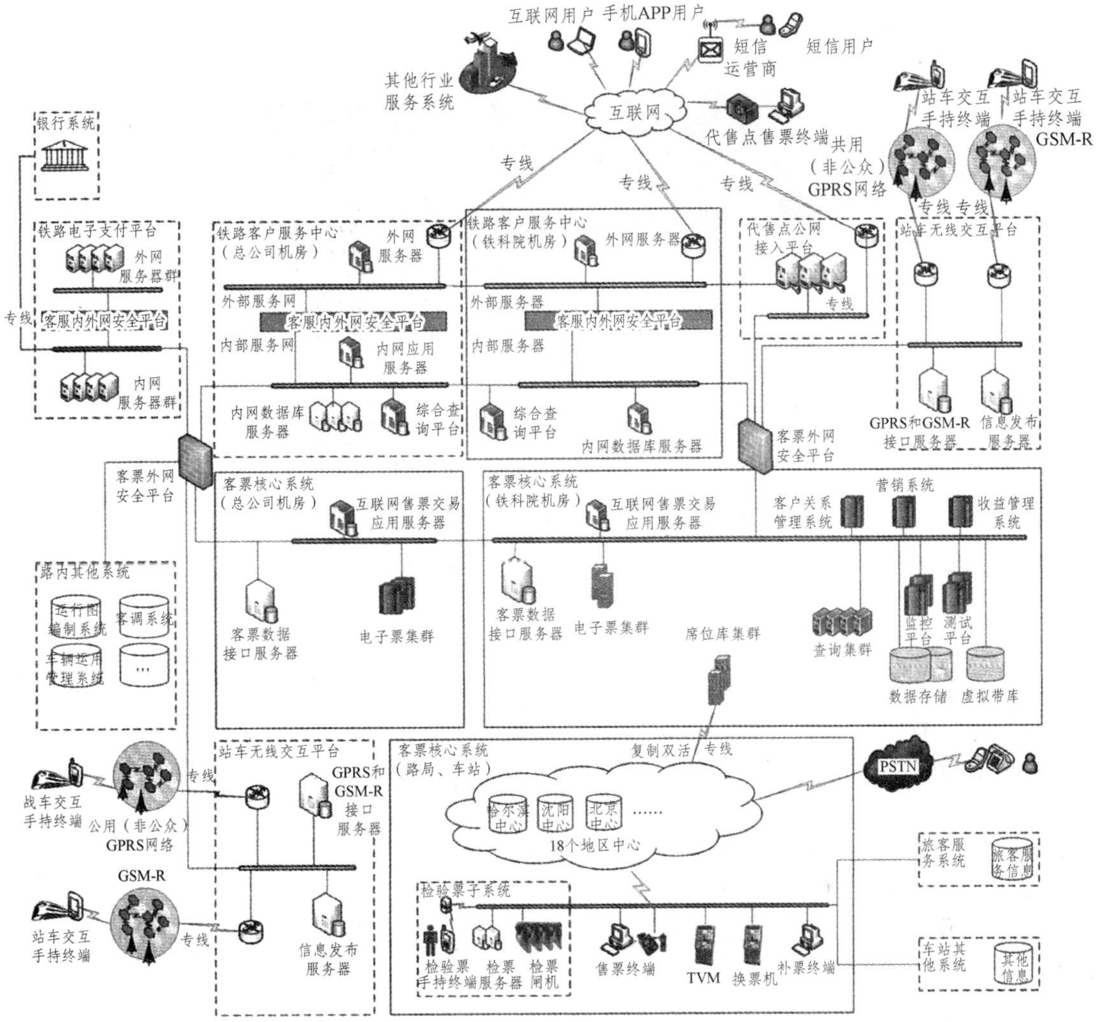

图 6-2-6 高速铁路客票系统的架构

2. 铁路局集团公司

铁路局集团公司负责依照运行图组织售票数据，维护车次、票价等基础数据，负责窗口（代售点）、电话订票等多种售票方式与渠道的组织，监督局管内各售票渠道的车票发售情况，负责在突发状况下根据影响范围及现场实际情况协调、组织应急售票工作。铁路局集团公司需根据客票发售的相关生产数据进行销售分析，不断优化销售策略；负责管内动车组列车车底运用，并根据中国国家铁路集团有限公司确定的具体高铁直通列车，完成席位生成、共用、复用、定义调整、列车票额发售情况监控等工作。电话订票系统、自动售票系统、自动检票系统、营销系统以铁路局集团公司为接入点接入客票系统。

3. 站　段

站段负责依照各铁路局集团公司制定的具体运能、列车停靠站、客票发售规章组织售票相关业务、应急售票组织等业务的开展。车站窗口通过铁路专网接入客票系统，代售点窗口是车站的扩展窗口，通过专线接入（拨号/宽带方式）或公网接入（目前已在部分铁路局集团公司应用）方式接入客票系统，可办理车站业务中的部分业务。铁路客票发售和预订系统操作界面如图 6-2-7 所示。

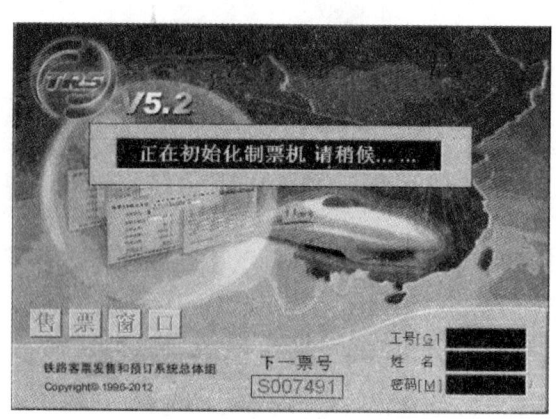

图 6-2-7　铁路客票发售和预订系统操作界面

（二）客票系统的功能

客票系统具备票务管理、售票交易、互联网售票、手机售票、电话订票、列车服务、车站服务等功能，还具备客户关系管理、客运营销辅助决策、卡务管理、系统监控等功能。客票系统可支持磁介质纸质热敏票、二维条码票、非接触式 IC 卡、电子客票等票务处理。客票系统支持现金、银行卡、储值卡、电子支付等多种支付方式。客票系统支持实名制售票、验证、检票。

票务系统完成席位集中管理、交易实施处理、票价计算、销售策略实施、自动检票、统计、收入管理等功能，由运营管理、常客管理、检票、交易处理、席位管理、业务管理、票价计算、径路计算、储值卡管理、收入管理、统计、数据管理、系统管理监控等子系统构成。

1. 运营管理子系统

运营管理子系统主要实现高速铁路运营管理策略、营销策略、运价政策等在票务系统的体现，主要功能包括：席位属性描述、席位用途分类管理；根据列车运行信息调整或调度命令，对席位进行调整和管理；对基本票价、区段票价、一口价、票价季节浮动、票种优惠等进行管理。

2. 常客管理子系统

常客管理子系统对常客户以实名制的方式进行管理，根据客户持卡类别、积分信息等不同进行分类，灵活设置不同类别常客享受的优惠规则，主要功能包括：对常客信息进行收集和整理，常客分类管理；常客优惠规则配置；常客车票使用情况统计。

3. 检票子系统

自动检票系统主要部署在客运车站，主要功能包括：完成旅客进站自动检票作业；完成旅客出站自动检票作业；实现相应的管理和监控作业。

4. 交易处理子系统

交易处理子系统实现票务系统中有关售票、订票、退票、补票的交易处理，主要功能包括：接收并处理来自售票窗口、自动售票机、互联网、呼叫中心等各类终端的交易请求；完成客票发售、预订及相关交易业务。

5. 席位管理子系统

席位管理子系统是高速铁路票务系统的核心服务系统，主要功能包括：为各系统提供席位的生成、搜索、占用、修改、删除等关键处理服务；利用先进、成熟的数据处理技术，以高效、可靠的处理策略对席位进行管理；保障席位查询占用的高效性、席位修改与存根记录的一致性、席位利用的可追溯性。

6. 业务管理子系统

业务管理子系统实现对票务系统操作人员和操作终端的管理，主要功能包括：身份管理；票据管理；代理代售管理；系统提供的各类接口管理。

7. 票价计算子系统

票价计算子系统依据中国铁路制定的票价业务规则，完成高速铁路车票票价的计算，主要功能包括：实现普通票票价计算；实现签证票票价计算；实现优惠票票价计算；提供详细的票价计算结果。

计次票、定期票是铁路部门推出的新型票制产品，持有者可在规定的有效期内，乘坐规定次数的、购买产品时指定发到站及席别的列车。可通过12306网站和"铁路12306"手机APP实名购买。计次票、定期票售票如图6-2-8所示。

图 6-2-8　计次票、定期票售票

8. 径路计算子系统

径路计算子系统，根据旅客的旅行需求，为旅客的出行提供线路的选择服务，主要功能包括：在列车运行图信息、线路信息以及其他相关的交通线路信息的基础上，实现任意两站之间乘车径路的计算；为旅客按旅行时间、票价、里程等目标要求提供多种乘车路线的比选方案。

9. 储值卡管理子系统

储值卡是铁路或铁路与银行联合发放的具有储值功能的消费卡，是旅客购票时的一种支付方式，主要功能包括：实现储值卡的发放管理；实现储值卡的充值管理；实现储值卡的消费管理；实现储值卡的清算管理。

10. 收入管理子系统

收入管理子系统完成高速铁路客运进款统计及相关收入统计、审核管理，主要功能包括：当班结账状态查询；窗口日结账；后台废票、退票日处理；退票统计；日售票收入统计汇总；窗口收入统计；售票员工作量统计；分销售渠道（代理、代售、自助、站售等）收入统计；车站收入统计；分车次收入统计；收入报表生成与查询。

11. 统计子系统

统计子系统为用户提供方便、灵活的报表统计功能，使各级工作人员对于票务系统的业务情况、营业状况有比较全面的了解，统计报表按照车站、区域中心、国铁集团三级权限分级管理，各级按照业务需求，进行不同的统计和查询，主要功能包括：售票情况统计；席位利用情况统计；客运统计；收入情况统计；设备布局及运行情况统计。

12. 数据管理子系统

数据管理子系统为整个高速铁路票务系统的正常运转提供数据保障，主要功能包括：提供高速铁路票务系统路网数据；提供列车运行图数据；提供交易数据；提供历史数据维护及管理。

13. 系统管理监控子系统

系统管理监控子系统辅助系统管理人员管理、监控系统状态，保证系统能够安全、稳定、高效地运行，主要功能包括：监控系统相关软硬件基础平台；监控系统专用硬件设备；监控业务系统的运行状态；监控系统资源使用情况。

三、高速铁路客运营销与策划系统

高速铁路客运营销与策划系统是面向高速铁路内部经营管理人员的应用系统，以铁路运力资源为基础，以客运市场变化为依据，形成客运市场调查与分析预测、运营策划、分析与评价3个部分。

（一）高速铁路客运营销与策划系统的架构

高速铁路客运营销与策划系统为一级架构两级管理。

上级系统以数据仓库为核心，完成客票数据、客服数据、路网数据、地理信息、列车信息、市场信息的采集，数据质量检查，数据的清洗、转换和加载，整合并加载到市场营销策划数据仓库中，同时在数据仓库上开发市场调查与分析、列车开行方案设计、销售策略制定、票价策略制定、分析评价、客户关系管理等应用，为铁路客运营销分析提供强有力的信息和技术支持。

下级系统主要完成市场调查数据的采集，将数据上传到上级市场营销策划系统。下级系统的营销分析、预测、决策、策划、开行方案设计等工作，由下级系统提交上级系统进行处理，并将结果下发给调用者。

市场营销策划系统可以划分为数据层、数据通信与采集层、数据存储与管理层、应用层和信息访问层。整个系统依托网络基础设施，由业务平台支撑，在安全保证体系和运行管理体系的基础上运行。

（二）高速铁路客运营销与策划系统的功能

高速铁路客运营销与策划系统由系统管理子系统、数据管理子系统、市场调查与分析预测子系统、辅助决策子系统、分析评价子系统、客户关系管理系统构成。高速铁路客运营销与策划系统的功能如图 6-2-9 所示。

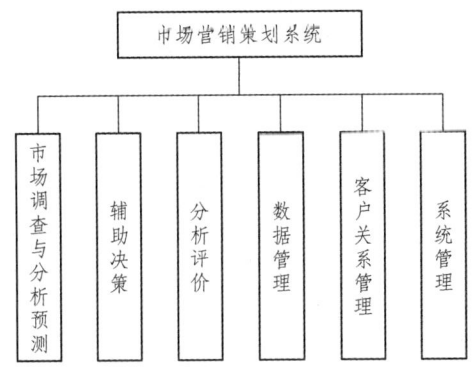

图 6-2-9 高速铁路客运营销与策划系统的功能

1. 系统管理子系统

系统管理子系统是保证市场营销策划系统运行秩序而提供的系统级管理、维护与监控手段。

2. 数据管理子系统

数据管理子系统对业务范围内进入和存储在系统中的数据进行有效管理，确保数据随时间、空间变化的持续可用性，在出现硬件问题、人为错误或发生灾难情况下保证业务运行的稳定性，同时对数据实施保护和加密策略，防止非授权访问和违规修改。

3. 市场调查与分析预测子系统

市场调查与分析预测子系统通过完备的市场调查手段与分析方法，完成长、短期的常规和专项客流调查与分析预测，帮助业务管理人员及时准确地掌握客运市场动态，为业务决策提供信息支持。

4. 辅助决策子系统

辅助决策子系统完成客运产品设计及运输组织方案设计工作，如制订旅客运输计划、设计开行方案、制定销售策略、制定票价策略。

5. 分析评价子系统

分析评价子系统是将铁路客运经营效果作为分析评价参照的指标体系，实现客运指标统计查询展现、旅客列车效益分析、列车开行方案评价、客运资源运用评价的功能，并在实践中检验客运指标体系的有效性、合理性，提出客运指标体系改进的建议方案。

6. 客户关系管理系统

客户关系管理系统是客运服务系统与客户之间交互信息的平台，也是整个客运服务系统实现客户信息有效整合的必要手段。客户关系管理包括客户档案管理、客户等级管理、客户信息查询与维护、客户交易信息管理、客户培育管理、客户分析、客户资源计划制订等功能。

任务训练

表 6-2-1 任务训练

实训项目	高速铁路客票系统认知训练
实训目标	1. 使学生结合实际，加深对高速铁路客票系统的认识与理解。 2. 培养学生高速铁路客票系统学习的兴趣
实训内容及组织	由教师组织，学生自愿组成小组，每组 6~8 人，选择以下题目进行高速铁路客票系统认知训练。 1. 正确使用铁路客户服务中心系统。 2. 认知铁路客户服务中心语音服务。 3. 认知高速铁路客票系统功能。 4. 正确使用高速铁路客票系统
实训考核	1. 每组提交一份实训报告。 2. 各组进行汇报。 3. 教师根据各组的实训报告与课堂汇报进行评估

任务三　铁路客运管理信息系统

思政素质目标

爱党、爱社会主义、爱祖国、爱人民、爱集体；具有精益求精的工匠精神，尊重劳动、热爱劳动；严格遵守规章制度和劳动纪律。

能力目标

能正确应用铁路客运管理信息系统。

知识目标

掌握铁路客运管理信息系统的功能和使用方法。

相关知识

铁路客运管理信息系统以先进的信息技术为支撑，适应铁路快速发展的需求，覆盖国铁集团、铁路局、客运站段等层级，满足铁路客运管理部门的值乘计划管理、在途列车监控、客运组织与作业管理、列车办公与服务管理的功能需求，规范铁路客运管理作业流程，提高工作效率。系统在基于无线网络的在途列车追踪技术、备品备件编码及标识技术、值乘计划编制及优化技术等多个方面取得了突破。

一、铁路客运管理信息系统

客运管理信息系统总体结构采用中国国家铁路集团有限公司、铁路局两级部署，中国国家铁路集团有限公司、铁路局、客运站段三级应用的模式。

（1）中国国家铁路集团有限公司级、铁路局级客运管理信息系统具备客运主管部门管理客运业务功能。

（2）客运站级客运管理信息系统具备客运站日常生产管理、客运组织管理、人员管理、设备履历管理、站车信息交互等功能。客运站级客运管理信息系统如图 6-3-1 所示。

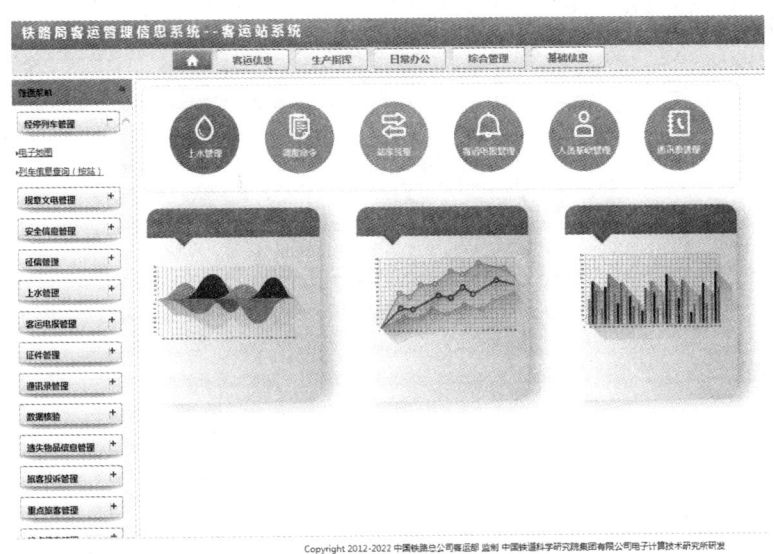

图 6-3-1 客运站级客运管理信息系统

（3）客运段级客运管理信息系统具备客运段日常生产管理等功能。

客运段级客运管理信息系统如图 6-3-2 所示。

（4）中国国家铁路集团有限公司级客运管理信息系统应设置数据库服务器、应用服务器、接口服务器、存储、负载均衡器等设备。

（5）铁路局级客运管理信息系统应设置数据库服务器、应用服务器、接口服务器、存储、负载均衡器、语音、短信收发等设备。

（6）客运管理信息系统终端宜与办公管理信息系统终端合设。铁路客运管理信息系统的架构如图 6-3-3 所示。

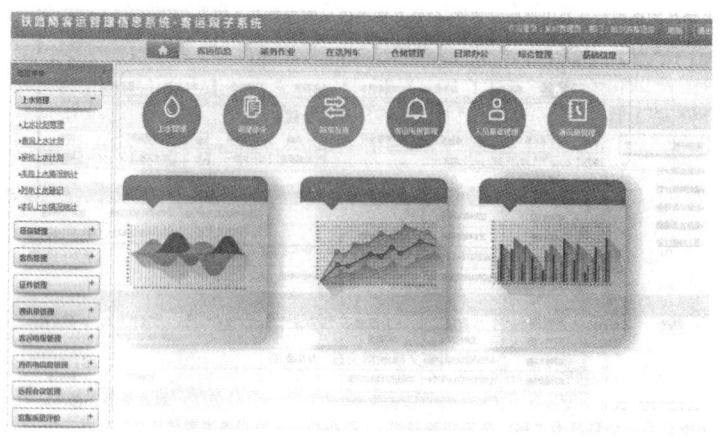

图 6-3-2 客运段级客运管理信息系统

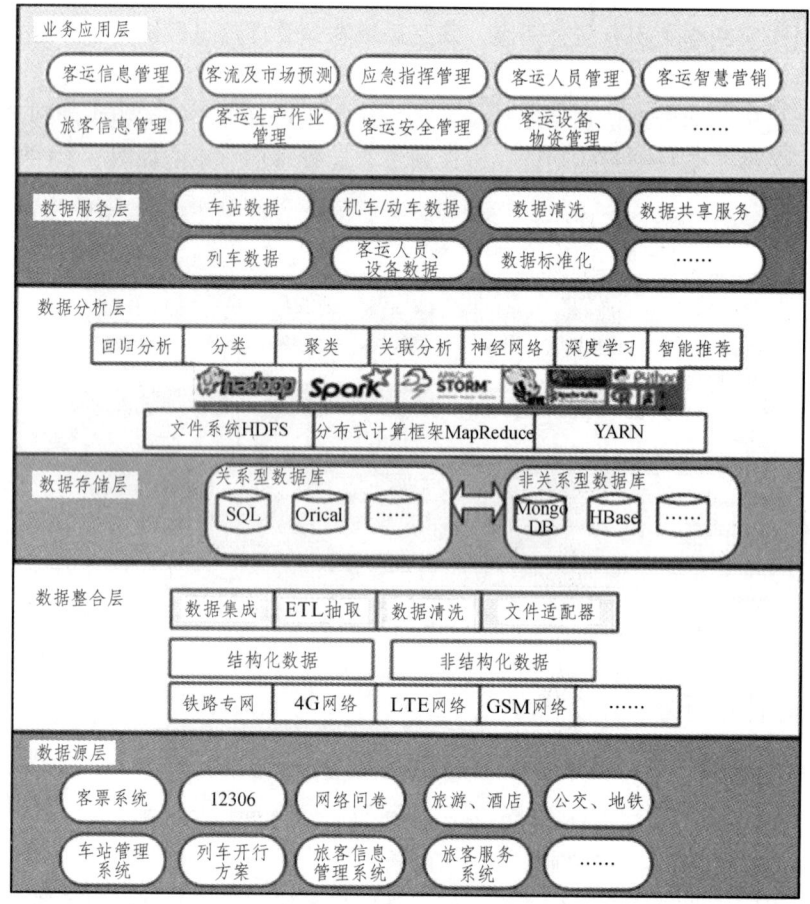

图 6-3-3 铁路客运管理信息系统的架构

二、铁路客运段管理信息系统

客运段管理信息系统主要围绕列车旅客服务，集客运段安全生产管理、站车交互、列车服务管理信息于一体的综合管理信息系统。

1. 客运段管理信息系统的结构

客运段管理信息系统（简称客运段系统）主要由四部分组成：一是客运段日常生产管理功能，包括乘务管理、备品管理、餐饮管理、保洁管理、经营管理；二是旅客列车服务管理；三是站车交互功能；四是客运段安全生产的指挥。

系统数据库服务器和应用服务器均集中部署在铁路局，系统通过集成平台与调度系统、客票系统交换数据；通过安全平台及站车交互功能与旅客列车服务管理功能交换信息；通过短信平台向乘务人员发布客运管理和安全信息，铁路局（或铁路总公司）业务部门也可以直接查询客运段列车服务信息。

2. 客运段管理信息系统功能

客运段负责旅客列车上的服务。列车上主要靠乘务员向旅客提供服务。所以，客运段生产管理系统一是对乘务员的管理；二是对服务旅客的备品管理，三是对旅客餐饮等服务的管理；四是对车上保洁服务的管理；五是对车上销售商品的管理；六是与车站共同保证列车自来水的供应。

旅客依据列车时刻表选择乘坐的列车，列车时刻表依据列车运行图进行编制；日常调度人员要根据客流变化编制调度命令动态调整运行图，调整结果每天生成日班计划；列车调度人员根据日班计划组织编发列车，形成阶段计划，指挥列车运行，列车运行图/日班/阶段计划的主要内容就是车次、时间、停靠站（发站、到站、沿途车站）。

车站要依据日班计划编制车站的计划，客运段也依据日班计划编制客运段的计划，客运段的计划包括乘务员计划、备品计划、餐饮计划、保洁计划、车上零售商品计划、上水计划等。整体流程如图 6-3-4 所示。

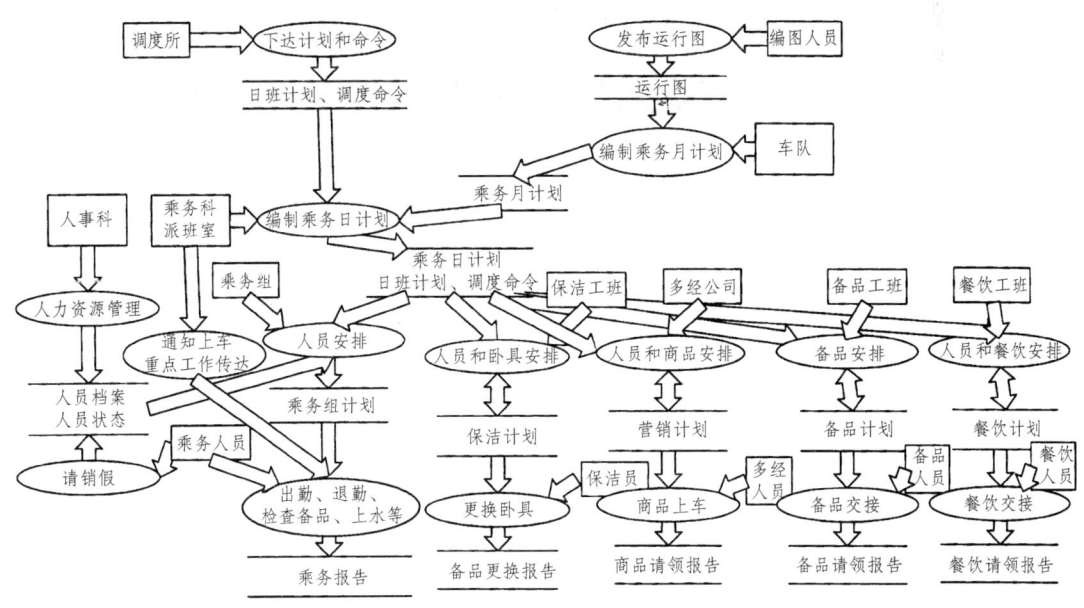

图 6-3-4　客运段业务流程

三、站车交互系统客运管理系统操作

列车上仅有列车长具有登录客运管理系统的权限，包括合并登录和独立登录两种方式。合并登录是在登录站车交互系统时一同登录客运管理系统，输入用户 ID 和密码即可。需要注意的是，登录的车次需要在该登录用户的乘务计划内，否则无法使用客运管理相关功能。从站车交互系统左滑，可以进入客运管理总菜单页面。独立登录是先登录站车交互系统，等需要用客运管理系统功能时，才会要求登录。进入客运管理系统界面后，可以进行信息查询和业务操作。

点击客运管理主入口包括客运管理和生产作业的具体条目。客运管理包含应急处置、列车速报、乘务日志、晚点消息、工单消息、铁路电报、上水管理、直供电信息录入、铁路公安报警电话、查看经停站通讯录、征信信息管理、遗失物品查询、列车到发查询。生产作业包含班组信息、客运记录、调令历史数据查询、设备检修与故障上报。客运管理主入口如图 6-3-5 所示。

图 6-3-5　客运管理主入口

1. 乘务日志

客管系统中可编写上报出乘及当前登乘车次的乘务日志，具体操作如下：

（1）点击业务操作界面的"乘务日志"，进入乘务日志主页后，选择"日志类型"及"出乘日期"，点击"添加"创建一份新的乘务日志。

（2）点击"出乘"进行出乘操作。

（3）点击"查询"或"更新"按钮查询或更新日志信息。

（4）点击日志查看详细信息及填报，详情界面点击右上角菜单键可以切换不同乘务信息界面进行填报。

2. 晚点消息提醒

操作员将收到语音及消息提醒，提示晚点消息，签收表示已读签收，未签收的消息隔段时间将会继续提醒；已签收的消息可查看消息记录。（见图 6-3-6）

图 6-3-6 晚点消息提醒

3. 工单消息提醒与查询

操作员将收到语音及消息提醒，提示工单消息，点击进入信息列表，根据列表点击进入工单列表，可根据工单状态查看工单信息，点击进入工单详细信息。客管系统中可查询当前登乘车次相关的历史工单详情及签收情况，系统中可查询的工单类型包括遗失物品工单、重点旅客工单两类。

重点旅客工单中可进行重点旅客工单的查看、反馈、接乘确认的操作。

遗失物品工单需要填写遗失物品明细，包括"遗失地点""物品名称"，选择"捡拾日期"，选择"领取状态"（以上4项可以选填，但尽量填得精准一些），点击"查询"按钮查询遗失物品。查询遗失物品详情时，点击"详细信息"按钮查看详情。工单消息提醒与查询如图 6-3-7 所示。

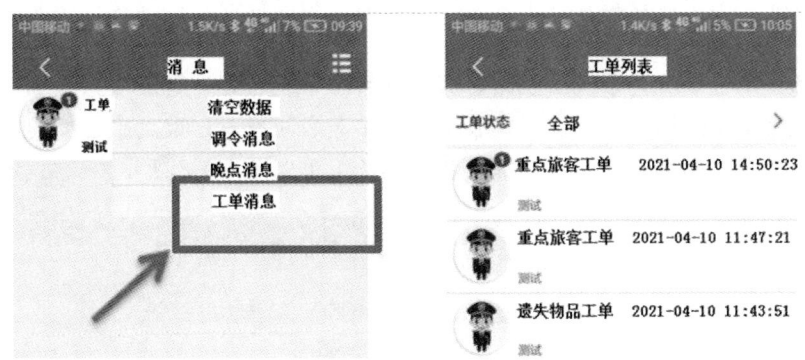

图 6-3-7 工单消息提醒与查询操作界面

4. 征信信息管理

客管系统可对旅客征信情况进行管理，包括填写上报和查询旅客征信信息。

（1）填写上报旅客征信信息。

点击"征信信息管理"，进入征信信息管理界面；点击"信息添加"，首次进入填报界面会弹出"人员基础信息"界面，要求确认当前上报人员的信息，不完整的须填写完成并提交后才能使用填报功能；根据界面内容点选或是填写对应信息，点击"确定"进入"征信事件信息设置"界面；选择事件类型，根据事件类型填报旅客信息。

乘客信息分为两类：一类是不需要添加信息的，没有"添加补票信息"按钮；另一类是需要添加信息的，根据信息点填写相应的信息。

若需要填写旅客身份证号，系统将在线进行身份证核验，核验通过后才可保存该旅客信息。乘客信息中带＊号的字段为必填项。

（2）未上传信息。

对于编辑好未上传的本地信息，点开本地保存的未上传信息，点击"上传"提交对应的信息。

（3）不良旅客信息查询。

客管系统中查询不良旅客征信的方式有3种，分别为：本车次不良旅客查询、旅客姓名查询和证件号查询。

5. 客运记录

客管系统中设置有客运记录模板，列车长可以根据具体情况选择客运记录模板，进入客运记录详情页进行填报。

6. 调令查询

客管系统中可以查询当前登乘车次相关的历史调令详情及签收情况，具体操作如下：点击"调令历史数据查询"，选择"接收期间"，选择"调令状态"，点击"查询"按钮查询相关调令信息，点击单条调令状态，即可查看调令详情（包含签收功能）。

四、客运服务工单电子流转

客运服务工单电子流转是客服中心互联互通后的功能延伸，也是完善作业流程、优化服务效率、提升客运服务质量的重要手段。

客运服务工单电子流转系统由铁路客服业务管理系统、客运管理信息系统、客运站车无线交互系统3个子系统构成，可实现客服中心与站车之间投诉、重点旅客预约及遗失物品查找服务单的自动流转和全流程闭环处理。客运服务工单如图6-3-8所示。

遗失物品详细信息

遗失物品编号	2021011500225		是否已移交	未移交	是否已领取	未领取
站、车	列车		捡拾路局	北京铁路局	捡拾单位	天津客运段
车次	G52		车厢号		捡拾时间	2021-01-11 09:53
物品名称	旧双肩包内有旧衣物若干，吹风机，化妆品		物品类别	生活用品	物品数量	1
捡拾人			捡拾人联系方式		捡拾部位	
物品存放位置	天津西				保留有效期	2021-01-11 ~ 2022-01-15
物品存放位置电话	18002065616					
遗失物品描述						

旅客投诉详情

旅客投诉信息　编号：PkCT2021011500000026

客服受理时间	2021-01-15 17:48:33	投诉类型	旅客运输
客管接收时间	2021-01-15 17:51:09	签收时间	2021-01-15 17:59:56
处理状态	待处理	站段签收人	

图 6-3-8　客运服务工单

任务训练

表 6-3-1　任务训练

实训项目	铁路客运管理信息系统认知训练
实训目标	1. 使学生结合实际，加深对铁路客运管理信息系统的认识与理解。 2. 培养学生铁路客户服务中心系统认知学习的兴趣
实训内容及组织	由教师组织，学生自愿组成小组，每组 6~8 人，选择以下题目进行铁路客运管理信息系统认知训练。 1. 铁路客运管理信息系统认知。 2. 客运站级客运管理信息系统操作。 3. 站车交互系统客运管理系统操作。 4. 客运服务工单处理
实训考核	1. 每组提交一份实训报告。 2. 各组进行汇报。 3. 教师根据各组的实训报告与课堂汇报进行评估

复习思考题

1. 简述高速铁路旅客服务系统的组成。
2. 简述高速铁路旅客服务系统的功能。

3. 简述高速铁路客票系统的架构。
4. 简述高速铁路客票系统的功能。
5. 简述高速铁路客运营销与策划系统的功能。
6. 简述铁路客户服务中心系统的功能。
7. 简述铁路客户服务中心语音服务的流程。
8. 简述铁路客运管理信息系统的功能。

参考文献

[1] 陈光伟. 铁路信息系统应用技术[M]. 北京：中国铁道出版社，2017.
[2] 中国铁路总公司. 高铁中型及以上车站服务质量规范[M]. 北京：中国铁道出版社，2016.
[3] 中国铁路总公司. 动车组列车服务质量规范[M]. 北京：中国铁道出版社，2016.
[4] 中国铁路总公司. 铁路客运服务信息系统设计规范[M]. 北京：中国铁道出版社，2018.
[5] 国家铁路局. 铁路旅客车站设计规范[M]. 北京：中国铁道出版社，2018.
[6] 吴航. 铁路旅客服务系统集成管理平台软件操作手册[M]. 北京：中国铁道出版社，2018.
[7] 中国铁路成都局集团有限公司. 高速铁路工电供一体化基础知识[M]. 北京：中国铁道出版社有限公司，2019.

附录　课程思政资料